I0113330

HISTOIRE PARLEMENTAIRE

DES FINANCES

DE LA MONARCHIE DE JUILLET

PAR

A. CALMON

Membre de l'Institut, Sénateur

TOME TROISIÈME

PARIS

CALMANN LÉVY, ÉDITEUR

RUE AUBER, 3, ET BOULEVARD DES ITALIENS, 15

A LA LIBRAIRIE NOUVELLE

—

1897

HISTOIRE PARLEMENTAIRE

DES FINANCES

DE LA MONARCHIE DE JUILLET

DU MÊME AUTEUR

CHARTRES. — IMPRIMERIE DURAND RUE FULBERT.

HISTOIRE PARLEMENTAIRE

DES FINANCES

DE LA MONARCHIE DE JUILLET

PAR

A. CALMON

Membre de l'Institut, Sénateur

TOME TROISIÈME

C · L

PARIS

CALMANN LÉVY, ÉDITEUR

RUE AUBER, 3, ET BOULEVARD DES ITALIENS, 15

A LA LIBRAIRIE NOUVELLE

—

1897

Mon père a travaillé à l'Histoire des Finances de la monarchie de Juillet jusqu'au jour où la plume est tombée de ses mains. Après avoir entrepris selon sa volonté la publication du manuscrit qu'il m'a laissé, j'ai cru me conformer plus encore à sa pensée en tentant de terminer cette œuvre inachevée par lui. Dans le troisième volume, dont la portion la plus considérable émane de mon père[1], j'ai résumé une partie de la session de 1843 et la session de 1844. Un quatrième volume comprendra notre histoire financière jusqu'à la révolution de 1848.

CALMON-MAISON.

1. Le manuscrit de mon père se termine à la page 291 au point marqué par *.

CHAPITRE X.

SESSION DE 1838.

Ouverture de la session de 1838. — Discours de la couronne. — Présentation par le ministre des finances des projets de loi portant fixation du budget de 1839, règlement des comptes de 1835, allocation et annulation de crédits pour 1837. — Adoption du projet de loi des comptes de 1839 et de celui relatif aux crédits de 1837.— Discussion et adoption du projet de loi sur les monuments publics. — Discussion et adoption du projet de loi relatif à l'emprunt grec. — Discussion et adoption du projet de loi concernant les armes spéciales. — Crédits relatifs à l'augmentation de l'effectif en Algérie. — Discussion. — Discours du général Bugeaud et adoption. — Reproduction par M. Gouin de sa proposition concernant la conversion des rentes. — Discussion et adoption par la Chambre des députés. — Discussion et rejet par la Chambre des pairs. — Budget des dépenses de 1839. — Discussion à la Chambre des députés. — Discours de

M. Dupin sur la cour des comptes, de M. de Lamartine sur les enfants trouvés et du général Bugeaud sur les places fortes. — Adoption par les deux Chambres des budgets des dépenses et recettes de 1839. — Chiffre auquel elles sont fixées. — Crédits supplémentaires et extraordinaires de 1838. — Résumé de ceux de 1833, 1834, 1835 et 1836. — Diverses lois votées dans la session de 1838. — Ordonnance du 31 mars 1838 sur la comptabilité publique. — Clôture de la session.

Dans le courant de l'automne 1837 avait eu lieu la seconde expédition de Constantine, couronnée du plus éclatant succès. Aussi en ouvrant, le 18 décembre, la session de 1838, le roi put-il justement célébrer la gloire de nos armes et rendre au courage de nos troupes l'hommage qui lui était dû. Toutefois le roi ne dissimulait pas que de nouveaux subsides seraient nécessaires pour consolider les résultats acquis. Mais la situation financière, toujours en voie d'amélioration, permettrait d'y pourvoir, et, après s'être félicité de ses rapports avec les puissances étrangères, le roi terminait son discours en disant que jamais il ne s'était trouvé entouré des Chambres dans des circonstances plus favorables. Quinze jours furent consacrés par la nouvelle Chambre des députés à la vérification des pouvoirs de ses membres et dès que cette opération fut terminée, le 8 janvier, le ministre des finances déposa sur son bureau trois projets de loi, le premier concernant le règlement du budget de 1835, le second, l'homologation des crédits supplémentaires et extraordinaires ouverts dans l'intervalle des deux sessions; le troisième était le projet de budget de l'exercice 1839.

Le projet de loi relatif aux comptes de l'exercice 1835 arrêtait les recettes de cet exercice à 1,045,416,000 fr., et les dépenses effectuées à 1,024,159,000 francs. Mais sur cette somme restaient à solder 3,076,000 fr. qui seraient payés au fur et à mesure que les intéressés en feraient la demande sur les ressources de l'exercice courant. Les payements effectués se trouvaient ainsi réduits à 1,021,082,000 francs. Par suite, l'excédent des ressources de 1835 s'élevait à 24,334,000 fr. et le projet de loi affectait cette somme aux besoins de 1836.

Dans le rapport qu'il fit sur ce projet, M. Duprat renouvela les plaintes déjà plusieurs fois formulées au sujet du retard mis par l'administration à soumettre aux Chambres les comptes des exercices échus, retard qui en différait l'adoption d'une façon fâcheuse au point de vue du bon ordre financier. Du reste, à part quelques critiques de détail, il conclut à l'adoption du projet

de loi qui ne donna lieu dans le sein de la Chambre
qu'à un débat sur un amendement proposé par
la commission et soutenu par M. de Chasseloup-
Laubat. Cet amendement avait pour objet de
décider qu'à l'avenir le budget et les comptes
de la caisse d'amortissement et de celle des
dépôts et consignations seraient annexés pour
ordre au budget et aux comptes du ministère
des finances. Vivement combattu par MM. Lacave-
Laplagne et Jacques Lefebvre qui firent observer
que ces deux établissements étaient absolument
indépendants du ministère des finances et que la
loi du 28 avril 1816 avait mis formellement la
caisse d'amortissement hors de son contrôle,
l'amendement fut rejeté. Le projet de loi adopté
ensuite par la Chambre des députés le fut également sans observation par la Chambre des
pairs.

Les crédits supplémentaires dont le gouvernement demandait l'homologation s'élevaient à la
somme de 9,806,000 fr., les crédits extraordinaires à celle de 5,446,000 fr., soit un total
de 15,252,000 francs. Les premiers étaient
relatifs pour la plupart à des services insuffisamment dotés tels que primes pour les pêches maritimes, frais de recouvrement, fourrages de la
guerre, etc. Les autres concernaient des dépenses

qui n'avaient pu être prévues au budget primitif et auxquelles il avait dû être pourvu en vertu d'ordonnances royales. Mais cette somme de crédits était atténuée par des annulations s'élevant à 7,224,000 fr., et la somme grevant en définitive le budget de 1837, en vertu de la loi proposée, se réduisait à 8,049,000 francs. La commission chargée de l'examen du projet ministériel, à part quelques observations de détail, lui donna son approbation et il fut adopté sans débat par les deux Chambres.

La loi du 27 juin 1833 avait créé les ressources nécessaires pour l'achèvement de divers monuments publics tels que la Madeleine, l'Arc de triomphe, dont la plupart, une fois terminés, devaient compter parmi les principaux ornements de la capitale. Mais il était d'autres édifices d'intérêt général qui, soit par leur insuffisance, soit par leur mauvais aménagement ou leur état de délabrement, devaient attirer la sollicitude des pouvoirs publics. Ainsi l'hôtel du quai d'Orsay, commencé sous l'Empire en vue d'y placer le ministère des affaires étrangères, mais délaissé par la Restauration, avait l'aspect de véritables ruines. La dépense pour son achèvement était évaluée à 1,570,000 francs. L'intention du gouvernement était d'y installer le conseil d'État, insuffisamment logé dans un immeuble loué à cet effet, ainsi que la cour des comptes dont le local était indispensable pour l'agrandissement du Palais de Justice. D'autre part, le local occupé par les jeunes aveugles était mal situé, insalubre, insuffisant pour le personnel qu'il devait contenir; son déplacement était depuis longtemps réclamé, et le gouvernement proposait de le transférer dans un bâtiment neuf qui serait élevé sur le boulevard des Invalides. La dépense était évaluée à 1,600,000 francs; 1,170,000 fr. étaient en outre demandés pour réparations urgentes à l'église de Saint-Denis. L'hospice d'aliénés de Charenton tombait en ruines; il fallait le reconstruire et la dépense était évaluée à 3,320,000 francs. L'école vétérinaire d'Alfort et celle de Lyon se trouvaient à peu près dans le même état. Il était en outre urgent d'agrandir le ministère de l'instruction publique, celui de l'intérieur pour y installer l'administration télégraphique et les bureaux des communes. L'ensemble des crédits demandés par le ministre de l'intérieur pour subvenir à ces diverses dépenses était de 12,137,000 francs. Le projet de loi proposait d'y pourvoir avec les ressources du fonds extraordinaire créé l'année précédente pour les travaux publics. La commission chargée de l'examen de ce projet de loi souleva tout d'abord, par l'organe de M. de Guizard, son rapporteur, une question préjudicielle. Suivant elle, le fonds extraordinaire pour travaux publics ne s'appliquait qu'aux routes, voies ferrées, ponts, ports et autres travaux de même nature, tandis que dans le cas actuel il s'agissait de bâtiments à élever ou à réparer et qu'il était impossible de comprendre dans la même catégorie que les autres, sans bientôt épuiser les ressources affectées spécialement à ces derniers. La commission émettait donc l'avis que les crédits fussent attribués au budget ordinaire et qu'il fût pourvu à la dépense avec les ressources de ce budget. Examinant ensuite chacune des dépenses proposées, elle fit observer, en ce qui concernait l'hôtel du quai d'Orsay, que la distribution en avait été faite en vue de l'installation d'un ministère et de ses bureaux, que le conseil d'État et la cour des comptes y trouveraient difficilement place, et qu'en tout cas il fallait en réserver une partie pour le ministère des affaires étrangères dont le maintien dans l'immeuble du boulevard des Capucines ne pouvait être que provisoire. La commission concluait donc à ce que la question fût renvoyée à l'examen du gouvernement et à l'ajournement d'un vote sur le crédit.

Elle pensa que le crédit de 1 million demandé pour l'agrandissement de l'hôtel de Soubise était exagéré et que 500,000 fr. suffiraient largement pour en agrandir les locaux; elle admit les 700,000 fr. demandés pour l'école d'Alfort, réclama une nouvelle étude au sujet des travaux projetés à l'école vétérinaire de Lyon, admit le crédit de 1 million pour l'agrandissement du ministère de l'instruction publique et, tout en reconnaissant l'état de dégradation où se trouvait l'asile de Charenton, elle fit observer que cet établissement avait à la fois un caractère privé et public, privé parce qu'il était propriétaire de son immeuble en vertu d'anciennes fondations, et public en ce qu'il était subventionné par l'État. Ce dernier ne devait donc pas seul supporter la dépense projetée, il fallait que l'asile y contribuât aussi, et la commission proposait de renvoyer l'examen de la question au gouvernement. Quant à l'institut des jeunes aveugles, tout en reconnaissant la nécessité de son déplacement, elle trouva le devis des travaux trop élevé et en réclama une nouvelle étude. Il en fut de même pour les travaux de l'église de Saint-Denis, insuffisamment étudiés aussi, et elle proposa d'allouer seulement 400,000 fr. pour les réparations urgentes. En résumé, la commission proposait de réduire la

somme des crédits à 4,000,700 fr. en les répartissant par moitiés sur les budgets ordinaires de
1838 et de 1839.

Nous n'entrerons pas dans les détails d'une
discussion sans intérêt au point de vue financier
et au cours de laquelle le ministre de l'intérieur,
M. de Montalivet, soutint ses propositions avec
autant de talent que de compétence. Il nous
suffira de dire que le crédit de 1,570,000 fr. demandé pour l'hôtel du quai d'Orsay et ajourné
par la commission fut adopté, que la Chambre
admit également la totalité du crédit proposé par
le gouvernement pour l'hôtel de Soubise ; qu'en
ce qui concernait l'hospice de Charenton, le
ministre ayant fait observer que cet établissement
contribuerait à la dépense jusqu'à concurrence
de 600,000 fr. au moyen de l'aliénation de terrains qui lui étaient inutiles, les 2,700,000 fr. de
surplus furent immédiatement votés, et que le
crédit de 1,600,000 fr. destiné à la construction
du nouvel asile pour les jeunes aveugles fut également alloué. Ces divers votes de la Chambre
élevaient la totalité de la dépense à 10,482,000
fr. ; 3,056,000 fr. furent attribués à l'exercice
1838, 4,800,000 à l'exercice 1839, le surplus
étant réservé, suivant l'état d'avancement des
travaux, pour les exercices suivants. Quant à la

nature des ressources sur lesquelles ils seraient
exécutés, sans adhérer complètement à l'avis de
la commission, la Chambre préféra réserver la
question, et, d'accord avec le ministre des
finances, elle vota une disposition additionnelle
rédigée par M. Duvergier de Hauranne aux
termes de laquelle il devait être pourvu aux dépenses qui venaient d'être votées au moyen des
ressources accordées par les lois de finances
pour les besoins des exercices 1838 et 1839.

Le projet de loi, porté à la Chambre des pairs,
y fut adopté sans débats.

La question de l'emprunt grec revint dans la
session de 1838 et il n'est pas sans intérêt de la
suivre dans ses diverses phases. Nous avons vu que
la France, l'Angleterre et la Russie, par le traité
du 7 mai 1832 qui créa le royaume de Grèce,
s'étaient engagées à garantir chacune jusqu'à
concurrence d'une somme de 20 millions, un
emprunt de 60 millions que le nouveau gouvernement de ce pays se trouvait dans la nécessité de
contracter. Une loi du 14 juin 1833, en ratifiant ce
traité, avait en même temps autorisé le gouvernement français à réaliser l'engagement pris par
lui. L'emprunt avait été divisé en trois séries
de 20 millions. Les deux premières séries avaient
été immédiatement émises, et la troisième ne

pouvait l'être sans l'assentiment des trois puissances réunies en conférence à Londres. Les
intérêts et amortissement des deux premières
séries avaient été régulièrement acquittés à leur
échéance en 1834 et 1835 ; mais il n'avait pas été
possible au gouvernement grec de faire face aux
échéances de 1836 et de 1837 et la conférence
de Londres avait autorisé une émission de la
troisième série jusqu'à concurrence de la somme
nécessaire pour y pourvoir. Mêmes embarras
pour les échéances de 1838 et probablement pour
les subséquentes. Le gouvernement grec avait
alors sollicité de la conférence l'autorisation
d'émettre le surplus de la troisième série aussi
bien pour acquitter les échéances futures que
pour subvenir à d'autres besoins urgents. La
garantie de la France était déjà engagée pour
15 millions, celles de l'Angleterre et de la Russie
chacune pour 16 millions, et la conférence n'avait
pas cru devoir faire droit à la demande du gouvernement grec avant la production de documents justificatifs qui lui paraissaient nécessaires.
Mais comme il était indispensable de pourvoir
aux échéances, elle avait décidé que chacun des
gouvernements garants en ferait l'avance moyennant remboursement avec les fonds provenant
de la négociation de la troisième série quand

l'émission en aurait lieu. Le ministre des finances avait en conséquence proposé le 17 février un projet de loi aux termes duquel il était autorisé à prendre les mesures nécessaires, à défaut du gouvernement grec, pour subvenir à partir du 1ᵉʳ mars 1838 au payement par semestres des intérêts et de l'amortissement de l'emprunt négocié le 12 janvier 1833, jusqu'à concurrence de la portion garantie par la France.

La commission chargée de l'examen de ce projet de loi constata d'abord, par l'organe de M. Dubois, de la Loire-Inférieure, la convenance et la nécessité politique de remplir les engagements solennellement pris avec la Russie et l'Angleterre envers la Grèce, dont la situation, eu égard aux difficultés de toute nature qui l'assiégeaient, était absolument digne d'intérêt. Elle rendit également hommage à la prudence apportée par le cabinet français dans les négociations relatives à l'émission de la troisième série ; elle ne crut pas cependant devoir lui accorder toute la latitude inscrite au projet de loi et fut d'avis qu'il fallait réserver au pouvoir législatif la faculté d'accorder lui-même les crédits chaque année au fur et à mesure qu'ils seraient nécessaires. Elle proposa donc une rédaction aux termes de laquelle il était ouvert au ministère des finances un crédit, dont il restait à déterminer le chiffre pour pourvoir, à défaut du gouvernement grec, au payement des semestres du 1ᵉʳ mars et du 1ᵉʳ septembre 1838 des intérêts et de l'amortissement de l'emprunt contracté le 12 janvier 1833 par ce gouvernement, jusqu'à concurrence de la portion garantie par le Trésor français en exécution de la loi du 14 juin 1833. Un second article portait que les payements qui seraient faits en vertu de la disposition précédente seraient livrés à titre d'avance à recouvrer sur le gouvernement de la Grèce, et qu'il serait rendu annuellement compte aux Chambres et des avances et des recouvrements effectués.

Dans le sein de la Chambre, le projet de loi fut vivement attaqué par MM. de Salverte, Auguis et Mauguin. Ce dernier suivant son habitude, généralisa la question en l'étendant à toutes les affaires d'Orient. Ces membres prétendirent que la conduite du gouvernement grec n'avait pas justifié le bon vouloir témoigné à son égard. Son administration était détestable, le désordre y était complet, et il n'était pas possible qu'il pût se maintenir dans de pareilles conditions. Assez de sacrifices avaient été faits pour lui, ceux qui seraient faits encore le seraient en pure perte et la France devait se considérer comme libérée de ses engagements. Mais il fut répondu par

MM. Guizot et Molé, que la situation de la Grèce était loin d'être celle que venaient d'exposer les préopinants, que bien au contraire le gouvernement grec faisait ses efforts pour rétablir l'ordre ; que l'industrie, l'agriculture et le recouvrement des impôts étaient en grand progrès ; que le gouvernement grec s'était trouvé en présence de difficultés imprévues qui l'avaient mis dans la plus grande gêne et l'avaient placé dans l'impossibilité de faire face aux échéances des intérêts et de l'amortissement de l'emprunt. La conférence de Londres, pour solder celles de 1836 et 1837, avait cru devoir autoriser une émission partielle de la troisième série. Mais jusqu'alors elle n'avait pas cru pouvoir aller plus loin et dès lors les gouvernements garants se trouvaient tenus d'acquitter les échéances que ne pourrait solder le gouvernement grec, sauf, bien entendu, remboursement sur le produit de l'émission de la troisième série. Telle fut aussi l'opinion de la Chambre et le projet de loi avec la rédaction proposée par la commission fut voté à la majorité de 259 voix contre 30. Ajoutons que le crédit alloué fut de 923,246 fr. et qu'il dût être pourvu à la dépense au moyen des ressources accordées par la loi des finances du 20 juillet 1837.

A la Chambre des pairs, le duc de Broglie fit

un rapport absolumeut favorable, et la discussion porta principalement sur les avantages et les inconvénients pour la France de la création du royaume de Grèce, sur le mérite de la convention de 1833 et l'utilité pour la France des engagements pris par elle. Mais personne ne contesta le principe du projet de loi qui fut adopté par 122 voix contre 20.

Dans la séance du 24 février, le général Bernard, ministre de la guerre, avait déposé sur le bureau de la Chambre des députés deux projets de loi, l'un portant ouverture au ministère de la guerre, au titre de l'exercice 1838, d'un crédit extraordinaire de 18,171,000 fr. pour l'accroisment de l'effectif des troupes en Algérie, l'autre de 4,400,000 fr. imputable sur le même exercice pour compléter l'organisation des armes spéciales dans les divisions territoriales de l'intérieur. Parlons d'abord du second qui fut d'ailleurs le premier examiné par les Chambres.

Dans le cours de l'automne précédent, le roi de Hollande, se prétendant propriétaire de la forêt de Grünenwald située sur le territoire belge, avait tenté de s'en emparer par la force. L'émotion avait été grande en Belgique et même au sein du cabinet des Tuileries. A cette occasion il avait été constaté par le ministre de la guerre qu'en cas d'incidents imprévus il serait à peu près impossible de mobiliser immédiatement une armée de 30,000 hommes par suite de l'organisation défectueuse de l'artillerie, du génie et du train des équipages. Le ministre avait donc pensé qu'il y avait lieu de mettre sur le pied complet de guerre, de façon à ce qu'elles fussent en mesure de marcher au premier appel, dix batteries d'artillerie, une demi-compagnie du génie et une compagnie du train des équipages. Cette organisation devait augmenter l'effectif des hommes de 1,760, celui des chevaux de 3,118, et la dépense qui devait en résulter était évaluée à 3,053,000 francs. De plus, par suite de la réduction du septième au huitième du remplacement annuel des chevaux, il y avait eu diminution dans leur effectif réel qui était inférieur de 2,400 à l'effectif budgétaire et il était urgent de combler un pareil déficit. Le ministre réclamait à cet effet un crédit de 1,351,000 fr., soit au total 4,404,000 francs.

La commission chargée d'examiner ce projet de loi ne lui fit pas un favorable accueil. Tout en reconnaissant la nécessité, pour un pays comme la France, d'être toujours en mesure de mobiliser en quelques jours et de diriger sur un point quelconque de la frontière une armée de 30,000 hommes, elle pensa toutefois que l'administration pouvait trouver dans l'effectif actuel toutes les ressources nécessaires pour faire face à l'éventualité d'une mobilisation de 30,000 hommes ; elle appuya son opinion à cet égard sur des évaluations et des calculs dont elle crut pouvoir certifier l'exactitude. Quant à l'achat des chevaux manquant dans la cavalerie, elle pensa que cette dépense, bien que nécessaire, pourrait être ajournée et mise à la charge du budget de 1839.

Dans le sein de la Chambre, les conclusions de la commission, au point de vue technique, furent vivement appuyées par le général Demarçay et au point de vue politique par M. Stourm, qui prétendit que l'incident de la forêt de Grünenwald ne pouvait être invoqué comme témoignage à l'appui de la proposition du gouvernement, que cet incident avait été sans importance, que la guerre d'ailleurs dans l'état actuel de l'Europe n'était pas à craindre, et que si elle éclatait ce serait l'armée entière qu'il faudrait mobiliser. Le général Bernard défendit ses propositions. De son côté, le comte Molé fit observer que l'incident de la forêt de Grünenwald aurait pu amener des complications sur lesquelles il demandait à ne pas s'expliquer, et qu'il en était résulté pour le gouvernement la conviction qu'il devait être mis en mesure de pouvoir mobiliser un corps d'armée de 30,000 hommes dès qu'il le jugerait utile.

La Chambre se rallia à l'opinion du gouvernement. Les crédits furent votés, imputables sur l'exercice 1838, que le ministre des finances affirma être en état de subvenir à toutes les dépenses qu'il était question de mettre à sa charge.

La conquête de Constantine assurait notre domination sur la province de ce nom dont la plupart des chefs s'étaient hâtés de faire leur soumission. D'un autre côté, le traité dit de la Tafna, conclu au mois de mai par le général Bugeaud avec Abd-el-Kader, traité laissant à l'émir la possession d'une partie du territoire de l'ouest et du nord de la province d'Alger, nous assurait celle des divers territoires jusqu'alors contestés et dont l'occupation était nécessaire pour la sûreté de nos colons et notre système de défense. De pareils avantages, si chèrement acquis, ne pouvaient être consolidés sans de nouveaux sacrifices, et la présence en Afrique de forces importantes devenait indispensable. L'effectif actuel normal de 22,000 hommes était donc absolument insuffisant et le ministre de la guerre proposait de le porter à 48,000 avec augmentation de 3,300 chevaux. Il devait en résulter pour 1838 une dé-

pense de 16,671,000 fr. et de plus, les caserne-
ments étant partout malsains et insuffisants, il
était urgent pour la santé de nos troupes de les
établir dans de meilleures conditions. D'autre
part, il fallait aussi assainir des portions de territoire marécageux et dont il était impossible de
s'approcher sans danger, telles que la plaine de
la Mitidja et celle de la Seybouse dans les envi-
rons de Bône, construire des routes pour faciliter
les communications entre les points les plus importants de nos possessions, agrandir le port
d'Alger, améliorer les fournitures du soldat sous
un climat si différent de celui de France. Le ministre évaluait l'ensemble de ces dépenses à
26,800,000 francs. Toutefois, pour l'année 1838,
il se bornait à demander un crédit de 1,500,000
fr. et le projet de loi proposé le mettait, ainsi
que celui de 16,671,000 fr., à la charge de l'exercice 1838.

Le rapport de la commission chargée de procéder à son examen fut fait par M. Dufaure et
déposé seulement le 29 mai. Ce rapport, favorable en principe aux diverses propositions du
gouvernement, reconnaissait la nécessité de lui
accorder les divers crédits demandés pour assurer la sécurité de nos possessions, y créer les
voies de communication, faire les desséchements

projetés et améliorer l'état sanitaire de nos troupes. Toutefois le traité de la Tafna semblait défectueux à la commission. La suzeraineté de la France n'y était pas établie d'une façon assez précise. L'émir y traitait trop en souverain et de pair à pair, et enfin, les limites des portions qui lui étaient attribuées étant mal déterminées, il pouvait en résulter des conflits incessants et peut-être une nouvelle guerre dans laquelle l'émir, ayant probablement mis à profit la paix pour s'approvisionner, se trouverait dans de meilleures conditions pour nous combattre. Il était vrai que jusqu'alors Abd-el-Kader avait tenu tous ses engagements et fourni les grains et denrées qu'il était tenu de donner. Mais en serait-il longtemps de même et n'y aurait-il pas dès lors prudence pour assurer les résultats acquis d'accroître l'effectif de l'armée d'Algérie? La minorité de la commission trouvait le chiffre d'hommes et de chevaux proposé trop élevé, mais la majorité avait cru devoir l'accepter et alors s'était élevée la question de savoir si les 26,000 hommes envoyés en Algérie seraient prélevés sur l'effectif général de 302,000 hommes ou s'ils viendraient s'ajouter à cet effectif pour le porter à 328,000 hommes. Précédemment, les accroissements de troupes en Algérie avaient eu lieu aux dépens de celles de l'intérieur. Mais dans les circonstances actuelles, au lendemain de l'incident de la forêt de Grünenwald et avec son projet de mobilisation, le ministre de la guerre avait insisté pour que les frontières du nord de la France ne fussent pas dégarnies, et que l'effectif de l'intérieur ne fût pas réduit. La majorité de la commission s'était d'autant mieux rangée à son avis que, dès que les nouvelles troupes envoyées en Algérie n'y seraient plus nécessaires, il serait facile d'en réduire le chiffre. Elle accepta également le principe des autres dépenses concernant les divers travaux à exécuter et conclut à l'adoption des crédits demandés par le gouvernement avec imputation sur les ressources de l'exercice 1838.

La discussion générale fut ouverte par un discours de M. Duvergier de Hauranne qui répéta ce qu'il avait déjà dit plusieurs fois, que la prise d'Alger avait été un legs fatal de la Restauration, et que si l'expédition était à recommencer il faudrait bien se garder de l'entreprendre. Il ajouta que, par l'envoi de nouvelles troupes, on se préparait à recommencer les fautes commises depuis huit ans, mais que, comme il y avait une question d'honneur à ne pas abandonner une conquête si chèrement payée, il fallait tout au moins restreindre les dépenses et l'occupation dans les

limites les plus étroites. Il était donc opposé à
l'envoi des 26,000 hommes demandés, dont la
présence ne ferait qu'entretenir parmi leurs chefs
l'esprit de conquête, et à toute subvention pour
l'encouragement de la colonisation ; mais il acceptait les crédits dont l'objet était d'améliorer l'état
sanitaire de nos troupes. M. Molé répondit que
le traité de la Tafna et la prise de Constantine
avaient bien modifié la situation et que l'administration du maréchal Valée y avait amené une pacification générale. Il ne s'agissait donc pas d'occuper de nouveaux territoires, mais d'assurer
la tranquille possession de ceux que nous avions.

MM. Piscatory et Desjobert attaquèrent successivement le traité de la Tafna comme n'offrant
aucune garantie sérieuse. Ce traité fut au contraire défendu par M. Laurence, qui soutint que
cette convention était le seul moyen d'obtenir la
pacification à laquelle Français et Arabes aspi-
raient. Les limites avaient été aussi bien déterminées que possible, la suzeraineté de la France
avait été reconnue par l'émir, qui avait souscrit
des engagements jusqu'à présent exécutés fidèlement. Seulement il importait de consolider les
résultats ainsi obtenus et la présence des forces
demandées par le gouvernement était indispensable à cet effet.

Le discours[1] le plus intéressant fut sans contre-
dit celui du général Bugeaud qui fit un récit
pittoresque de sa rencontre avec Abd-el-Kader
au fond d'un ravin, sur le bord d'un torrent. Il
rappela d'abord que jamais il n'avait été favorable
à l'extension de la conquête en Algérie. C'était
par pure obéissance de soldat qu'il avait accepté
la mission d'aller combattre l'émir et de
l'éloigner du territoire que l'on croyait devoir
conserver. Il avait la confiance d'avoir accompli
cette mission au mieux des intérêts et de la
gloire de la France. La prolongation de la lutte
en effet eût été tout à la fois impolitique et inhu-
maine. Ce n'était pas la guerre aux Arabes que
faisaient nos troupes ; mais bien la guerre aux
moissons, et les collisions entre les Arabes défendant leurs récoltes et les Français cherchant à les
incendier ne pouvaient être qu'incessantes et
sanglantes et il importait donc d'y mettre fin. La
convention était à tous égards aussi avantageuse
que possible. La France conservait les territoires
qu'elle détenait; Abd-el-Kader, tout en reconnaissant la souveraineté de la France, gardait le reste
de la région où nous n'aurions pu nous établir
qu'au prix des plus grands sacrifices. Mais, pour

1. Séance du 8 juin 1838.

consolider ces heureux résultats, l'augmentation de troupes demandée était indispensable et le général Bugeaud concluait à ce que l'ensemble des crédits proposés fût alloué.

M. Berryer crut devoir aussi prendre la parole pour protester contre les paroles de M. Duvergier de Hauranne, qui prétendait que la conquête d'Alger avait été un legs fatal de la Restauration. Cette conquête, objecta l'illustre orateur, loin d'être fatale, avait été glorieuse et avait eu pour conséquence de détruire la piraterie dans la Méditerranée, de donner à la France la possession des côtes d'Afrique qui se trouvaient en face des siennes, d'ouvrir un débouché important à notre commerce. Mais tous ces avantages avaient été sinon compromis, du moins retardés par un mode d'administration détestable, et ici M. Berryer énumérait toutes les fautes commises depuis huit ans et déclarait qu'aussi longtemps qu'on persisterait dans des voies aussi déplorables, tous nouveaux sacrifices d'hommes et d'argent seraient inutiles.

Le comte Jaubert et M. Passy parlèrent dans le même sens, ce dernier allant même jusqu'à dire que le jour où la France devrait tirer le canon pour défendre ses frontières, tout l'édifice algérien s'écroulerait immédiatement. M. Mauguin

intervint aussi au débat avec sa façon acrimonieuse. Après une réplique de M. de Montalivet,
le projet de loi mis aux voix fut adopté dans son
ensemble à la majorité de 209 voix contre 94.

A la Chambre des pairs où, après un rapport
favorable de M. Camille Perier, M. Mérilhou crut
devoir prononcer quelques paroles d'adhésion,
le résultat fut également affirmatif à la presque
unanimité des votants.

Dans son exposé du projet de budget de 1839,
M. Lacave-Laplagne, abordant la question de la
conversion de la dette, avait dit que cette mesure
était toujours l'objet des préoccupations du gouvernement, que les circonstances qui n'avaient
pas permis à son prédécesseur de l'entreprendre
l'année précédente ne s'étaient pas modifiées et
qu'aussi longtemps que le cours du change sur
les principales places de l'Europe n'aurait pas
baissé, il y aurait danger à tenter l'entreprise.
Mais tel ne fut pas l'avis de M. Gouin qui, dans
la séance du 20 février, vint renouveler la proposition qu'il avait faite deux ans auparavant en
ajoutant toutefois que son but était seulement de
faire voter par la Chambre une résolution non
pas impérative, mais donnant au gouvernement la
faculté d'entreprendre l'opération dans la forme
qu'il jugerait la meilleure aussitôt que les cir-

constances lui paraîtraient favorables. La proposition prise en considération avec l'assentiment du ministre des finances fut renvoyée à l'examen d'une commission qui, dans un rapport rédigé par M. Antoine Passy, conclut à son adoption. La menace du remboursement, y était-il dit, plaçait le crédit public dans une situation de gêne à laquelle il importait de mettre au plus tôt un terme. La temporisation serait préjudiciable à tous les intérêts engagés dans la question et elle amènerait peut-être des perturbations dangereuses. La légalité de la mesure ne faisait plus doute pour personne, chacun reconnaissait son utilité pour le Trésor. Restait donc la question d'opportunité sur laquelle la commission ne s'était pas trouvée d'accord avec le président du conseil et le ministre des finances : le premier craignait des complications au sujet de l'Espagne, le second une crise financière aux États-Unis, crise pouvant avoir un contre-coup fâcheux en Europe. Ces raisons n'avaient pas convaincu la commission qui, jugeant que la situation était aussi favorable que possible, avait pensé qu'il fallait la mettre à profit au plus tôt. Mais au lieu de laisser au ministre la faculté de procéder comme il le croirait préférable, elle avait rédigé un projet aux termes duquel il serait autorisé à substituer

aux rentes 5 0/0 inscrites au grand livre de
la dette publique, des rentes constituées à
moindre intérêt, soit qu'il remboursât le 5 0/0
actuel au moyen de la négociation de rentes
nouvelles, soit qu'il opérât d'accord avec leurs
porteurs par échange de titres. L'option était
laissée à ces derniers entre le remboursement du
capital à raison de 100 fr. par 5 fr. de rente, ou
la conversion en rentes nouvelles. L'opération
devait donner pour résultat définitif une diminution effective de 70 centimes sur les intérêts, soit
18,400,000 fr., et une augmentation de capital
de 23 pour 100, augmentation qui serait rachetée
par l'amortissement à bien meilleur compte et
ne grèverait que fictivement le Trésor; tandis que
la réduction de l'intérêt annuel serait un résultat
immédiatement acquis pour ce dernier. Suivaient
les dispositions relatives à l'exécution.

Dans le sein de la Chambre, M. de Lamartine
ne contesta pas la légalité de la mesure mais bien
son honnêteté. Sans autre motif, dit-il, que celui
d'une économie de quelques millions, lorsque le
crédit public était à peine fondé, à huit ans de
distance d'une révolution qui avait renversé un
trône, au milieu d'un état encore précaire, on
allait jeter le trouble et la gêne dans deux cent
cinquante mille familles, y soulever un méconten-

tement bien légitime et la désaffection contre
l'édifice actuel, qu'il ne fallait pas soumettre à
pareille épreuve et dont il désirait sincèrement
quant à lui le maintien et la durée.

M. Muret de Bort parla dans un sens opposé.
Après avoir rappelé qu'en 1836 il avait été hostile
à la proposition aujourd'hui renouvelée de
M. Gouin et qu'il déplorait que son adoption à
cette époque eût amené la chute d'un cabinet,
qui avait toutes ses sympathies et conservait tous
ses regrets, il déclara que néanmoins il fallait en
finir avec une question dont la prompte solution
importait au crédit public et au bon ordre de nos
finances. Le moment pour la résoudre était des
plus favorables et la situation du Trésor avec la
Banque, celle de la Banque elle-même, le chiffre
trop élevé de la dette flottante, l'augmentation
incessante du produit des impôts, même le taux
de l'intérêt sur les principales places de l'Europe
en faisaient foi ! Quant à l'état politique, il était
excellent à l'intérieur aussi bien qu'à l'extérieur
et il fallait mettre de pareils avantages à profit
avant que des incidents imprévus ne vinssent les
compromettre. M. Muret de Bort ajouta qu'en
adhérant en principe à la proposition, il donnait
en ce qui concernait son exécution la préférence
au projet présenté par la commission, parce que

la réduction en 4 1/2, outre qu'elle ne produirait qu'une économie de 12 millions, ne permettrait pas à l'amortissement d'opérer sur ces rentes, leur prix sur le marché devant immédiatement s'élever au-dessus du pair. M. Duchâtel intervint aussi au débat pour faire observer que les circonstances qui l'année précédente ne lui avaient pas permis de tenter l'opération de la conversion s'étaient modifiées. La Banque qui n'avait alors dans ses caves que 89 millions possédait aujourd'hui 280 millions, le Trésor avait dans sa caisse des fonds dont il ne savait que faire, et pour lesquels il payait en pure perte 5 millions d'intérêts; une pareille stagnation de fonds était absolument préjudiciable à la chose publique, il importait de rendre au plus tôt à la circulation des fonds qui iraient de la façon la plus utile alimenter le commerce, l'industrie, l'agriculture. Enfin, le montant de l'économie annuelle réalisée par le Trésor serait consacrée aux grands travaux, et il y aurait là une nouvelle source d'accroissement pour la fortune publique.

M. Lacave-Laplagne, qui répondit à M. Duchâtel, reconnut que la situation financière de la France s'était en effet bien améliorée, mais il objecta la situation pécuniaire des États-Unis, absolument privés d'espèces métalliques. En effet,

à la suite des mesures prises par le général
Jackson contre les banques, ces dernières, ne
pouvant plus faire accepter de billets, allaient se
trouver obligées, pour faire face à leurs engagements, de demander aux places de l'Europe les
espèces qui leur étaient nécessaires, demande qui
en renchérirait inévitablement le cours et rendrait l'opération de la conversion plus coûteuse.
Ces raisons étaient plus ou moins plausibles.
Mais il faut se rappeler que le roi était absolument
hostile à la conversion, qu'il était à craindre, si
elle était votée, qu'il ne se refusât à la sanctionner
et que pour éviter une crise les ministres étaient
obligés de recourir à des considérations dila-
toires. Enfin, après deux discours, l'un de
M. Laffitte favorable à la proposition, l'autre de
M. Berryer qui la trouvait trop onéreuse pour les
intéressés et sans profit suffisant pour le Trésor,
la Chambre décida de passer à la discussion des
articles sur la demande même de M. Molé qui
déclara que le gouvernement s'associerait à cette
discussion pour y défendre les véritables principes
du crédit public, l'institution de l'amortissement,
et aussi pour exposer ses vues sur les principaux
systèmes de conversion présentés.

La commission dut consacrer plusieurs jours à
examiner les divers projets ou amendements pro-

posés et tout d'abord elle écarta le système de réduction pure et simple de 5 en 4 1/2 par la raison qu'il ne procurerait au Trésor qu'une économie de 12 millions, sans augmentation de capital il est vrai, mais avec l'impossibilité de réduire ce capital par l'amortissement, le prix de la nouvelle rente 4 1/2 devant s'élever immédiatement au-dessus du pair et sans dédommagement pour les rentiers dont le revenu serait diminué d'un dixième. La commission avait donc maintenu le principe des effets au-dessous du pair, qui permettrait à l'amortissement de fonctionner et procurerait à l'État un bénéfice annuel plus élevé. Elle donna la préférence au 3 1/2 cédé aux porteurs de rente au taux de 84 fr., ce qui leur constituerait un revenu de 4 fr. 17 c. et déterminerait la plupart à accepter la conversion et à ne pas demander le remboursement du capital. Mais tenant à laisser toute latitude au ministre des finances pour le choix du fonds à créer, elle avait rédigé de la façon suivante l'article 1er de son projet : le ministre des finances était autorisé à substituer aux rentes 5 0/0 inscrites au grand livre de la dette publique des rentes constituées à moindre intérêt, soit que l'opération ait lieu au moyen de la négociation de rentes nouvelles, soit au moyen d'un échange de titres.

Cet article ayant été adopté à une immense majorité, vint l'article 2 portant que l'opération ne
pourrait être faite qu'autant qu'elle conserverait
aux porteurs du 5 0/0 la faculté d'opter entre
le remboursement du capital nominal, à raison
de 100 fr. par 5 fr. de rente, et la conversion
en rentes nouvelles. Cet article, mis aux voix,
fut également adopté sans débat. Mais il n'en
fut pas de même de l'article 3, aux termes
duquel l'opération devait donner pour résultat
définitif sur l'intérêt des rentes échangées une
diminution effective d'au moins 70 centimes par
chaque 5 fr. de rente et une augmentation de 23
pour 100 en plus sur le capital. Le ministre des
finances ayant fait observer que les limites ainsi
fixées pourraient être gênantes pour lui et ayant
d'ailleurs annoncé l'intention d'émettre du 4 0/0
au pair, la Chambre, déterminée par l'avis
favorable de M. Duchâtel, modifia l'article 3 en
ce sens que l'opération devrait donner comme
résultat définitif une diminution effective de
50 centimes par 5 fr. de rente et un accroissement
ne dépassant pas 20 pour 100 sur le capital. La
Chambre adopta également un paragraphe additionnel qui permettait l'émission de rentes 4 0/0
au pair avec garantie contre tout remboursement
pendant douze années. Restaient les dispo-

sitions relatives à l'exécution de la loi. Elles donnèrent lieu à des échanges d'observations qu'il y a d'autant moins d'intérêt à rappeler ici, que, bien que voté à la majorité de 251 voix contre 145 par la Chambre des députés, le projet de loi devait quelques semaines après être rejeté par la Chambre des pairs.

La commission à l'examen de laquelle il y fut renvoyé se prononça à l'unanimité contre son adoption. D'abord la légalité de la mesure parut douteuse à quelques-uns de ses membres, mais sur la question d'opportunité il n'y eût pas le moindre débat dans son sein. Bien que l'initiative des lois appartînt, aux termes de la charte de 1830, au pouvoir législatif comme au pouvoir exécutif, néanmoins dit son rapporteur, l'éminent comte Roy, lorsque la responsabilité du gouvernement devait, dans l'exécution d'une opération comme celle de la conversion, être engagée d'une façon aussi grave, c'était à lui que devait être réservée cette initiative. Or le gouvernement, ne trouvant pas les circonstances suffisamment favorables, s'était abstenu ; il en avait donné les raisons, et la Chambre des pairs devait respecter ses scrupules. Le projet de loi était en outre absolument impolitique. Son application jetterait le mécontentement dans les

masses, surtout à Paris, où plus de cent mille
familles modestes vivaient de la rente, et cela
sans avantage sérieux pour le Trésor, qui béné-
ficierait à peine de 12 millions par an. La commission était de plus absolument hostile au système de conversion proposé, système qui aurait
le grave inconvénient d'accroître de plus de
400 millions le capital de la dette et aurait pour
conséquence inévitable de jeter sur la place des
titres de rentes converties, que leurs porteurs se
hâteraient de vendre pour en retirer un profit, et
de donner ainsi un aliment fâcheux au jeu et à la
spéculation. La Chambre avait rejeté un projet
semblable en 1824, bien qu'il eût été présenté
par le gouvernement. Elle ne devait pas hésiter
à agir de même dans la circonstance présente.

Après deux discours, l'un du marquis d'Audiffret, l'autre de M. d'Argout, discours qui
étaient de véritables traités juridiques, historiques
et économiques sur la matière, le premier reconnaissant la légalité, mais contestant la nécessité
et l'opportunité de la mesure, le second au contraire jugeant les circonstances tout à fait favorables pour l'entreprendre, M. Lacave-Laplagne
prit la parole et, tout en reconnaissant que ces
circonstances étaient devenues plus propices,
fit observer que tenant autant que qui que ce fût

au succès de l'opération, il ne croyait pas cependant, à raison de la situation pécuniaire des États-
Unis, le moment venu pour l'entreprendre.
D'autres membres intervinrent encore au débat,
M. Humann pour appuyer la mesure, M. de
Mosbourg pour la combattre, répétant les considérations déjà développées pour et contre. Mais
l'opinion de la Chambre des pairs, sur laquelle il
est à présumer que celle du roi bien connue de
tous n'avait pas été sans influence, était faite
d'avance et le projet de loi fut rejeté par 124 voix
contre 34.

Arrivons au budget de 1839 déposé sur le
bureau de la Chambre le 8 janvier précédent.
Dans son exposé des motifs, le ministre des
finances, M. Lacave-Laplagne, se trouvant devant
une Chambre nouvelle, avait cru devoir lui faire
un résumé de ce qui avait financièrement été fait
depuis 1830 et la mettre ainsi à même d'em-
brasser rapidement les diverses phases de la
situation depuis cette époque. D'un côté, dit il,
il avait fallu subvenir aux circonstances extérieures et intérieures provoquées par la Révolution de Juillet, faire des armements considérables,
augmenter l'effectif de l'armée, mettre en état
de défense les places fortes, armer les gardes
nationales, occuper Ancône, maintenir un corps

d'armée sur les frontières des Pyrénées, réprimer
les troubles de Vendée et combattre les insur-
rections de Paris et de Lyon. De plus, la dotation
du clergé, celle de l'intruction publique et d'autres
services, insuffisamment dotés, avait été notablement accrue, des monuments, qui étaient
l'honneur du pays, avaient été achevés, et on
avait entrepris enfin de grands travaux publics
qui devaient être une source de richesse pour la
majeure partie du territoire. Et cependant pour
effectuer toutes ces dépenses on n'avait eu recours
à aucune aggravation d'impôts. Bien au contraire,
35 millions avaient été abandonnés sur celui des
boissons et 16 millions par la suppression de la
loterie. Quant à la dette publique, grâce à l'annulation du fonds commun de l'indemnité et à
l'action de l'amortissement, il y avait eu diminution de 3,900,000 fr. sur les intérêts et de
230 millions sur le capital. Enfin, grâce à la sage
pratique de nos institutions et au rétablissement
de l'ordre et à la confiance, les produits indirects
qui, en 1830, ne montaient qu'à 522 millions,
avaient atteint en 1837 le chiffre de 630 millions.
Le ministre constatait ensuite que l'exercice 1835
laisserait un excédent disponible de 24 millions
sur lesquels 5 millions seraient pris pour solder
la dette des États-Unis et le surplus reporté

à l'exercice 1836 qui probablement en donnerait aussi un autre de 25,500,000 francs.

Abordant ensuite le budget de 1839 dont les dépenses et les ressources avaient été évaluées sur les bases ordinaires, il portait la somme des produits à 1,074,893,000 fr. et les dépenses à 1,062,918,000 fr., les recettes devant ainsi offrir un boni de 11,975,000 francs.

Restait le budget extraordinaire des travaux publics pour lequel 193 millions de crédits généraux avaient déjà été ouverts; 60 millions devaient être encore demandés dans le cours d'exercice, ce qui en porterait le total à 253 millions; 55 millions avaient été alloués pour 1837 et pour 1838 et le ministre proposait pour 1839 d'allouer 34 millions, auxquels il serait pourvu avec les 20 millions disponibles de 1835 et les réserves de l'amortissement qui probablement, à la fin de l'année courante, atteindraient 190 millions.

Donnons ici quelques chiffres à l'appui des résultats exposés par le ministre.

Les produits réalisés de 1830 qui avaient été de 964 millions, s'accroissant chaque année, s'étaient élevés en 1837 à 1,086 millions. Mais en ajoutant aux recettes les 907 millions provenant d'emprunts, de ventes de bois, etc., le

montant total en avait été durant les huit
années de 8,929 millions. D'autre part l'ensemble des dépenses durant cet espace de temps
avait été 8,898 millions et l'excédent de ressources
était ainsi de 31 millions dont profiteraient les
exercices suivants.

M. Ganneron, rapporteur général du budget,
en rendant compte lui-même de cette situation,
s'associa aux sentiments d'approbation pour le
passé et de confiance dans l'avenir exprimés par
le ministre et, en concluant à l'adoption du projet
présenté, il formula, au nom de la commission dont
il était l'organe, le désir et l'espoir que désormais
le gouvernement serait plus sobre dans ses demandes de crédits extraordinaires ou supplémentaires
qui venaient bouleverser des combinaisons budgétaires laborieusement étudiées et arrêtées.

Le premier budget soumis à la délibération de
la Chambre fut celui des affaires étrangères. Le
ministre demandait 7,960,700 fr., y compris
500,000 fr. pour la reconstruction du palais de
l'ambassade à Constantinople, incendié depuis
plusieurs années. La commission, par l'organe
de son rapporteur, M. de Lamartine, conclut à
l'allocation de cette somme. Elle fut votée par la
Chambre après un échange d'observations sans
intérêt.

Vinrent ensuite les budgets de la justice et des cultes. La somme des crédits alloués pour la justice à l'exercice 1838 avait été de 19,200,695 fr., celle demandée pour 1839 s'élevait à 19,888,460 fr., soit un excédent de 687,765 fr., applicable pour 81,000 fr. au traitement des conseillers d'État, traitement qui, élevé de 12,000 à 15,000 fr., était celui des conseillers à la cour de cassation; pour 500,000 fr. aux frais de justice et le surplus réparti entre divers services. Le rapporteur, M. Dufaure, en proposant l'allocation des crédits demandés, fit une exception toutefois pour les 81,000 fr. du conseil d'État. Sans doute, dit-il, le conseil d'État devait être placé au même rang que la cour de cassation. La même considération, les mêmes prérogatives, les mêmes honneurs leur étaient dûs. Intermédiaires entre le pouvoir législatif et la société, ces deux grandes compagnies travaillaient, chacune dans la sphère de ses attributions, à assurer l'égale et constante exécution des lois. Mais la cour de cassation avait été créée par des lois, le conseil d'État n'existait qu'en vertu d'ordonnances, et jusqu'à ce que son existence eût été confirmée par une loi spéciale, réglant son organisation et ses attributions, il était impossible de le mettre sur le même pied que la cour de cassation. Cet avis fut partagé par la

Chambre, malgré l'insistance du garde des sceaux et le budget de la justice se trouva ainsi réduit à 19,891,260 francs.

Au budget des cultes, la somme des crédits demandés était de 35,464,589 fr., inférieure de 745,000 fr. à celle allouée pour 1838. Cette différence provenant de ce que pareille somme portée à ce budget pour réparations à la cathédrale de Chartres ne devait pas figurer au budget de 1839, les crédits nécessaires pour le complément de la dépense ayant été affectés à l'exercice de 1838 par une loi spéciale. Les divers chapitres furent successivement adoptés par la Chambre et le budget des cultes voté au chiffre proposé de 35,464,589 francs.

Les crédits demandés par le ministre des finances pour les diverses dépenses de son département étaient :

1° Pour la dette publique. . .	331,361,843
2° Dotations.	17,014,100
3° Services généraux du ministère des finances.	20,970,629
4° Frais de perception. . . .	121,832,341
5° Remboursements et restitutions.	57,717,655
Soit un total de.	548,896,568

Ces chiffres avaient été admis par la commission du budget, à l'exception toutefois d'une somme de 109,000 fr. destinée à porter de 12,000 fr. à 15,000 fr. le traitement des conseillers maîtres à la cour des comptes, pour l'assimiler à celui des conseillers à la cour de cassation. La commission avait motivé son refus sur l'impossibilité d'augmenter les charges du budget. Dans le sein de la Chambre la réduction fut vivement combattue par le président Dupin[1], qui insista sur les services rendus par la cour des comptes dont les travaux s'associaient si intimement à ceux du Parlement dans les questions de finances, dont les recherches et la surveillance avaient amené des économies et des perfectionnements qui compenseraient pour de longues années l'augmentation si justement demandée. De son côté, M. Lacave-Laplagne ajouta que l'empereur, en créant la cour des comptes, l'avait mise sur le même rang que la cour de cassation, qu'elle assurait la fidèle exécution des lois de finances, comme la cour de cassation celle des lois civiles et criminelles, et qu'il était de toute justice de traiter les membres de l'une comme ceux de l'autre. Mais sur l'insistance de M. Dufaure qui

1. Séance du 18 mai 1838.

rappela que dans la session précédente pareille
augmentation avait été demandée et refusée, qu'il
était impossible de revenir sur un vote si récent,
et que la discussion de pareilles questions avait le
résultat fâcheux d'exciter les désirs et les impa-
tiences des intéressés tandis qu'ils devaient plus
tenir à la dignité de la fonction qu'ils occupaient
qu'à la quotité du traitement qui y était attaché,
le crédit de 109,000 fr. fut refusé.

Sur le chapitre 20, traitement, remises et
bonifications des receveurs généraux et receveurs
particuliers, portant allocation d'un crédit de
5,275,000 fr., M. Goupil de Préfeln proposa une
réduction de 500,000 fr. en la motivant sur ce que
ces agents, à raison de la situation qu'ils occupaient, se procuraient d'autres bénéfices que
ceux provenant de leurs fonctions et qu'il était
juste qu'ils en tinssent compte au Trésor. La réduction proposée de 500,000 fr. était donc absolument équitable, et le ministre des finances la
répartirait entre les intéressés ainsi qu'il le jugerait convenable. MM. Lacave-Laplagne et Gouin
insistèrent vivement sur les services rendus par
les receveurs généraux et particuliers, les charges qui pesaient sur eux, les cas de responsabilité
auxquels ils étaient assujettis. M. Lacave-Laplagne
ajouta à ce sujet que le coût du service qui leur

était confié ne dépassait pas 15 pour 100 d'intérêt par an, tandis qu'en Angleterre, dont on citait toujours l'exemple, il s'élevait à 25 pour 100. Malgré ces explications et après une réplique de M. Goupil de Préfeln, qui maintint que la situation des receveurs généraux et particuliers était absolument privilégiée, que l'opinion publique réclamait une réforme à cet égard, la Chambre adopta la réduction de 500,000 francs. Par ces deux votes, le chiffre total des crédits alloués au ministre des finances se trouva ramené à 550 millions. Les autres chapitres furent adoptés sans autre débat qu'il y ait lieu de rapporter, sauf quelques observations de M. Delespaul, député du Nord, qui se plaignit de ce que l'impression des travaux de la commission d'enquête sur les tabacs avec les innombrables documents qui y étaient joints avait coûté plus de 320,000 fr., qu'il était impossible de se retrouver au milieu d'un pareil dédale de pièces, que dès lors peu de personnes en prendraient connaissance, et aussi de ce que la commission chargée de cet important travail avait eu le tort grave de ne pas le résumer dans un rapport spécial qui aurait élucidé toutes les questions engagées.

Le montant des crédits inscrits au projet de budget de la marine et des colonies s'élevait à la somme de 66,890,600 fr., soit 7,621,600 fr. pour le service colonial et le surplus, 59,269,000 fr., pour ceux de la marine. Ce dernier chiffre dépassait de 1,890,600 fr. celui alloué pour l'exercice 1838 et avait pour objet la création d'un régiment spécialement destiné à la garde des ports, magasins, arsenaux et bagnes. Ce service était précédemment fait par des troupes de l'armée de terre, et le ministre de la guerre s'étant trouvé dans la nécessité de les reprendre pour les affecter à des besoins concernant son département, force était de pourvoir à leur remplacement. Les 1,890,000 fr. demandés se divisaient en deux parts, l'une de 920,000 fr. pour les dépenses de première formation qui figureraient seulement au budget de 1839, et l'autre de 970,000 fr. qui serait permanente. La commission du budget, adhérant à la création du régiment, avait accepté la dépense proposée à cet effet, mais sur les autres chapitres elle avait opéré diverses réductions qui ramenaient l'ensemble de la dotation du budget de la marine et des colonies pour 1839 à 66,215,957 francs, chiffre voté par la Chambre.

Un débat y eut lieu au sujet de la création du régiment de marine, non pour contester la nécessité de remplacer dans les ports les troupes de l'armée de terre précédemment employées;

mais sur le système proposé à cet effet. On avait
déjà voulu, objecta le capitaine Allard, confier la
garde des ports à des régiments de marine et une
ordonnance de 1821 en avait créé deux pour les
affecter à ce service. Mais au bout de trois ans on
avait jugé préférable de le confier aux équipages
de la marine dont le personnel avait été augmenté
en conséquence, et les régiments de marine
avaient été licenciés. Pourquoi ne pas en revenir
purement et simplement à ce qui se pratiquait à
cette époque et accroître de nouveau les équipages propres à la fois au service de terre et de
mer, tandis que les troupes de terre étaient absolument impropres à la navigation. Cette opinion,
appuyée par le général Demarçay, fut combattue
par le rapporteur, M. Bignon, et par M. Lacrosse,
député de Brest, qui firent observer que pour la
surveillance des ports, magasins et arsenaux, il
fallait un personnel spécial familiarisé avec les
services, au lieu d'un personnel de rechange
beaucoup plus habitué aux manœuvres de mer,
qui se prêterait difficilement à l'exercice d'une
surveillance à la fois constante et détaillée. Après
avoir entendu ces explications, la Chambre ratifia
la création proposée.

Suivit, au sujet du budget colonial qui ne donna
lieu du reste à aucune observation sérieuse, un

long discours de M. Isambert qui se plaignit de
ce que, nonobstant la loi du 4 mars 1831 qui
l'avait proscrite, la traite des nègres s'effectuait toujours dans nos colonies. Il demanda
que des mesures sérieuses fussent prises pour y
mettre un terme. Le ministre de la marine,
l'amiral de Rosamel, répondit que le préopinant
était absolument dans l'erreur, que le gouvernement n'avait cessé d'exécuter la loi de 1831 dans
toute sa rigueur et il cita à cet égard le témoignage de lord Brougham qui, à la tribune de la
Chambre des lords, avait déclaré que la France
était au-dessus de tout soupçon au sujet du trafic
des nègres.

Après avoir voté le budget de la marine et des
colonies, la Chambre des députés passa à l'examen de celui du commerce, de l'agriculture et
des travaux publics. Les crédits portés au projet
de budget de 1839 étaient de 57,200,277 fr., soit
45,411,000 fr. pour les travaux publics et
le surplus pour le commerce, l'agriculture,
les établissements sanitaires, etc. Tous ces
chiffres avaient été acceptés par la commission,
sauf une somme de 20,000 fr. concernant des
dépenses de restauration à l'établissement
thermal de Néris.

La discussion de ce budget fut très courte et

ne donna lieu qu'à des observations de détail, l'une entre autres adressée par M. François Deles- sert au ministre du commerce, au sujet de la ré- glementation du travail des enfants dans les manufactures. Cette question, dit-il, était à l'ordre du jour en Angleterre: elle y était l'objet de la préoccupation des pouvoirs publics et la France ne devait pas demeurer en arrière à cet égard. Le ministre promit qu'elle serait aussi de sa part l'objet d'une étude sérieuse, et tous les crédits proposés furent successivement adoptés. Il en fut de même de la somme de 34,420,000 fr. demandée pour les travaux publics extraordi- naires.

La somme des crédits proposés pour les divers services du ministère de l'intérieur était de 74,941,276 fr., et la commission du budget, les réduisant de 98,000 fr., l'avait ramenée à 74,843,276 francs.

Au sujet du chapitre 1er, personnel central, M. Léon de Malleville, rapporteur, parlant de la nouvelle et récente organisation des bureaux du ministère de l'intérieur, avait ajouté qu'il était une réforme à introduire dans les services de ce département encore plus urgente et plus utile: ce serait celle qui aurait pour objet d'attribuer aux autorités locales la solution d'une quantité d'af-

faires qui venaient s'accumuler à Paris et y
subissaient des retards regrettables. A ce sujet il
cita une demande formée par un propriétaire
pour obtenir la permission d'avoir un bateau
sur une rivière arrosant son domaine et qui avait
dû subir vingt-sept degrés d'instruction, tandis
qu'en quinze jours l'autorisation aurait pu être
donnée sans aucun dommage, si le droit de
l'accorder avait appartenu au préfet ou au
sous-préfet.

La commission n'avait pas accepté au chapitre
11, constructions et réparations, un crédit de
80,000 fr. pour travaux de restauration à l'Institut
de France. Il était question en effet d'un projet
mis à l'étude par la ville de Paris, projet
dont l'objet aurait été, pour élargir la voie publique, de démolir les deux ailes du Palais Mazarin en avance sur le quai et d'agrandir ce
palais sur le derrière. La commission avait pensé
que si ce projet était mis à exécution, les travaux
de restauration proposés pourraient devenir
inutiles et que dès lors il y avait toute prudence
à les ajourner. Le ministre de l'intérieur ayant
fait observer que le projet de la ville n'avait rien
de précis, qu'il ne serait peut-être jamais exécuté,
qu'il y avait urgence à consolider un bâtiment
qui menaçait ruine et surtout l'escalier de la

bibliothèque qui ne présentait plus aucune solidité, et M. Arago ayant insisté dans le même sens, le crédit de 80,000 fr. fut rétabli.

Aux termes d'une ordonnance du 23 octobre 1816, les traitements du préfet de police et de son secrétaire général avaient été mis à la charge de la ville de Paris. Le conseil municipal, invoquant un décret antérieur du 19 janvier 1811, qui mettait cette même dépense moitié à la charge de la ville et moitié à celle de l'État, avait réclamé auprès du ministre de l'intérieur l'application de ce décret. M. de Montalivet lui avait donné satisfaction : 21,000 fr. avaient donc été inscrits à cet effet au budget de l'État. Mais la commission, s'en référant aux termes précis de l'ordonnance de 1816, avait rejeté l'allocation. En vain, dans le sein de la Chambre, M. de Montalivet fit-il observer que les fonctions de préfet de police n'étaient pas seulement municipales mais aussi départementales et qu'à ce dernier titre l'État devait contribuer à son traitement, la Chambre donnant raison à sa commission supprima le crédit de 21,000 francs.

A l'occasion du chapitre 30, inspections administratives des services départementaux, M. de Lamartine se plaignit de ce que le décret de 1811, relatif aux enfants trouvés, qui avait prescrit l'établissement de tours, dans les hospices de chaque chef-lieu d'arrondissement n'était plus appliqué dans divers départements. Les enfants déposés devaient être mis en pension à la campagne et les départements devaient payer leur entretien aux familles qui les avaient recueillis jusqu'à ce qu'ils eussent atteint l'âge de douze ans. Or, des tours avaient été supprimés, des enfants éloignés à l'âge de trois ans des familles où ils avaient été nourris, pour être transplantés dans d'autres loin de leurs premières affections et au risque de compromettre leur santé par un changement de soins. M. de Montalivet répondit que si plusieurs tours avaient été supprimés il en avait été établi un bien plus grand nombre, que les déplacements n'avaient lieu que dans l'intérêt des enfants, lorsque la moralité des gens chez lesquels ils étaient placés laissait à désirer, que d'ailleurs il avait prescrit une enquête, que les conseils généraux allaient être appelés à donner leur avis, et que dans la session prochaine la question pourrait être débattue en pleine connaissance de cause et avec tous les documents propres à éclairer la Chambre. A la suite de ces explications, M. Amilhau retira un amendement qu'il avait déposé pour réduire le crédit des inspections administratives. Après avoir adopté les chapitres suivants sans débat, la Chambre passa à l'examen du budget de l'instruction publique.

Les crédits demandés pour les divers services de ce ministère étaient de 13,744,667 fr. et la commission du budget les avait réduits de 44,000 francs. Aucun d'eux ne fut contesté dans la Chambre où la discussion fut absolument théorique. Entre autres observations auxquelles elle donna lieu, MM. Saint-Marc-Girardin et de Tracy se plaignirent de ce que l'accès trop facile aux études littéraires créait un nombre de déclassés, qui, ne pouvant arriver aux situations qu'ils convoitaient, devenaient des ennemis de la société, et qu'il serait profitable d'organiser des écoles professionnelles et industrielles où ils pourraient recevoir une instruction plus appropriée à leur situation et beaucoup plus utile pour eux. D'un autre côté, M. Lanjuinais reprocha au ministre, chaque fois qu'il créait une chaire dans une faculté, d'y nommer des professeurs qui n'avaient pas subi de concours, tandis que la loi du 22 ventôse an XII avait prescrit ce concours de la façon la plus impérative. Le ministre répliqua que pour les chaires existantes il y avait en effet obligation de nommer un titulaire ayant subi les épreuves, mais que, lorsqu'il s'agissait de choisir le titulaire d'une nouvelle chaire, il appartenait au gouvernement qui venait de la créer d'y appeler tel professeur qu'il jugerait le plus propre à l'occuper.

Le projet de budget de la guerre pour 1839 fixait l'effectif total des troupes pour 1839 à 317,588 hommes, soit 278,066 hommes pour les divisions territoriales de l'intérieur, 1,522 pour Ancône et 38,000 pour l'Algérie, ce dernier chiffre porté pour 1838 à 48,000 hommes se trouvant ainsi réduit de 10,000 hommes. Le total des crédits demandés par le ministre était de 237,985,187 fr., soit 206,436,614 fr. pour l'intérieur et Ancône, et 31,548,573 fr. pour l'Algérie. Les réductions proposées par la commission du budget étaient de 2,623,000 francs. La discussion dans le sein de la Chambre fut brève et toute de détail. Tout avait été dit en effet dans le débat relatif au crédit de 18 millions. Parmi les réductions proposées par la commission il en était une de 250,000 fr. au chapitre du matériel de guerre. Cette somme était destinée à fortifier Chaumont et Wissembourg. Mais la commission n'avait pas trouvé que les études fussent complètes; il n'était même pas sûr que Langres ne fût préféré à Chaumont et le crédit avait été rayé. Cette résolution de la commission fut vivement approuvée dans le sein de la Chambre par le général

Bugeaud qui déclara qu'au lieu de créer de nouvelles fortifications, il faudrait démanteler la majeure partie de celles qui existaient. En temps de paix elles étaient d'un entretien onéreux, et en temps de guerre elles avaient le grave danger d'immobiliser des troupes qui pourraient être mieux utilisées en campagne. Il cita à ce sujet l'opinion de Vauban qui se plaignait de ce qu'on l'obligeait à construire trop de forts, de Catinat, du grand Condé, et exprima même la conviction que si, en 1813, l'empereur avait eu à sa disposition les forces qui gardaient les places d'Espagne et d'Allemagne, il aurait repoussé les armées alliées au delà du Rhin et préservé l'intégrité du territoire national.

Le crédit de 250,000 fr. ne fut pas alloué et la Chambre ayant adopté les chapitres suivants du budget de la guerre, passa au vote des divers articles de la loi des dépenses ordinaires, dont aucun ne souleva d'observations, et à la fixation du total des crédits alloués par cette loi pour l'exercice 1839, soit :

Justice et cultes.	55,355,849
Affaires étrangères.	7,960,700
Instruction publique. . . .	13,734,990
Intérieur.	74,818,882
A reporter. . .	151,870,421

Report. . . .	151,870,421
Commerce et travaux publics. .	57,480,277
Guerre.	238,914,486
Marine et colonies.	66,215,957
Finances.	549,188,798
Total. .	1,063,669,939

Passant ensuite au budget des recettes dont la commission avait accepté toutes les prévisions, elle les admit également et le chiffre en fut arrêté à. . . . . 1,080,486,091 les dépenses étant évaluées à. . 1,063,669,939

il en résultait pour l'exercice 1839 un excédent de recettes de   16,816,152

Portés à la Chambre des pairs, les deux projets de budget y furent l'objet de deux rapports de MM. d'Audiffret et de Gérando. Aucune question financière ne fut soulevée en séance publique. MM. de Dreux-Brézé et de Montalembert se bornèrent à prononcer deux discours sur les affaires étrangères.

Il nous faut parler aussi de la situation du budget de 1838 aggravée dans le cours de la session par le vote de divers crédits s'élevant à 41,616,000 fr., tels que les 18 millions pour l'effectif d'Algérie, les 4,400,000 fr. pour les armes

spéciales, 1,500,000 fr. pour les fonds secrets,
11 millions pour pensions aux finances et à la
guerre, 923,000 fr. pour l'emprunt grec, etc.
Or, la loi de finances de 1837 ayant alloué
1,039,319,000 fr. portés ainsi à 1,080,935,000 fr.
et les recettes, déduction faite des intérêts irré-
couvrables de la créance sur l'Espagne, n'ayant
été prévus qu'au chiffre 1,044,410,000 fr., il y
avait une insuffisance qui devait être couverte en
partie par l'excédent des recettes de 1836. Il y
avait tout lieu de penser que les produits de 1838
dépassant les prévisions couvriraient, et au delà,
la différence, surtout avec la perspective des
annulations qui auraient sans aucun doute lieu
lors du règlement de l'exercice. D'un tableau
inséré au *Moniteur* du 4 juillet, il résultait en
effet que la moyenne annuelle des suppléments
de crédits pour les exercices 1833, 1834, 1835
et 1836 alloués par des lois spéciales ou par
celles de règlement avait été de 21,024,328 fr.,
celle des annulations de 32,103,456 fr., et
que la moyenne de ces dernières avait ainsi dépassé l'autre de 11,079,128 francs.

Parmi les diverses autres lois discutées et
votées durant la session de 1838 nous devons
mentionner : 1° celle du 3 juillet qui affectait sur
le fonds extraordinaire des travaux publics

45 millions pour l'établissement d'un canal de la
Marne au Rhin partant de Vitry et aboutissant à
Strasbourg en passant par Nancy, et 40 millions
à l'exécution d'un canal latéral à la Garonne
entre Toulouse et Castets avec embranchement sur
Montauban, avec allocation de 1,400,000 fr. pour
1838 et de 6 millions pour 1839; 2° les lois portant
concession des chemins de fer de Paris à Rouen
et au Havre, de Paris à Lille et à Dunkerque, de
Paris à Orléans, aux risques et périls des concessionnaires et sans charge aucune pour le
Trésor; 3° la loi sur les justices de paix, aujour-
d'hui encore en vigueur, qui, en étendant les
attributions des juges de paix, était un véritable
bienfait pour les campagnes; 4° celle enfin sur
les attributions des conseils généraux qui en
déterminant et étendant les attributions de ces
assemblées leur conféra une indépendance et une
autorité utiles à tous égards et leur permit de
donner aux travaux de viabilité une impulsion
dont les bienfaits se firent promptement sentir sur
toutes les parties du territoire.

Nous ne terminerons pas le récit de la session
de 1838 sans rappeler l'ordonnance du 31 mars
1838, rendue sur la proposition de M. Lacave-
Laplagne, ordonnance portant réglement général
sur la comptabilité publique, véritable code en

695 articles dans lequel était classée, suivant un
ordre méthodique, la série des diverses dispositions extraites des lois, décrets et ordonnances
qui avaient successivement déterminé les règles
et formes prescrites aux administrateurs et
comptables pour la recette et l'emploi des deniers
publics, aussi bien pour l'État que pour les départements, communes, hospices, administrations
de bienfaisance et autres placés sous le contrôle
de l'État. Un pareil travail fait honneur au ministre habile et laborieux qui l'a préparé et promulgué. La session de 1838 fut close le 12 juillet,
et celle de 1839 devait s'ouvrir le 16 décembre
suivant.

CHAPITRE XI.

SESSION DE 1839.

Ouverture de la session de 1839. — Discours de la couronne. — Adresse de la Chambre des députés. — Dissolution de cette Chambre. — Élections. — Réunion de la nouvelle Chambre. — Ministère provisoire. — Ministère du 12 mai. — Comptes de 1836. — Crédits supplémentaires et extraordinaires de 1838. — Emprunt grec. — Salle Favart. — Canaux de 1821 et 1822. — Routes stratégiques de l'Ouest. — Ports maritimes. — Crédits pour l'Algérie et les divisions territoriales de l'intérieur. — Crédit pour subventions aux caisses de retraite.— Crédits de la marine. — Affaires d'Orient et crédit demandé à ce sujet. — Budget de 1840. — Exposé des motifs. — Rapport de M. Gouin sur les dépenses. — Discussion. — Receveurs généraux. — Budget des travaux publics extraordinaires. — Caisse des Invalides de la marine. — Souscriptions. — Adoption du budget des dépenses. — Rapport de M. Ducos sur les recettes. — Discussion. — Rétribution universitaire. — Adoption par la Chambre des députés du budget des recettes. — Adoption par la Chambre des pairs des deux budgets. — Loi concernant un prêt de cinq millions à la compagnie du chemin de fer de Paris à Versailles (rive gauche). — Clôture de la session de 1839.

Dans l'intervalle des deux sessions, à la suite de l'évacuation par les troupes autrichiennes des États romains, le gouvernement français, conformément à la convention passée avec le Saint-Siège, avait rappelé celles que nous avions à Ancône. D'un autre côté, il avait dû envoyer devant la Vera-Cruz des forces navales pour obtenir de la République mexicaine réparation de dommages causés à nos nationaux ainsi que justice et protection pour notre commerce, et, après avoir rappelé ces deux circonstances, le roi, dans son discours d'ouverture aux Chambres, le 16 décembre, ajoutait que l'état des finances était de plus en plus prospère, que l'accroissement constant des recettes attestait tout à la fois le développement de la richesse nationale et le bien-être dont jouissaient toutes les classes de la population. Le roi terminait en disant que cette situation florissante du pays était dûe au parfait accord des pouvoirs de l'État.

Mais cet accord touchait à sa fin. Nous avons déjà eu occasion de dire que le vice originel du cabinet Molé était d'avoir été constitué en

dehors des trois grandes fractions politiques entre
lesquelles était partagée la Chambre, le centre
droit dirigé par M. Guizot, le tiers parti par
M. Thiers, la gauche par M. Odilon Barrot, de
n'avoir pas de majorité propre, et de vivre du
désaccord qui existait entre ces trois fractions et
seulement de l'appui de ces hommes flottants
qui, n'étant inféodés à aucun groupe, étaient disposés à soutenir tout cabinet dont les tendances
ne froissaient pas leurs sentiments conservateurs.
Mais les trois groupes dont nous venons de parler étaient impatients d'arriver au pouvoir et
leurs chefs se concertèrent pour former une coalition à l'effet de renverser le cabinet et de s'en
partager les portefeuilles. Les griefs sur lesquels
ils se fondaient étaient l'absence d'une politique
ferme et résolue aussi bien à l'intérieur qu'à l'extérieur et, de la part de M. Molé et de ses collègues, l'abandon de leurs prérogatives vis-à-vis
la couronne ainsi que l'oubli des devoirs que leur
imposait la responsabilité ministérielle. Ces griefs
furent exposés dans le projet d'adresse au discours
du roi qui fut lu dans la séance du 4 janvier.

D'abord, en ce qui concernait l'évacuation
d'Ancône, un paragraphe spécial exprimait le
regret qu'elle ne se fût pas effectuée dans un
moment plus opportun et avec des garanties

qu'une politique plus prévoyante aurait dû stipuler.
Dans un autre paragraphe il était rappelé que,
dans le discours de l'année précédente, le roi
avait annoncé que son gouvernement présenterait
un projet de conversion de la dette, dès que les
circonstances seraient devenues favorables. Les
raisons de retarder l'accomplissement de la mesure n'existaient plus et cependant le discours de
la couronne gardait le silence à cet égard. La
commission exprimait l'espoir qu'un projet serait
incessamment proposé.

Se félicitant ensuite de la naissance du comte
de Paris, elle ajoutait que le jeune prince, élevé
comme son père dans le respect des institutions
qui régissaient la France, saurait s'inspirer des
origines glorieuses de la dynastie dont le roi était
le chef et n'oublierait jamais que le trône où il
devait s'asseoir un jour était fondé sur la toute
puissance du vœu national.

L'avant-dernier paragraphe déclarait que
l'union intime des pouvoirs, contenus dans les
limites constitutionnelles, pouvait seule fonder
la sécurité du pays et la force du gouvernement,
et qu'une administration ferme, habile, s'appuyant sur les sentiments généreux, faisant respecter au dehors la dignité du trône et le cou-
vrant au dedans de sa responsabilité, était le gage

le plus sûr du concours que la Chambre était disposée à lui prêter.

Enfin, était-il dit dans le dernier paragraphe : « Confions-nous, Sire, dans la vertu de nos insti- « tutions : elles assureront, n'en doutez pas, vos « droits et les nôtres ; car nous tenons pour cer- « tain que la monarchie constitutionnelle garantit « à la fois la liberté des peuples et cette stabilité « qui fait la grandeur des États. »

Les débats furent des plus animés et durèrent quinze jours. Les chefs de la coalition vinrent tour à tour défendre les termes de l'adresse et M. Molé dût seul tenir tête à tous. Il le fit avec un tact, une fermeté, un à propos et un talent auxquels ses adversaires durent rendre hommage, et il obtint même le rejet du paragraphe le plus agressif. L'adresse ainsi corrigée fut adoptée à la majorité de 221 voix contre 208. Mais le cabinet sortait très affaibli de cette lutte, il ne pouvait espérer gouverner avec une majorité aussi minime et aussi peu sûre. Il offrit sa démission au roi qui, après l'avoir acceptée, dut l'inviter à la la retirer en présence de la difficulté de former un nouveau ministère dans l'état d'esprit où se trouvait la Chambre. La dissolution fut prononcée le 2 février et les nouvelles élections faites le 2 mars ayant donné une majorité évidemment

hostile, M. Molé et ses collègues, jugeant parfaitement inutile d'aborder de nouveaux débats
irritants, se retirèrent d'une façon définitive,
avant même que la nouvelle Chambre fût
constituée. Alors s'ouvrit une crise qui dura
trois mois par l'impossibilité où se trouvèrent
les chefs de la coalition de s'entendre sur la
répartition proportionnelle des portefeuilles et
sur le choix des personnes. Cette crise, durant
laquelle le roi dut prendre des ministres provisoires pour assurer la marche et l'expédition des
affaires courantes, se termina, sous la pression
de l'insurrection du 12 mai, par la formation
d'un ministère présidé par le maréchal Soult qui
se chargea du portefeuille des affaires étrangères. Dans ce cabinet entrèrent trois membres
du tiers-parti, M. Passy aux finances, M. Teste à
la justice, M. Dufaure aux travaux publics et
trois membres du centre droit, M. Duchâtel à
l'intérieur, M. Villemain à l'instruction publique,
M. Cunin-Gridaine au commerce. Le général
Schneider fut placé à la guerre et l'amiral
Duperré à la marine.

Dans la séance du 22 janvier précédent,
M. Lacave-Laplagne avait déposé sur le bureau
de la Chambre des députés deux projets de loi,
l'un relatif aux crédits supplémentaires et extra-

ordinaires de 1838, l'autre concernant le budget
de l'exercice 1840. La Chambre ayant été dissoute quelques jours après, ces deux projets
n'étaient plus que lettre morte ; mais repris par
M. Gautier, le ministre des finances du cabinet
intérimaire, ils furent représentés à la nouvelle
Chambre dans la séance du 22 avril. Il en fut de
même pour le projet de loi portant réglement de
l'exercice 1836. Ce projet avait été adopté par la
précédente Chambre, mais la dissolution n'avait
pas permis qu'il fût mis en délibération à la
Chambre des pairs. Un nouveau vote de la
Chambre des députés devenait donc nécessaire.
M. Gautier dut représenter le projet et le
déposa tel qu'il avait été voté par la Chambre
dissoute, avec addition toutefois d'une disposition spéciale, réclamée par la cour des comptes
qui à diverses reprises s'était plaint de ce que
toutes les dépenses coloniales n'étaient pas soumises à son contrôle, entre autres les traitements
des délégués et les sommes mises à leur disposition. En conséquence un article spécial prescrivait que toutes les dépenses votées aux budgets
coloniaux et acquittées dans la métropole seraient,
comme les autres dépenses des colonies, soumises
avec les pièces justificatives au contrôle de la
cour des comptes.

Le projet de loi fixait les recettes de 1836 à.. 1,077,523,708
et les payements effectués à.. . 1,046,906,909

Soit un excédent de recettes
de. 30,616,799

Et il affectait cet excédent, soit 4,568,135 fr.,
à couvrir les dépenses spéciales de 1836 ; le surplus, 26,048,663 fr., était reporté au budget de
1838.

Restaient à payer 2,214,787 fr. qui, au fur et
à mesure qu'ils seraient soldés, le seraient sur
les fonds de l'exercice courant ; et à recouvrer
3,943,000 fr. qui, au fur et à mesure que la
recette en serait effectuée, s'ajouteraient à celle
de l'exercice dans le cours duquel elle aurait lieu.
Le projet fut adopté sans débat par les deux
Chambres.

Le projet de loi concernant les crédits supplémentaires et extraordinaires de 1838, présenté
par M. Laplagne au mois de janvier, fixait à
7,366,000 fr. le chiffre des suppléments demandés
pour les services insuffisamment dotés et à
4,672,000 fr. ceux nécessités par des besoins
urgents et imprévus, tels que 2,304,000 fr. pour
extension de nos armements maritimes au Mexique
et à Buenos-Ayres, soit un total de 12,038,000

francs. Mais il en fallait déduire 650,000 fr.
d'annulations, ce qui réduisait à 11,388,000 fr.
le montant des charges nouvelles s'ajoutant au
budget de 1838. Depuis le mois de janvier de
nouveaux besoins avaient été constatés jusqu'à
concurrence de 3,340,000 fr. et le chiffre
soumis à la sanction des Chambres s'élevait à
14,728,000 francs. Enfin le projet de loi portait
approbation, jusqu'à la somme de 2,867,000 fr.,
de l'ouverture de crédits dont la majeure partie
avait été employée à réparer les désastres
occasionnés à la Martinique par un violent trem-
blement de terre et en distribution de secours aux
colons victimes de ce sinistre.

La commission chargée d'examiner le projet
de loi lui donna son approbation, en insistant sur
l'utilité de l'expédition du Mexique entreprise
pour obtenir réparation des mesures iniques
dont avaient eu à souffrir nos nationaux de la part
du gouvernement indigène, et en rendant un
hommage au courage de notre escadre ainsi qu'à
l'habileté et à l'énergie de son chef, l'amiral
Baudin. Le coût total de l'expédition était évalué
à 6 millions. La commission donnait également
son approbation au traité conclu avec le gouvernement mexicain, traité aux termes duquel ce
dernier s'engageait à payer dans le délai de six

mois une indemnité de 3 millions pour être distribuée entre ceux de nos nationaux lésés par des mesures arbitraires, à garantir désormais aux Français établis au Mexique pour leurs biens et leurs personnes toute sécurité, et à assurer à la France dans les rapports commerciaux le traitement de la nation la plus favorisée.

La commission proposait enfin d'insérer au projet de loi deux dispositions additionnelles ayant pour objet de décider que les pensions accordées aux artistes de l'Opéra, au lieu de l'être par simple décision ministérielle, le seraient comme toutes autres après liquidation par le conseil d'État et seulement en proportion des extinctions. Ces deux dispositions avaient pour objet de prévenir le retour de divers abus constatés par la commission.

Dans le sein de la Chambre, la discussion fut très rapide et porta principalement sur le traité conclu avec le Mexique, traité qui, suivant M. de Larcy, ne donnait pas des satisfactions suffisantes. Il fut répondu qu'en exigeant plus on risquait, vu la pénurie du Trésor mexicain, de ne rien obtenir, qu'on devait se féliciter de ce résultat et surtout s'applaudir d'avoir ouvert au commerce français un débouché qu'on ne pouvait évaluer à moins de 22 millions. Après cet échange d'observations, le projet fut voté par 196 voix contre 34. Porté à la Chambre des pairs, il y fut adopté sans débat.

Pas plus en 1839 qu'en 1838 le gouvernement grec ne s'était trouvé en mesure de solder les annuités de l'emprunt de 40 millions qu'il avait contracté. Force avait donc été aux trois puissances garantes de lui faire encore l'avance des annuités de 1839 aux mêmes conditions qu'en 1838. Dans l'exposé des motifs du projet de loi ayant pour objet d'autoriser cette avance, le ministre des finances fit valoir que le gouvernement grec mettait tous ses efforts à améliorer les services administratifs et à réaliser des économies, mais que, malgré ces efforts, les dépenses excédaient encore les recettes, que ces dernières étaient cependant en progrès sensible, et que dès lors il y avait non seulement devoir mais intérêt pour la France à exécuter des engagements solennellement pris. La commission de la Chambre des députés, chargée d'examiner le projet de loi proposé, conclut pour les mêmes raisons que le ministre à son adoption, et, malgré l'opposition de M. Auguis, les 900,814 fr. demandés furent alloués, avec imputation sur les ressources de 1839, à une immense majorité. Il en fut de même à la Chambre des pairs.

La salle Favart avait été détruite par un incen-
die au commencement de 1838, et le Théâtre
Italien qui l'occupait avait trouvé un asile provisoire dans la salle de l'Odéon. D'autre part, le
théâtre de l'Opéra-Comique installé place de la
Bourse devait en sortir le 1er mai 1840 pour faire
place à une troupe de vaudeville à laquelle le
local avait été loué. Il était donc à craindre que,
si avant cette époque un emplacement convenable
n'eût pas été trouvé pour l'Opéra-Comique, ce
théâtre fût obligé de cesser ses représentations
et que ne disparût ainsi un genre dramatique et
musical tout à fait national et populaire, dont les
productions alimentaient le répertoire de la plupart
des théâtres de province. De là grand émoi dans
le monde littéraire et artistique. Des démarches
pressantes avaient été faites auprès du gouvernement pour que la salle Favart, où avait été créé
soixante-quinze ans auparavant le genre opéra-
comique, fût reconstruite et rendue à son ancienne
destination. Le ministre de l'intérieur, M. Duchâtel, avait fait étudier un projet de réédification
de cette salle et deux plans étaient en présence.
D'après l'un, étudié par M. Duban, le nouveau
local devait être reculé jusqu'au boulevard, et y
avoir sa façade. Il entraînait l'acquisition de la
maison derrière laquelle se trouvait l'ancienne

salle. La dépense, frais de construction, d'aménagement et d'achat compris, était évaluée à 3 millions. Mais l'immeuble à acheter était étroit, de forme irrégulière et il avait été constaté que son annexion n'ajouterait rien à l'agrandissement et aux commodités de la salle. D'ailleurs il avait bon aspect sur le boulevard au milieu des maisons qui l'entouraient et ne les déparait pas. Le second plan, qui consistait à reconstruire la salle dans ses proportions anciennes, ne devait entraîner qu'une dépense de 1,500,000 fr. et c'est à ce dernier que le ministre de l'intérieur, M. Duchâtel, avait donné la préférence. Il pensa qu'au point de vue des intérêts du Trésor, le mieux serait de mettre en adjudication les travaux de reconstruction, en faisant porter le rabais sur la durée de la jouissance de la salle, à la condition que, à l'expiration du terme fixé par l'adjudication, cette salle et ses dépendances feraient retour à l'État. Une somme de 300,000 fr. versée par la compagnie d'assurance *le Phénix* pour le sinistre de l'ancienne salle devait être réservée à l'entrepreneur à titre de subvention, et le loyer de la salle lui était assuré jusqu'à l'expiration de la concession pour une somme annuelle de 70,000 francs.

La commission de la Chambre des députés, chargée de l'examen du projet ministériel, con-

clut à son adoption dans un rapport très étudié
de M. Vitet. Mais à la Chambre, il fut l'objet des
critiques de MM. Lherbette et Berryer qui firent
observer qu'il eût été bien plus simple de placer
l'Opéra-Comique dans la salle Ventadour que ses
propriétaires auraient louée à un prix inférieur à
celui garanti à l'adjudicataire. On aurait ainsi
évité des frais de reconstruction considérables et
réservé la faculté d'aliéner à des prix avantageux
un terrain situé dans un quartier très recherché.
Il fut répondu par M. Duchâtel que depuis quelques
années l'Opéra-Comique avait à deux reprises
occupé la salle Ventadour et qu'il avait dû définitivement l'abandonner parce qu'il n'y faisait pas
ses frais. Cette salle, en effet, était située sur
une place isolée et écartée, en dehors de tout
mouvement de circulation, et ne pouvait convenir
qu'à un théâtre exploitant un genre spécial,
recherché par un public d'élite, tel que le Théâtre
Italien qui malgré la distance avait conservé toute
sa vogue et toute sa clientèle dans la salle de
l'Odéon. D'ailleurs le loyer en serait très onéreux.
Aux 50,000 fr. demandés par ses propriétaires,
il fallait ajouter la réserve au profit des actionnaires de loges et d'une quantité considérable de
places à chaque représentation, réserve qui porterait ce loyer à 200,000 fr., somme que serait

dans l'impossibilité de payer l'entreprise de l'Opéra-Comique.

Devant ces considérations parfaitement fondées et développées, la Chambre n'hésita pas à voter le projet de loi ainsi que la subvention de 300,000 fr. à prendre sur l'exercice 1840.

Rappelons que les lois de 1821 et 1822 avaient affecté à la confection des canaux entrepris à cette époque une somme de 128 millions, à laquelle était évalué le coût de leur confection; que cette somme ayant été insuffisante, il avait été successivement alloué, sur les fonds de l'État, d'abord 44,612,000 fr., puis par la loi de travaux publics de 1833, 44 millions et qu'enfin la loi du 27 juin 1837 y avait ajouté un crédit de 6,600,000 fr., soit un total de ressources de 223 millions. Néanmoins si sur treize lignes huit étaient entièrement achevées et livrées à la navigation, cinq lignes réclamaient encore des travaux complémentaires. Dans la séance du 8 mai, le gouvernement déposa sur le bureau de la Chambre des députés un projet de loi ayant pour objet de proposer l'ouverture d'un crédit de 12 millions à prendre en 1839 sur le fonds extraordinaire des travaux publics et destiné à compléter l'entreprise. Pour justifier cette proposition, l'exposé des motifs faisait valoir les mécomptes résultant de la plus-value des terrains et de la main d'œuvre, les sinistres survenus en cours d'exécution qu'il avait fallu réparer, la nécescessité aussi de modifier parfois les plans primitivement arrêtés, et cependant, était-il dit, en comparant le coût de ces canaux avec celui des travaux de pareille nature entrepris en Angleterre, ils avaient été en France exécutés à meilleur compte.

Le projet ministériel fut accueilli par la commission chargée de procéder à son examen avec une certaine défiance. Elle exprima d'abord la crainte que les 12 millions demandés fussent insuffisants. Elle jugea également que plusieurs des travaux restant à exécuter étaient inutiles ou mal étudiés et pour que le contrôle de la Chambre pût s'exercer d'une façon plus efficace, elle fut d'avis de n'accorder pour 1839 que 8 millions, sauf à allouer un nouveau crédit en 1840 si la nécessité en était reconnue.

Dans le cours de la discussion en séance publique, M. Legrand, directeur général des ponts-et-chaussées, reconnut lui-même que, eu égard à des indemnités qui n'étaient pas encore réglées, il ne pouvait garantir que la somme de 12 millions ne serait pas dépassée, et, après avoir pris la défense du corps des ponts-et-chaussées très

vivement attaqué par plusieurs orateurs, il
accepta au nom du gouvernement le projet
amendé par la commission. Ce projet fut voté par
233 voix contre 48 et adopté ensuite par la
Chambre des pairs.

Ni le crédit de 12 millions alloué par la loi de
1833 pour les routes stratégiques de l'Ouest, ni
celui de 1 million ajouté en 1837 n'avaient suffi
pour mener à bonne fin cette importante
entreprise. Le montant des indemnités avait
dépassé les évaluations, des pentes avaient dû
être adoucies, des rectifications effectuées, et
1 million était encore nécessaire pour tout solder.
Ce million avait donc été demandé par le ministre de l'intérieur. Le rapporteur de la commission
à l'examen de laquelle le projet de loi avait été
renvoyé constata que, parmi les causes de l'augmentation de dépenses, il fallait comprendre
l'emploi des militaires, emploi qui avait accru
cette dépense de 25 pour 100 sur les ateliers où ils
avaient travaillé. Non pas, ajoutait le rapporteur,
qu'ils eussent fait preuve de négligence ou d'inap-
titude, mais à raison des frais de campement et
de déplacement et des avantages de solde. Néanmoins, la commission concluait à l'allocation de
la somme de 1 million et elle fut votée par les
deux Chambres avec imputation en 1839 sur le

fonds extraordinaire des travaux publics. La confection des routes stratégiques coûta donc 14 millions, somme peu importante eu égard au service qu'elles rendirent en contribuant à la pacification de la région de l'Ouest.

Déjà sur le fonds extraordinaire de 1837 avait été allouée une somme de 25,300,000 fr. pour le perfectionnement des ports maritimes. Mais ce n'était là qu'un commencement. Notre commerce maritime se développait chaque année. Dans l'espace de dix ans, celui d'importation s'était élevé de 366 millions à 578 millions, celui d'exportation de 445 millions à 717 millions, soit de 69 pour 100. Il devenait nécessaire de favoriser ce mouvement ascensionnel. L'amélioration des ports existants et la création de nouveaux ports était un des moyens les plus efficaces. Ajoutons que par ports l'administration entendait non seulement ceux dans lesquels s'effectuaient les chargements et déchargements de marchandises, mais aussi les rades, anses, criques, pouvant à l'occasion servir de ports de relâche et offrir un refuge aux bâtiments surpris par la tempête. Le montant total de la dépense était évalué à 149 millions. Mais les études n'étaient pas complètes, ni l'urgence partout la même, et pour le moment l'administration se bornait à demander

44,000,000 fr. imputables sur le fonds extraordinaire de 1837, dont 14,000,000 fr., alloués pour
1839 et 1840, devaient être répartis entre 17 ports,
tels que ceux de Boulogne, Calais, Dieppe, Le
Havre, Marseille, etc.

La commission à l'examen de laquelle fut soumis le projet de loi conclut à son adoption dans
un rapport rédigé par M. de Chasseloup-Laubat.
Toutefois une réserve était faite : les localités où
seraient entrepris les travaux et dont les ressources
le permettraient auraient à contribuer pour partie à la dépense. En vue de cette éventualité, la
commission réduisit l'ensemble du crédit de
44,600,000 fr. à 40 millions. Marseille offrit
immédiatement 800,000 fr. et Dieppe 600,000.

Dans le sein de la Chambre, MM. Deslongrais
et Paixhans reprochèrent au projet de loi d'engager d'une façon imprudente les finances de
l'État et d'amener partout où ces travaux seraient
entrepris une hausse des salaires fâcheuse pour
l'agriculture et l'industrie. Mais la discussion fut
surtout technique. Chacun y plaida aussi la cause
des ports qui se trouvaient dans sa région élec-
torale et le projet, dont l'utilité était incontestable,
fut définitivement adopté à la majorité de 213
voix contre 48. A la Chambre des pairs, il le fut
à l'unanimité et sans débat.

Dans la séance du 25 mai, le général Schneider, ministre de la guerre, avait déposé sur le bureau de la Chambre des députés un projet de loi ayant pour objet de demander, en addition aux crédits alloués par la loi du budget de 1839, une somme de 6,515,490 fr., addition ramenée au chiffre de 4,923,830 fr. par des annulations s'élevant à 1,591,660 francs.

Les crédits demandés avaient pour objet, en ce qui concernait l'intérieur : 1° d'élever la haute paye des sous-officiers pour lesquels elle était un encouragement au rengagement ; 2° d'augmenter de 150 fr. la solde des lieutenants et sous-lieutenants, solde jugée insuffisante, ainsi que celle des officiers généraux en non-activité ; 3° d'augmenter également pour tous les officiers le tarif des indemnités de logement ; 4° de mettre à la charge de l'État la remonte d'un des chevaux attribués aux capitaines des troupes à cheval ; 6° d'augmenter les frais de représentation alloués aux chefs de corps et maréchaux de camp ; 7° la création d'un bataillon de chasseurs à pied dont des expériences récemment faites avaient démontré l'incontestable utilité.

En ce qui concernait l'Algérie, il s'agissait d'en organiser les forces de façon à en ramener l'effectif au chiffre de 38,000 hommes, fixé par la loi de finances de 1838 et, à cet effet, le ministre se proposait de réduire les corps étrangers, de supprimer les tirailleurs indigènes ainsi qu'une portion des spahis, d'augmenter, au contraire, le nombre des régiments français et de créer une légion de gendarmerie. Le projet de loi portait en outre création d'un évêché en Algérie et 1,500,000 fr. devaient être affectés aux travaux de routes, de desséchement et de casernement, pour lesquels pareille somme avait déjà été accordée l'année précédente.

Quant aux annulations, elles provenaient, d'abord, de la cessation d'occupation d'Ancône, puis du passage en Afrique des officiers des cinq régiments dont l'armée algérienne devait être accrue, officiers qui ne seraient remplacés à l'intérieur que par de simples soldats.

Les propositions ministérielles furent approuvées par la commission à l'étude de laquelle elles avaient été renvoyées, à l'exception, toutefois, de celle relative aux frais de représentation des chefs de corps et maréchaux de camp. Le projet fut soumis à la Chambre avec une réduction de 109,850 fr.; M. Isambert y attaqua la création de l'évêché d'Alger, création, dit-il, qui aurait dû être l'objet d'une loi spéciale ; M. Deslongrais, la nouvelle organisation militaire ; M. de Tracy, les travaux d'assainissement qui devaient être non pas le but, mais la conséquence de la colonisation. Toutefois, le projet de loi, avec la réduction proposée par la commission, fut adopté dans une seule séance, à la majorité de 190 voix contre 40, et ratifié sans débat par la Chambre des pairs.

Il nous faut aussi mentionner un autre projet de loi présenté par le ministre des finances, portant allocation sur le fonds extraordinaire de l'exercice 1839 de crédits s'élevant à 6,185,000 fr. et attribués à titre de subvention aux caisses des retraites des ministères de la justice, des cultes et des finances. Depuis 1834 les ressources propres de ces caisses n'avaient plus suffi pour acquitter les charges qui pesaient sur elles, et, chaque année, il avait fallu leur venir en aide. Vainement avait-on prolongé la durée du service d'un grand nombre d'employés. Mais il pouvait en résulter dans certaines administrations, telles que celles des douanes et des contributions indirectes, où une grande activité de la part des agents est indispensable, de graves inconvénients. Le chiffre de la subvention n'avait cessé de s'accroître, surtout pour le ministère des finances, où elle était montée en cinq années de 850,000 fr. à 6 millions. Les Chambres n'avaient jamais refusé les fonds nécessaires pour acquitter une dette qui était considérée comme sacrée, mais chaque fois qu'elles étaient appelées à les voter, elles avaient réclamé une loi qui réglât la question des pensions d'une façon définitive. Deux projets avaient été proposés : ni l'un ni l'autre n'avaient été acceptés. En présentant, dans la séance du 25 mai 1839, la demande de crédits pour cet exercice, le ministre des finances fit observer que la session était trop avancée pour que l'étude de la question pût être utilement abordée, mais qu'à l'ouverture de la session de 1840 un projet serait proposé dans lequel le gouvernement tiendrait compte de toutes les objections qui avaient été faites.

Le crédit de 6,185,000 fr. fut alloué par les deux Chambres avec cette clause, toutefois, que les nouvelles demandes de retraites, à l'exception de celles qui pourraient être formées par des veuves d'employés morts en activité de service, ne seraient admises que dans la proportion des fonds disponibles, et que celles sur lesquelles, faute de fonds, il n'aurait pu être statué dans le cours de l'année 1839, seraient ajournées à l'année suivante.

Deux demandes de crédits furent également déposées par le ministre de la marine, l'une de 850,000 fr. à la charge de l'exercice 1838, à l'effet de solder les dépenses restant dues par suite des armements dirigés contre le Mexique et Buenos-Ayres, dépenses dont l'état n'était pas encore arrivé en France lors du vote des crédits supplémentaires et extraordinaires de 1838. Le crédit demandé ne pouvait être contesté et il fut accordé sans débat. L'autre demande s'élevait à 14,912,800 fr. imputables sur l'exercice 1839. Le budget de cet exercice prévoyait l'entretien de 130 bâtiments armés et celui d'un effectif de 20,300 hommes. Mais à raison de l'expédition du Mexique et du blocus de Buenos-Ayres, le nombre des bâtiments avait été porté à 195 avec un personnel embarqué de 26,000 hommes. Or, il importait de maintenir en grande partie cet état naval, pour augmenter l'escadre de blocus de Buenos-Ayres, pour conserver dans le golfe du Mexique une forte station et pour mettre sur un pied respectable celle des mers du Sud, destinée à y protéger nos intérêts commerciaux au milieu de la lutte engagée entre les divers États de l'Amérique méridionale. Enfin un renfort immédiat de bâtiments de guerre avait été jugé indispensable pour exercer, dans l'intérêt du gouvernement de la reine d'Espagne, sur les côtes de ce royaume une surveillance active à l'effet d'y empêcher le débarquement d'hommes et de munitions de guerre : du reste, le gouvernement espérait qu'au mois d'octobre, les circonstances permettraient de procéder à des désarmements partiels et le crédit demandé était calculé en conséquence. Les raisons exposées par le ministre de la marine étaient péremptoires. Nul ne les contesta et les 14,912,800 fr. furent alloués.

A peine le cabinet du 12 mai était-il entré en fonctions que de graves complications surgissaient en Orient. En 1833, Mehemet-Ali, souverain par le fait de l'Égypte qu'il avait conquise et organisée et qu'il eût été difficile de lui enlever, avait demandé à son suzerain le sultan le gouvernement de Syrie. Sur le refus de Mahmoud, il avait donné ordre à son fils Ibrahim pacha d'entrer avec des forces considérables en Anatolie, et ce dernier, poussant devant lui l'armée turque, l'avait mise en complète déroute à Konièh, non loin de Constantinople. Alors étaient intervenues l'Angleterre, la Russie et la France, et par leur intermédiaire avait été conclue une convention dite de Kutaièh aux termes de laquelle le gouvernement de Syrie était concédé au pacha d'Égypte, sous la condition toutefois que l'investiture serait renouvelée chaque année ainsi que la chose avait lieu pour les gouverneurs des autres pachaliks.

En outre, la Russie et la Porte avaient conclu le traité dit d'Unkiar-Skelessi qui autorisait chacune des deux puissances à réclamer le concours de l'autre au cas où son territoire serait menacé.

L'investiture avait été exactement renouvelée chaque année jusqu'en 1838 ; mais en 1839 elle avait été refusée. Ibrahim, entrant alors de nouveau en Anatolie, avait mis en complète déroute l'armée turque à Nezib. Au même moment le sultan Mahmoud mourait. En apprenant ces divers événements, la flotte turque s'était dirigée vers Alexandrie et s'y était mise à la disposition du pacha. La Russie, se fondant sur le traité d'Unkiar-Skelessi, allait-elle entrer à Constantinople et, profitant de la minorité du nouveau souverain, s'emparer d'une partie de ses états ? De son côté, Ibrahim pacha, enorgueilli par la victoire, n'allait-il pas exiger un démembrement de l'Empire turc dont une partie serait annexée à l'Égypte. La France et l'Angleterre ne pouvaient rester simples spectatrices des événements qui allaient se passer, à raison des intérêts considérables qu'elles avaient dans le Levant. Aussi, dans la séance du 25 mai, le ministre de la marine vint-il déposer sur le bureau de la Chambre des députés la demande d'un crédit de 10 millions pour accroître nos forces navales dans le Levant, forces réduites pour le moment à trois vaisseaux de guerre par suite des emprunts qu'il avait fallu leur faire pour les expéditions du Mexique et de Montevideo. Le gouvernement de la France serait ainsi en mesure de se concerter avec ses alliés en vue du rétablissement de la paix et de maintenir dans tous les cas la dignité, les droits et l'honneur du pavillon national.

Contre l'allocation proposée aucune objection ne fut faite par la commission chargée de son examen : le rapport de M. Jouffroy se borna à traiter la question politique. Dans le sein de la Chambre, ce fut cette même question qui fit l'objet du débat et comme il n'entre pas dans notre cadre d'en faire le récit, il nous suffira de dire que les 10 millions furent votés par 287 voix contre 26 et qu'à la Chambre des pairs l'assentiment fut complet.

Le projet de budget de 1840 avait été déposé sur le bureau de la Chambre au mois de janvier par M. Lacave-Laplagne et, au début de la deuxième session de 1839, il fut représenté par le ministre des finances intérimaire, M. Gautier, tel qu'il avait déjà été proposé. M. Gautier ne dissimulait pas cependant que certaines modifications devraient y être apportées ; mais, dans la situation provisoire qu'il occupait, il n'avait pas

qualité pour en prendre l'initiative et il laissait
ce soin au ministre qui serait prochainement
appelé à prendre la direction des finances.

Le budget de 1840, compensation faite d'économies réalisées et de dépenses nouvelles, excédait en dépenses de 11,403,000 fr. le budget voté
pour 1839 : l'ensemble de ces dépenses était prévu
au chiffre de 1,094,473,777 francs. De leur côté,
les recettes, évaluées d'après les besoins ordinaires, devaient atteindre le chiffre de 1,111,545,522
fr. et excéder ainsi les charges prévues de
17,071,745 francs. En effet, était-il dit dans l'exposé du ministre, grâce à la confiance générale,
la prospérité nationale allait chaque jour croissant, créait des ressources supérieures aux besoins
et mettait les pouvoirs publics en mesure d'entreprendre des améliorations qui étaient une nouvelle
source de richesses. Ainsi l'exercice 1836 avait
laissé un boni de 26 millions, celui de 1837 un
boni de 14 millions et quant à l'exercice 1838
dont les résultats étaient encore imparfaitement
connus, il n'était pas douteux qu'il ne se soldât
avec un excédent de ressources de plus de
3 millions, malgré les charges extraordinaires
auxquelles il avait fallu pourvoir, telles que
monuments publics, affaires d'Afrique, armes
spéciales, solde de la créance américaine.

En ce qui concernait le budget extraordinaire des travaux publics alimenté par les ressources spéciales que lui avait affectées la loi de 1837, l'exposé rappelait que le montant des dépenses déjà autorisées était de 281 millions, que les crédits ouverts s'élevaient à 98,600,000 fr., qu'il restait par conséquent 182 millions à employer sur les allocations votées, et il annonçait qu'il serait demandé pour 1840 sur cette somme 51,648,000 francs.

Jusqu'en 1838, la commission du budget se composait de trente-six membres répartis en autant de sections qu'il y avait de ministères et le budget de chaque ministère était l'objet, ainsi que nous l'avons vu, d'un rapport spécial. Mais il avait été reconnu qu'une commission trop nombreuse ne travaillait pas avec l'unité et l'ensemble de vues nécessaires ; un article du règlement de la Chambre avait décidé qu'à partir de 1839 la commission du budget ne serait plus composée que de dix-huit membres et qu'un seul rapport serait fait sur l'ensemble des dépenses. Ce fut M. Gouin qui fut chargé de ce rapport pour le budget de 1840. Après y avoir reconnu l'exactitude des résultats constatés par le ministre pour les exercices 1836, 1837 et 1838, M. Gouin ne dissimula pas que l'exercice 1839 risquait de se solder en déficit.

En effet, en sus des crédits alloués par la loi des finances de 1838, il avait été voté dans le cours de la session de 1839 41,400,000 fr. de crédits supplémentaires ou extraordinaires et les recettes prévues n'étant que de 1,100,500,000 fr. contre 1,110 millions de dépenses, il n'était guère permis d'espérer, à moins d'un développement inattendu dans les revenus, que le boni des exercices antérieurs se reproduisît pour 1839.

La commission s'était d'abord préoccupée du développement pris par le budget extraordinaire et avait été unanime à reconnaître que la législation qui le concernait offrait dans son application de graves inconvénients. Elle portait atteinte aux règles de la comptabilité et à l'unité d'action qui doit présider au contrôle des finances. La cour des comptes avait signalé ces inconvénients dans son rapport au roi sur les comptes de 1837 et elle avait constaté des transpositions abusives du budget ordinaire au budget extraordinaire. D'un autre côté, la commission craignait qu'à un moment donné et qu'il était toujours sage de prévoir, le ministre des finances, obligé de subvenir à des nécessités impérieuses, se trouvât dans l'impossibilité de faire face aux engagements pris envers des entrepreneurs et qu'il en résultât une crise des plus regrettables.

La commission avait d'abord été d'avis de supprimer le budget extraordinaire, de le rattacher
au budget ordinaire comme section spéciale et
d'en voter les crédits chaque année en même
temps que ceux compris dans ce budget, en les
calculant sur le montant des ressources dont
il serait possible de disposer en leur faveur.
Ministre des finances depuis six semaines seulement, M. Passy objecta la nécessité pour lui de
faire l'étude de ce système et promit de soumettre
à cet égard une proposition dans le projet de
budget de 1841. Ayant ensuite examiné successivement toutes les parties du budget, la commission arriva à ne proposer qu'une réduction de
2,067,000 fr. sur l'ensemble des dépenses.

Après une discussion générale très brève et
sans intérêt, la Chambre aborda l'examen des
divers budgets ministériels en commençant par
celui de la justice et des cultes. De nouveau avait
été reproduite par le ministre la proposition de
porter de 12,000 à 15,000 fr. le traitement des
conseillers d'État, et de nouveau la commission
du budget l'avait rejetée en se fondant ainsi que
ses devancières sur ce que cette augmentation
devait être ajournée jusqu'après le vote d'une loi
organique sur le conseil d'État. Dans le sein de
la Chambre, M. Renouard déclara qu'il considé-

rait cette loi comme indispensable, ne fût-ce que
pour régler le service extraordinaire, service
essentiel, destiné à mettre en contact permanent
le haut personnel actif avec le personnel judi-
ciaire, mais qui avait pris par suite de mesures
de faveur des proportions exagérées puisque le
nombre de ses membres était sept fois plus considérable que celui des membres du service ordinaire. La Chambre émit un vote conforme à
l'avis exprimé par sa commission et les deux
budgets de la justice et des cultes furent ainsi
fixés : le premier au chiffre de 20,252,425 fr. et
le second à celui de 35,759,859 fr., soit un total
de 56,012,284 francs.

Le ministre des affaires étrangères avait demandé 329,000 fr. pour la reconstruction du
bâtiment affecté aux archives. Ce bâtiment en
effet était dans le plus fâcheux état et la commission du budget le reconnut elle-même. Mais la
question était aussi de savoir s'il n'y aurait pas
avantage à transporter ailleurs le ministère des
affaires étrangères, dont le local insuffisant était
situé, boulevard des Capucines, sur un emplacement dont la vente serait des plus fructueuses. La
commission avait donc été d'avis que la dépense
proposée fût ajournée jusqu'à ce que cette question
fût étudiée et résolue : la Chambre se rangea à

cette opinion. A propos du budget des affaires étrangères, M. Auguis demanda quelle suite avait été donnée par le gouvernement belge aux réclamations dont il avait été l'objet de la part de la France à l'effet d'obtenir le remboursement des dépenses faites par cette dernière lors de l'entrée des troupes françaises en Belgique, en 1832, pour y repousser l'invasion hollandaise. Le ministre des affaires étrangères répliqua qu'aussi longtemps que la Belgique n'avait pas été reconnue comme état indépendant par l'Europe, il avait été difficile d'exiger d'elle le payement de ce qu'elle devait. Mais actuellement que la reconnaissance avait eu lieu, le gouvernement français ferait les démarches nécessaires pour obtenir le payement d'une dette qui du reste n'avait jamais été méconnue.

Le budget des affaires étrangères fut voté au chiffre de 7,604,000 francs.

Un crédit de 15,352,000 fr., supérieur de 903,000 fr.[1] à celui alloué pour l'exercice 1839 était demandé pour l'instruction publique. Cette augmentation était destinée à améliorer la situa-

---

1. Ce chiffre est celui auquel s'élevaient les augmentations réelles. Le chiffre écrit des augmentations totales, dont plus de la moitié n'étaient pas réelles atteignait 1,617,000 fr. (C.-M.).

tion du personnel enseignant, à créer des chaires nouvelles dans les facultés, ˉentre autres des chaires de droit ecclésiastique, et aussi à porter le fonds de souscription aux œuvres littéraires et scientifiques de 150,000 fr. à 200,000 francs. En effet, les souscriptions engagées par le précédent ministre, M. de Salvandy, avaient dépassé de 150,000 fr. les fonds mis à sa disposition. Une partie du crédit demandé était destinée à solder cet arriéré et le nouveau ministre, M. Villemain, ne réclamait pour lui qu'une somme de 50,000 fr. La commission du budget n'avait réduit le crédit total inscrit au projet de budget que de 192,650 fr., ce qui en ramenait le montant à 15,159,457 francs.

Au chapitre 6 concernant les facultés, une partie de l'augmentation proposée, celle ayant pour objet de compléter l'enseignement dans les facultés catholiques en y créant des chaires de droit ecclésiastique, fut vivement attaquée dans le sein de la Chambre par M. Stourm qui représenta que les facultés catholiques étaient absolument inutiles, que les évêques défendaient aux élèves des grands séminaires d'en suivre les cours, que par conséquent ces cours étaient à peu près déserts, et il conclut en demandant une réduction de crédit de 92,000 fr. proposé par le ministre et accepté par la commission. Il fut ré-

pondu par le gouvernement que le droit ecclésiastique dont il s'agissait d'y introduire l'enseignement était d'un ordre tout à fait spécial et
absolument scientifique, indépendant de celui
donné dans les séminaires où étaient surtout trai-
tées les questions de dogme et de discipline,
qu'il comportait l'ensemble de la législation ecclésiastique, les actes des conciles, les décrétales,
toutes questions qui intéressaient surtout le
monde savant et dont l'étude devait être mise à
sa portée. L'amendement Stourm fut écarté, et
les 92,000 fr. furent votés. Quant à l'augmentation de 50,000 fr. pour le fonds de subvention,
elle fut également adoptée après un discours où
M. de Salvandy voulut se justifier du reproche
d'avoir anticipé sur des fonds qui n'avaient pas
été mis à sa disposition. Toutefois, pour empêcher que l'abus se renouvelât, la Chambre vota
un article additionnel aux termes duquel les crédits ordinaires alloués pour souscriptions dans
les budgets des divers ministères ne pourraient
dans aucun cas être engagés pour plus des deux
tiers de leur chiffre total en souscriptions à des
ouvrages dont la publication embrassait plusieurs
années.

Les deux services du commerce et de l'agriculture avaient été détachés des travaux publics

et constitués en ministère dont le portefeuille avait été donné à M. Cunin-Gridaine. L'ensemble du crédit demandé pour les diverses branches d'administration qui en dépendaient, telles que haras, écoles d'arts et métiers, encouragements à l'agriculture, à l'industrie, aux pêches maritimes, s'élevait à 12,712,000 fr., soit 1 million de plus que pour les exercices précédents, à raison de l'insuffisance des fonds dont avait été doté jusqu'à ce jour le chapitre des primes pour pêches maritimes. Cette augmentation fut acceptée par la commission du budget et après diverses observations échangées entre le ministre et plusieurs membres sur les tarifs de douane, moyen le meilleur d'encourager l'agriculture, sur les haras qui furent reconnus être en véritable état de progrès, le budget du commerce fut voté au chiffre demandé par le gouvernement.

Le budget du nouveau ministère des travaux publics, ministère auquel avait été annexé le service des bâtiments civils, détaché du ministère de l'intérieur, s'élevait à 52,653,000 fr.. Ce chiffre sur lequel étaient tombés d'accord le ministre, M. Dufaure, et la commission du budget, fut voté par la Chambre sans aucun débat.

Le montant des crédits demandés par le ministre de l'intérieur pour les divers services de ce département était de 89,798,700 fr., soit une différence en plus de 15,877,000 francs, comparativement au budget de 1839; mais de cette somme il convenait de déduire 12,974,000 fr., déduction résultant d'une plus juste évaluation des centimes départementaux qui se trouveraient portés en plus au budget des recettes, de telle sorte que l'augmentation ne s'élevait en réalité qu'à 2,903,418 fr., applicable au personnel et matériel des lignes télégraphiques, aux traitement et indemnités du personnel administratif départemental, aux abonnements pour frais d'administration des préfectures et sous-préfectures, etc. : elle avait été réduite d'une somme de 213,520 fr. par la commission qui proposait de supprimer la subvention accordée jusqu'alors au Théâtre Italien dont les recettes suffisaient largement à ses frais et de ne pas accorder une augmentation de 100,000 fr. demandée pour subventionner les entrepreneurs de ponts sur les chemins communaux, un pareil mode de leur venir en aide pouvant entraîner des abus. D'accord avec le ministre de l'intérieur, elle avait aussi réduit le crédit des fonds secrets de 1,265,000 à 958,000 francs. La différence, soit 307,500 fr., était affectée à des traitements d'employés et secours à des gens de lettres, ainsi qu'à une indemnité au préfet de police. La commission avait pensé avec raison que cette somme devait être répartie entre les divers chapitres du budget auxquels jusqu'alors elle venait en aide d'une façon détournée. Enfin, tout en donnant un avis favorable à l'accroissement du fonds d'abonnement des bureaux de préfecture, fonds reconnu insuffisant à raison de la surcharge de travail qui s'y était accumulée depuis quelques années, elle avait rejeté un crédit de 186,000 fr. dont l'objet était le rétablissement des secrétaires généraux dans toutes les préfectures, rétablissement qu'elle avait jugé d'autant plus inutile que les attributions de ces fonctionnaires n'avaient jamais été définies.

Dans le sein de la Chambre, M. de Lamartine renouvelant les plaintes qu'il avait formulées l'année précédente sur la situation des enfants trouvés, et sur la suppression des tours dans les hospices demanda que la Chambre, comme témoignage de sa désapprobation, réduisit de 100 fr. le crédit proposé pour les inspections administratives. La réduction ne fut pas votée.

La commission et le gouvernement avaient été d'avis d'augmenter le fonds commun destiné à venir en aide aux départements pour leurs dépenses obligatoires, dépenses qu'ils étaient tenus de couvrir avec leurs centimes facultatifs, si leurs ressources ordinaires ne suffisaient pas. Plusieurs membres exprimèrent la crainte qu'il y eût là un encouragement aux conseils généraux pour accroître leurs dépenses. M. Duchâtel répliqua que le gouvernement serait toujours le maître d'arrêter de pareils abus et que c'était d'ailleurs une question sur laquelle la Chambre pourrait toujours exercer utilement un contrôle efficace puisque chaque année elle était appelée à fixer le chiffre du fonds commun.

Après cet échange d'observations, le budget de l'intérieur fut voté au chiffre de 89,885,180 francs.

Le budget de la guerre était divisé en deux sections, l'une concernant les divisions territoriales de l'intérieur, l'autre l'Algérie. Pour les divisions de l'intérieur, le projet présenté par le ministre fixait le chiffre de l'effectif à 279,826 hommes et 54,665 chevaux, pour l'Algérie à 38,000 hommes et 9,532 chevaux : le montant de la dépense était évalué pour l'intérieur à 212,306,000 fr., pour l'Algérie à 35,494,000 fr., soit un total de 247,800,000 fr., excédant de 7,398,600 fr. les crédits alloués pour 1839. Mais de cet excédent il convenait de déduire 2,223,700 fr., par suite de la suppression du budget spécial des poudres et salpêtres dont la réunion au budget

de la guerre n'était qu'une addition d'ordre.
L'excédent réel n'était donc par le fait que de
5,174,900 fr., afférents principalement aux dépenses déjà allouées pour une partie de 1839
par la loi des crédits supplémentaires et extraordinaires récemment votée. Quant au surplus, il
était applicable pour 1,035,000 fr. à des travaux
de bâtiments et fortifications et pour 189,000 fr.
à des frais de représentation à donner aux chefs
de corps et maréchaux de camp, frais refusés par
la Chambre lors de la discussion de la loi des
crédits, mais sur l'utilité desquels le ministre insistait, à l'effet de permettre aux officiers, qui en
bénéficieraient, de faire honneur à la situation
qu'ils occupaient.

La commission du budget n'avait fait d'autres
réductions sur le chiffre proposé par le ministre de
la guerre que celle de 73,000 fr. demandés pour
la création d'une division militaire à Périgueux,
création dont l'utilité ne lui avait pas paru suffisamment démontrée, et une autre de 60,000 fr.
sur les frais de représentation relatifs aux chefs de
corps et aux maréchaux de camp. Mais en ce qui
concernait les travaux de fortifications, elle avait
également demandé que, pour se conformer aux
prescriptions de la loi de 1832 et de l'ordonnance
du 21 mars 1838, les travaux à entreprendre, au

lieu d'être indiqués seulement dans un tableau soumis à la commission du budget, fussent dans le projet de budget lui-même l'objet d'articles spéciaux. La discussion dans le sein de la Chambre fut très courte. Les deux réductions proposées par la commission furent votées malgré l'opposition du ministre de la guerre, et quelques discours furent encore échangés sur la question algérienne. L'ensemble du budget de la guerre fut ensuite voté au chiffre de 247,701,470 francs.

Les crédits demandés pour le ministère de la marine et des colonies s'élevaient à 70,648,300 fr., soit 4,432,343 fr. de plus que ceux alloués au budget de 1839. Les augmentations concernaient pour 2,272,000 fr. les services coloniaux et pour 3,640,000 fr. ceux de la marine. Cette dernière avait pour objet de mettre le matériel et le personnel sur le pied fixé par l'ordonnance du 1er février 1837, soit 310 bâtiments dont la moitié entretenus à flot et le surplus aux 22/24mes d'avancement. Quant au personnel, une inspection générale confiée à des officiers supérieurs avait constaté que le disponible de l'inscription maritime ne pourrait fournir plus de 37,000 hommes. Aussi la commission avait-elle cru devoir soumettre au ministre de la marine ses craintes que ce personnel fût insuffisant pour répondre aux besoins du matériel naval tel qu'il se proposait de le constituer. Dans le sein de la Chambre, les mêmes doutes furent exprimés par M. Bignon, député de Nantes. Mais le ministre répliqua que si l'inscription maritime ne pouvait fournir le nombre de marins nécessaire, il y serait suppléé par les hommes tirés du recrutement, et il insista vivement pour que, au milieu des complications survenues en Orient, on ne lui refusât pas les moyens de mettre notre marine dans une situation digne de la France.

Quant aux 2,272,000 fr. demandés en plus pour les colonies, la majeure partie devait en être consacrée à des constructions d'églises, à des augmentations du personnel ecclésiastique, à des améliorations du traitement de ce personnel et à l'établissement d'écoles, toutes dépenses faites dans un but de moralisation et de civilisation : 400,000 fr. devaient avoir pour objet la réorganisation du service des douanes, en vue de protéger aux colonies le commerce métropolitain. Le budget de la marine fut définitivement voté au chiffre de 62,095,800 fr., celui des colonies à 9,920,000 fr., soit en totalité pour les deux budgets 72,015,800 francs.

Le montant des crédits demandés pour les

cinq sections constituant le budget du ministère des finances s'élevaient à :

Dette publique.	325,588,664
Dotations.	16,734,400
Service général.	21,814,129
Frais de régie et de perception, etc.	124,976,494
Remboursements et restitutions, etc.	59,233,430
Total.	548,347,117

soit une somme inférieure de 841,681 fr. à celle allouée pour 1839.

Au chapitre de la dette flottante, le ministre des finances avait proposé une économie de 4,900,000 fr., basée sur les considérations suivantes. Les fonds publics s'étant maintenus à un taux élevé et l'action de l'amortissement n'ayant pu s'exercer sur trois d'entre eux, il en était résulté une accumulation de ses réserves qui ne pouvait se prolonger sans grand dommage pour le Trésor. Aussi le ministre avait-il projeté de présenter aux Chambres pour l'emploi de cette réserve des mesures qui dépendraient des circonstances au milieu desquelles elles seraient proposées ; en vue de leur adoption, il avait cru ne devoir porter dans le budget de 1840 aucun

crédit pour cette portion des intérêts de la dette
flottante.

Nous avons vu que l'année précédente la
Chambre avait diminué de 500,000 fr., au service
de trésorerie, le traitement et les frais de gestion
des receveurs des finances et avait ramené le
crédit alloué jusqu'alors de 5,275,000 fr. à
4,775,000 francs. Dans son exposé des motifs
du budget de 1840, le ministre faisait observer
que son administration avait recherché les
moyens de se conformer aux prescriptions de la
Chambre, mais qu'il avait été reconnu que l'exécution prompte et régulière des services importants, confiés aux fonctionnaires qu'elles concernaient, ne pouvait être assurée et que les intérêts
du Trésor ne pourraient plus être garantis si on
allait plus loin dans le système des réductions
largement pratiqué depuis quelques années. En
effet depuis 1814 les frais et traitements des receveurs des finances avaient été ramenés de 14 millions à 5,275,000 francs. Une économie de
8,725,000 fr. avait été ainsi réalisée et le ministre demanda que celle votée l'année précédente ne fût maintenue que jusqu'à concurrence
de 74,000 francs. La commission du budget était
entrée dans les vues du ministre, mais, craignant
que le chiffre de 426,000 fr. qu'il demandait ne

fût pas admis par la Chambre, elle avait proposé
celui de 300,000 francs.

Dans le sein de la Chambre, les deux propositions du ministre et de la commission furent
également combattues par M. Sévin-Mareau. A
son avis, les opérations que la situation officielle
des receveurs des finances leur permettait d'entreprendre étaient assez fructueuses sans que le
Trésor allât encore à ses dépens grossir leurs
bénéfices. La réduction votée par la précédente
Chambre était donc parfaitement juste et légitime et M. Sévin-Mareau insista pour qu'elle fût
maintenue. Il fut répondu par le ministre des
finances, M. Passy, que les 5,275,000 fr. alloués
précédemment pour frais de recouvrement et
traitement des receveurs des finances, répartis
entre eux en proportion de l'importance du poste
qu'ils occupaient, leur donnerait une rémunéra-
tion variant de 6,000 à 45,000 fr. ; que ce n'était
pas avec une pareille rétribution que le ministre
pouvait espérer trouver des agents offrant des
garanties désirables ; qu'en effet, outre qu'ils
étaient responsables de la gestion de leurs subor-
donnés, il était indispensable qu'ils jouissent d'un
crédit auquel le Trésor avait souvent recours.
Ainsi récemment il avait fallu d'urgence envoyer
une somme considérable en Algérie. Le receveur

général de Marseille venait de faire aux négociants de cette place pour achats de grains des avances qui ne lui avaient laissé en caisse aucuns fonds disponibles. On s'était alors adressé au receveur général de Lyon. Ce fonctionnaire, s'étant, sur son propre crédit, procuré la somme nécessaire, avait rendu ainsi un service signalé au Trésor qui sans son aide eût été obligé de recourir à la banque de Marseille dont il eût fallu payer bien plus cher le concours.

Ces observations furent aussi appuyées par M. Laplagne et, quelque fondées qu'elles fussent, la Chambre, après avoir refusé les 426,000 fr. demandés par le ministre, se décida, non sans peine, à allouer les 300,000 fr. proposés par la commission.

L'ensemble du budget des finances fut définitivement voté au chiffre de 546,168,128 fr., et celui du budget total des dépenses ordinaires pour 1840 à 1,099,913,487 francs.

Quant au budget extraordinaire des travaux publics, la commission, non contente de la promesse que lui avait faite le ministre des finances d'étudier et de proposer dans la prochaine session les moyens de le faire rentrer dans le budget ordinaire, avait réduit le crédit demandé pour les travaux à exécuter en 1840 de 51,648,000 fr.

à 45 millions. Il lui avait paru, en effet, que cette dernière somme suffirait largement pour donner suite aux travaux en cours d'exécution, travaux qu'il importait de terminer avant que de nouvelles entreprises ne fussent engagées. Le ministre avait adhéré à la réduction proposée qui fut ratifiée par la Chambre malgré l'opposition des députés dont les départements étaient traversés par les routes et canaux projetés.

Nous devons parler aussi d'une proposition faite par la commission du budget, au sujet de la caisse des Invalides de la marine. La loi du 13 mai 1791 et un arrêté du 27 nivôse an IX avaient attribué à cette caisse le produit d'une retenue de 3 pour 100 sur toutes les dépenses de matériel de la marine, et la loi de finances de 1829 avait décidé que la moitié de cette retenue serait versée au Trésor. Ce produit était actuellement de 940,000 fr. ; partagé entre l'État et la caisse, il constituait, au profit de cette dernière, une subvention de 470,000 francs. Or, il résultait d'un rapport adressé au roi par le ministre de la marine que la situation de la caisse était des plus prospères et qu'il serait bientôt possible de réduire sa part dans la retenue à 1 centime soit 324,000 francs. Mais la commission, en présence de renseignements aussi favorables, avait pensé qu'il fallait aller plus loin et décider qu'à partir du 1ᵉʳ janvier 1844 le produit de la retenue de 3 pour 100 serait intégralement versé dans les caisses du Trésor. Pareille proposition, quelque justifiée qu'elle fût, souleva les objections les plus vives de la part du ministre de la marine et de M. Lacrosse, député de Brest, qui représentèrent que son adoption jetterait le trouble et le découragement dans les populations maritimes, dont les intérêts devaient au contraire être singulièrement ménagés. Faisant droit à ces observations, la Chambre rejeta la proposition de la commission.

Nous avons vu qu'à raison de l'emploi abusif fait au ministère de l'instruction publique du fonds de souscriptions, la commission du budget avait proposé d'insérer parmi les dispositions du projet de loi un article portant que le crédit ordinaire alloué à ce ministère pour souscriptions ne pourrait dans aucun cas être engagé, pour plus de moitié de son chiffre total, en souscriptions à des ouvrages dont la publication embrasserait plusieurs années. Non seulement la Chambre accepta cet article, mais elle le rendit applicable à tous les ministères dotés de fonds de souscription, en étendant toutefois, aux deux tiers du chiffre total, la faculté de souscrire à des ouvrages dont la publication embrasserait plusieurs années. Elle adopta même un amendement proposé par M. Dubois, de la Loire-Inférieure, et par M. Vivien aux termes duquel il devait être établi au 31 décembre de chaque année et par chaque ministère un état de l'emploi fait pendant l'année des fonds consacrés : 1° à l'impression et à la gravure des livres et ouvrages publiés au frais du gouvernement; 2° aux sous-criptions pour l'encouragement des sciences, lettres et arts, etc.

Restaient à voter les recettes dont le rapport avait été fait par M. Théodore Ducos, député de la Gironde. Toutes les prévisions du ministre des finances avaient été admises par la commission du budget, mais le rapporteur avait cru devoir insister sur la situation des exercices 1839 et 1840 qui l'un et l'autre se régleraient inévitablement en déficit. Ce déficit, faisait-il observer, tomberait à la charge de la dette flottante, tandis que les excédents de recette au lieu de lui venir en décharge allaient grossir les ressources du budget extraordinaire. La dette flottante risquait ainsi de s'accroître démesurément et il importait de remédier au plus tôt à un pareil danger. Aussi M. Ducos, ainsi que M. Gouin, concluait-il à ce que le budget extraordinaire fût supprimé à partir de 1841 et qu'on revînt aux sages principes

établis par les lois des 21 avril 1832 et 18 juillet
1836.

Le point sur lequel la commission n'avait pas
admis les prévisions du gouvernement était relatif à la rétribution universitaire. Cette rétribution
dont le produit s'élevait à 1,500,000 fr. n'était
payée que par les établissements d'instruction
publique soumis à la juridiction de l'université.
Les établissements ecclésiastiques dépendant de
la juridiction du clergé en avaient été exemptés
par une ordonnance du 5 octobre 1814. Cette
exemption constituait à leur profit un véritable
privilège, et la commission du budget n'avait
pas voulu cependant la supprimer pour ne pas
éloigner des petits séminaires un personnel peu
fortuné, servant à la fin de ses études au recrutement de celui des grands séminaires, qui sans
cette ressource pourraient être en peine pour
trouver les sujets préparés à entrer dans les
ordres. Elle avait donc pensé que le mieux pour
rétablir l'égalité de traitement entre tous les
établissements d'instruction publique était de
supprimer complètement la rétribution perçue sur
les élèves des collèges, pensions et institutions, en
vertu des décrets des 17 mars, 17 septembre 1808
et 15 novembre 1811, et elle avait inséré dans
le projet de loi des recettes un article en ce sens.

Mais cet article fut vivement combattu, d'abord par le ministre des finances, M. Passy, comme inopportun à raison de la gêne financière dans laquelle on se trouvait, puis par le ministre de l'instruction publique, M. Villemain, qui représenta qu'une question de cette importance ne pouvait être tranchée incidemment et inopinément, à l'occasion du vote du budget ; qu'il fallait en réserver l'examen et la solution jusqu'à la discussion de la loi projetée sur l'instruction secondaire. Tel fut aussi l'avis de la Chambre qui, malgré l'insistance de M. de Tracy et du rapporteur, M. Ducos, rejeta la disposition proposée par la commission.

Le budget des recettes fut ensuite fixé au chiffre de . . 1,115,765,222
et celui des dépenses ayant déjà été arrêté à 1,099,913,487

l'excédent présumé de recettes se trouvait être de. 15,851,735

Portés à la Chambre des pairs, les deux projets de loi n'y rencontrèrent d'autre contradicteur que M. Dubouchage et y furent adoptés l'un et l'autre à l'unanimité moins 1 voix. Trois jours après, le 10 août, ils étaient insérés au *Bulletin des lois*.

Il nous reste, pour terminer le récit de la

session de 1839, à parler d'un prêt de 5 millions consenti par l'État à la compagnie du chemin de fer de Paris à Versailles (rive gauche). Une loi du 9 juillet 1836 avait autorisé la mise en adjudication de deux chemins de fer de Paris à Versailles, l'un partant de la rive droite de la Seine, l'autre de la rive gauche, ce dernier étant destiné à servir ultérieurement de tête de ligne à un chemin projeté sur Chartres et Tours. Le devis primitif pour le chemin de la rive gauche évaluait l'ensemble de la dépense à 4 millions. Mais après de nouvelles études, la compagnie adjudicataire avait cru devoir fixer son capital social à 8 millions en se réservant la faculté, si cela était nécessaire, d'émettre pour 2 millions d'actions nouvelles. Or, les 10 millions avaient déjà été dépensés, on n'était qu'aux deux tiers du travail et il fallait encore y consacrer 5 millions pour le mener à bonne fin. Une pareille situation, en jetant le discrédit sur la compagnie, lui rendait très difficile soit l'émission de nouvelles actions, soit la négociation d'un emprunt, et elle s'était alors adressée au gouvernement pour obtenir de lui l'avance de la somme dont elle avait besoin. Le gouvernement, adhérant à sa requête, avait présenté aux Chambres un projet de loi ayant pour objet d'autoriser le prêt, au taux de 4 0/0, de la

somme de 5 millions, laquelle devait être versée
en cinq payements égaux au moyen d'un crédit
ouvert sur les exercices 1839 et 1840 et remboursée d'année en année par vingtièmes. La
compagnie devait affecter au payement des intérêts et au remboursement de la somme à elle
prêtée le chemin de fer et ses dépendances ainsi
que le matériel d'exploitation.

Mais la commission chargée de l'examen de ce
projet de loi, tout en reconnaissant la nécessité
de terminer d'une façon complète l'œuvre entreprise, exprima le doute que 5 millions pussent
suffire pour l'achever : elle craignit que le gouvernement, engagé dans la voie du prêt, ne fût
obligé d'aller plus loin, qu'il ne fût même entraîné
à donner semblable concours à d'autres compagnies, et, puisqu'il y avait un sacrifice à faire, il
lui parut préférable que ce fût au moyen d'une
subvention. Mais sur ces entrefaites plusieurs
banquiers considérables de Paris souscrivirent
un engagement aux termes duquel ils devaient
prendre à leurs frais toute la dépense qui excéderait 15 millions. Cet engagement fut renouvelé
à la tribune de la Chambre par M. Fould, l'un
des signataires ; le ministre des travaux publics,
M. Dufaure, ayant insisté sur l'utilité et l'avenir
du chemin en construction, sur l'impossibilité de

laisser à l'état de ruines auprès de la capitale des travaux aux deux tiers exécutés et sur l'exemple du gouvernement anglais qui n'avait pas hésité à venir en aide par des prêts à des entreprises de même nature, le projet de loi fut adopté par les deux Chambres tel qu'il avait été proposé par le gouvernement. La session de 1839 fut close le 6 août.

CHAPITRE XII.

SESSION DE 1840.

Ouverture de la session de 1840. — Projet de dotation du duc de Nemours. — Renouvellement du privilège de la Banque de France. — Indemnités aux colons de Saint-Domingue. — Projet de conversion de rentes. — Comptes de 1837. — Crédits supplémentaires et extraordinaires de 1839, 1840. — Projet de loi concernant les mines et fabriques de sel. — Projet de loi sur les sucres. — Lois sur les chemins de fer. — Paquebots transatlantiques. — Projet de budget de l'exercice 1841. — Rapport et discussion des dépenses. — Recettes. — Travaux publics extraordinaires.

Durant l'intervalle des deux sessions de 1839 et de 1840 les hostilités avaient cessé en Orient et les cinq grandes puissances étaient entrées en négociations pour régler la part qui serait faite à Méhemet-Ali, sans trop affaiblir la puissance de la Porte. Cette négociation n'avait pas encore abouti lors de la réunion des Chambres. D'un autre côté, en Afrique, Abd-el-Kader, rompant le traité conclu avec le général Bugeaud, s'était mis en pleine révolte et avait écrit le 19 novembre au maréchal Valée pour lui annoncer que, cédant aux instances de ses coreligionnaires, il proclamait la guerre sainte. Immédiatement des renforts considérables en hommes, chevaux et matériel avaient été envoyés en Algérie, 25,000 hommes avaient été appelés sous les drapeaux, et un crédit de 19,987,000 fr. avait été ouvert par ordonnance royale pour subvenir aux dépenses. Dans le discours qu'il prononça le 23 décembre à l'ouverture des Chambres, le roi Louis-Philippe, parlant d'abord des affaires d'Orient, déclara que les rapports de la France avec les puissances étrangères avaient conservé le caractère bienveillant que prescrivait l'intérêt commun de l'Europe et que le pavillon français, de concert avec celui de la Grande-Bretagne, veillait sur la sûreté et l'indépendance de l'empire ottoman. En ce qui concernait l'Afrique, le roi annonçait les mesures prises pour réprimer l'insurrection et il ajoutait que la situation des finances permettrait de suffire à ces charges nouvelles. Il annonçait enfin la présentation des projets de loi depuis longtemps attendus, sur les pensions des employés civils,

sur l'organisation du conseil d'État et sur l'instruction publique.

Le 25 janvier, le maréchal Soult, en sa qualité
de président du conseil, était venu faire part
aux Chambres du prochain mariage du duc de
Nemours, fils cadet du roi, avec une princesse de
Saxe-Cobourg. Puis, rappelant que le législateur
avait prévu le cas où il serait nécessaire de régler
l'établissement des fils puînés du souverain et la
part que le pays serait appelé à y prendre, il avait
déposé sur le bureau de la Chambre des députés
un projet de loi ayant pour objet d'attribuer sur
les fonds du Trésor une dotation de 500,000 fr.
au duc de Nemours, un douaire de 300,000 fr. à
sa veuve en cas de survie de cette dernière et
d'allouer une somme de 500,000 fr. pour frais de
mariage et d'établissement.

En effet la loi du 2 mars 1832 qui avait fixé la
liste civile en laissant au roi la jouissance de son
ancien apanage et en lui reconnaissant la propriété de son domaine privé, avait décidé qu'en
cas d'insuffisance de ce domaine la dotation
de ses fils puînés serait réglée par des lois spéciales. La commission chargée de l'examen du
projet de loi avait donc dû rechercher, avant de
donner son avis, si cette insuffisance existait. La
minorité de cette commission aurait voulu que la

base d'appréciation fut le capital. Mais dans ce capital se trouvaient des valeurs improductives parmi lesquelles plusieurs étaient inaliénables, et la majorité avait pensé qu'il était plus équitable de se baser sur le revenu. Or, de tous les états et documents fournis sur sa demande, il résultait que ce revenu ne dépassait pas 1,100,000 francs. Avec les charges de toute nature qui grevaient la couronne, il était difficile au roi de doter ses fils d'une façon convenable et la majorité de la commission avait conclu à l'adoption du projet de loi, en réduisant toutefois à 200,000 fr. le douaire de la princesse en cas de veuvage.

La discussion, qui n'occupa que la moitié d'une séance, se borna à un échange d'observations sur le revenu de la forêt de Breteuil achetée par le roi à M. Laffitte 10 millions, dont le revenu évalué à l'époque de l'achat à 360,000 fr. n'excédait pas, d'après les états présentés, 166,000 francs. Une fois cet incident clos, le président demanda à la Chambre si elle voulait passer à la discussion des articles et, la négative ayant été votée par 226 voix contre 200, le projet se trouva ainsi rejeté. Le cabinet donna aussitôt sa démission et trois jours après, le 1er mars, un nouveau ministère était constitué sous la présidence de M. Thiers, ministre des affaires étrangères. Les portefeuilles étaient ainsi répartis : justice, M. Vivien; intérieur, M. de Rémusat; instruction publique, M. Cousin ; travaux publics, le comte Jaubert; commerce, M. Gouin; guerre, le général Cubière; marine, l'amiral Roussin. Quant à celui des finances, il fut d'abord offert à M. Calmon, premier vice-président de la Chambre, qui, malgré les vives instances de M. Thiers, ne voulut pas l'accepter, préférant rester à la tête de l'administration de l'enregistrement dans laquelle il était aussi aimé qu'honoré et avait fait toute sa carrière. Sur son refus, M. Pelet de la Lozère fut nommé ministre des finances.

Nous avons vu qu'une loi du 12 février 1835 avait prorogé pour cinq années, jusqu'au 1er janvier 1842, les dispositions de la loi du 28 avril 1816 qui attribuaient exclusivement à l'État l'achat, la fabrication et la vente des tabacs. En votant cette prorogation, la Chambre des députés avait en même temps décidé qu'une commission prise dans son sein ferait une enquête sur la question aux divers points de vue, agricole, commercial et financier. Cette commission, après deux années de recherches et d'études approfondies, avait conclu à ce qu'il ne fût rien changé au régime établi. Ce régime, en effet, avait donné les meilleurs résultats. L'impôt sur les tabacs

qui, en 1816, ne rendait que 36 millions, avait
produit, en 1839, 64,500,000 fr. et il n'était pas
douteux qu'en 1840 son revenu net serait de 70
millions. Or, le monopole au profit de l'État devant expirer à la fin de 1841, il était urgent de
décider s'il serait maintenu et, dans le cas de la
négative, d'étudier le régime qui lui serait substi-
tué. En présence des résultats obtenus depuis
1816, le gouvernement avait pensé qu'il y avait
lieu de proposer aux Chambres la prorogation du
monopole existant, mais pour dix ans au lieu de
cinq, à l'effet de donner à l'administration plus de
latitude dans ses opérations et de lui permettre,
si elle y trouvait avantage, de contracter pour
plusieurs années. Un projet de loi rédigé dans
ce sens avait donc été soumis aux Chambres
par M. Passy avec addition d'un article aux
termes duquel, pour éviter des fraudes souvent
constatées, le tabac dit de cantine ne pouvait,
même sans marques ni vignettes, circuler en
quantité supérieure à un kilogramme, à moins
qu'il ne fût enlevé des manufactures royales ou
des entrepôts de la régie et accompagné d'un
acquit-à-caution ou d'une facture délivrée par
l'entreposeur.

La commission chargée de l'examen de ce
projet de loi, déterminée par les considérations

exposées dans le rapport de la commission d'enquête et appuyées par le ministre, avait conclu à son adoption et, après le rejet d'amendements sans intérêt, ce projet fut voté par la Chambre des députés puis par celle des pairs où il ne souleva aucun débat. La promulgation en eut lieu le 23 avril.

Il était un autre privilège qu'il importait aussi de renouveler : c'était celui qui avait été accordé à la Banque de France par les lois des 24 germinal an XI et 22 avril 1806, privilège qui devait expirer le 22 septembre 1843. Les services rendus par cet établissement étaient incontestables. Comme banque de dépôt il formait une caisse centrale où venaient se liquider par de simples virements d'écriture la majeure partie des opérations du commerce parisien. Par son escompte, la Banque offrait à toutes les classes industrielles des ressources à des conditions modérées. L'émission de ses billets, en ajoutant à son capital une monnaie de crédit, procurait à la circulation des moyens d'échange qui facilitaient et multipliaient les transactions. Enfin le Trésor y trouvait aussi un concours efficace et il en avait souvent usé, soit par les avances qui lui avaient été faites, soit par l'encaissement des effets de commerce dont il était détenteur. Aussi le gouvernement avait-il pensé qu'il y avait tout à la fois avantage pour le Trésor et utilité au point de vue du crédit public de proroger le privilège accordé par les lois susvisées et même de faciliter à la Banque, dans les centres importants, l'établissement de comptoirs d'escompte quand l'utilité en serait reconnue. Un projet de loi à l'effet de renouveler le privilège jusqu'au 31 décembre 1867, avait donc été proposé à la Chambre des députés par M. Passy.

Dans un rapport plein de savoir, M. Dufaure, au nom de la commission dont il était l'organe, après avoir rappelé les origines de la Banque de France, les améliorations successivement introduites dans son organisation et les services qu'elle avait rendus, conclut au maintien de son privilège jusqu'en 1867, avec cette réserve, toutefois, que ce privilège pourrait prendre fin au 31 décembre 1855 s'il en était ainsi ordonné par une loi votée dans l'une des deux dernières sessions qui précéderaient cette époque. Aux termes de l'article 11 du décret du 16 janvier 1808, décret qui avait arrêté définitivement les statuts de la Banque, cet établissement ne pouvait admettre à l'escompte que des effets de commerce à ordre timbrés et garantis par trois signatures notoirement solvables, et l'article 12 ajoutait que deux

signatures suffiraient si on y ajoutait le transfert
d'actions de la Banque ou de titres de rentes 5 0/0
consolidées. Pour faciliter le développement de
ses négociations, la Banque avait demandé qu'à
ces deux natures de valeur fussent ajoutées les
actions industrielles cotées à la Bourse. Mais
cette garantie ne parut pas suffisante à la commission et elle se borna à admettre tous les effets
publics français. Elle crut devoir également insérer dans le projet de loi un article portant que le
capital de la Banque qui était dans le principe de
90 millions, réduit à 67,900,000 fr. par le rachat
successif d'une partie de ses actions, ne pourrait
être augmenté ou réduit qu'en vertu d'une loi
spéciale. Elle accepta la disposition qui autorisait
la Banque à créer, quand elle y serait autorisée
par ordonnance royale, des comptoirs d'escompte. Quatre seulement avaient été établis
jusqu'alors à Saint-Étienne, Saint-Quentin, Reims
et Montpellier, comptoirs dont les opérations
d'abord très restreintes, à raison du peu de confiance qu'inspirait en province le billet de banque,
s'étaient peu à peu élevées à 136 millions. Elle
avait cru devoir régler la situation des banques
départementales, qui étaient au nombre de dix,
en décidant qu'au lieu d'être fondées ainsi qu'elles
l'avaient été jusqu'alors par ordonnance royale,

elles ne pourraient l'être qu'en vertu d'une loi, et que ce serait aussi seulement en vertu d'une loi que celles déjà existantes pourraient obtenir la prorogation de leur privilège ou la modification de leurs statuts. Elle avait cru devoir aussi imposer à la Banque l'obligation d'escompter les effets qui lui seraient présentés chaque jour, excepté les jours fériés, et au ministre des finances celle de publier tous les trois mois la situation moyenne de la Banque pendant le trimestre écoulé.

Disons d'abord que toutes ces dispositions furent successivement adoptées ainsi que le projet de loi dans son ensemble, à la majorité imposante de 252 voix contre 58. Mais dans le cours de la discussion générale, ce projet fut vivement combattu par MM. Lanjuinais, de Corcelle, Mauguin, Garnier-Pagès, et non moins vivement défendu par M. Thiers, président du conseil, par M. Pelet de la Lozère ministre des finances et par MM. Jacques Lefebvre et Legentil, qui appartenaient tous deux à la haute banque de Paris. Les objections exposées par les contradicteurs étaient de diverses natures. Les uns firent valoir : 1° que la Banque ne rendait pas au crédit tous les services qu'il était en droit d'en attendre, en exigeant que le papier qu'elle escomptait fût garanti par trois signatures quand deux, dont la solvabilité

serait notoirement établie, pouvaient suffire ;
2° qu'elle escomptait à trop courte échéance et
que le délai devrait être reporté de 90 jours à
120 ; 3° d'être plutôt une entrave qu'une facilité
pour la circulation des capitaux, en gardant dans
ses caisses une somme en numéraire égale à celle
des billets émis. D'autres, au contraire, exprimèrent la crainte que si une limite n'était pas
mise à son émission, elle n'en arrivât à battre
monnaie, et qu'il en résultât une crise semblable
à celle dont avaient souffert récemment les États-
Unis. Ils demandèrent en conséquence que le
maximum des émissions fut fixé par la loi, ainsi
qu'il l'était pour les banques départementales, et,
pour mieux concentrer la surveillance et le contrôle du gouvernement, qu'il n'y eût en France
qu'une seule Banque ayant la faculté d'émettre
des billets. Enfin tous furent d'accord pour réclamer une enquête et l'ajournement de toute
décision à prendre jusqu'à ce que les résultats en
eussent été soumis au Parlement. A cet effet,
M. Lanjuinais déposa un amendement ayant pour
objet de décider que la prorogation n'aurait lieu
que pour trois années. Cet amendement fut
repoussé sans débat.

Il fut répondu que la meilleure preuve de la
sagesse avec laquelle la Banque était administrée

était l'état de son encaisse, que cet état était également la preuve de la confiance qu'elle inspirait puisque chacun venait déposer dans ses caisses les fonds dont il n'avait pas momentanément besoin : que sans doute il serait à souhaiter qu'elle développât ses escomptes par l'établissement de comptoirs dans les villes importantes, que les essais faits jusqu'à ce jour avaient été peu fructueux, mais qu'à mesure que la sûreté de son papier y serait mieux connue et appréciée, elle n'hésiterait pas à y étendre ses escomptes ; qu'on ne devait pas oublier qu'elle avait franchi les crises les plus graves sans que son crédit eût fléchi, qu'en 1830 et en 1831, grâce à ce crédit, elle avait pu donner au gouvernement un concours sans lequel il lui eut été impossible de faire face aux nécessités de la situation, et qu'une enquête, en ajournant la résolution d'une question sur laquelle il importait, au contraire, de statuer au plus vite, ne ferait que porter le trouble et l'incertitude dans les affaires.

A la Chambre des pairs, après quelques observations du marquis d'Audiffret qui trouvait aussi que la question n'avait pas été suffisamment étudiée et exprima le regret que des mesures n'eussent pas été proposées en vue de favoriser la circulation des billets de la Banque, soit en

recevant ses billets dans les caisses publiques
pour le payement des impôts, soit en créant des
coupures de 250, 200 et même 100 fr., plus aisé-
ment acceptables par le gros public que les billets
de 1,000 fr., le projet, sur le rapport favorable
de M. Rossi, fut voté par 111 voix contre 19 et
promulgué au *Bulletin des lois,* à la date du
30 juin.

Nous avons déjà parlé de la convention inter-
venue en 1825 entre le gouvernement français et
celui de la république d'Haïti, convention aux
termes de laquelle la France reconnaissait l'indépendance de cette république qui, en attribuant à
la France des avantages commerciaux importants,
s'engagerait à lui verser en cinq années et par
annuités de 30 millions une somme de 150 millions pour être répartie à titre d'indemnité entre
les anciens colons de Saint-Domingue dépossédés
de leurs biens lors de l'insurrection de cette île.
Cette somme n'était que le dixième de ce qu'ils
avaient perdu, mais dans l'état de misère où la
plupart d'entre eux se trouvaient et après trente
ans d'attente, la convention ne pouvait être ac-
cueillie par eux qu'avec faveur. Une loi du 30
avril 1826 l'avait ratifiée en décidant en même
temps que les annuités, au fur et à mesure qu'elles
seraient payées, seraient versées à la caisse

d'amortissement : 29,300,000 fr. avaient été envoyés et répartis entre les ayants-droit au prorata
de la part qui leur avait été assignée par une
commission de liquidation instituée à cet effet,
mais le gouvernement haïtien, dont on avait cru
les ressources plus grandes qu'elles ne l'étaient en
réalité, s'était trouvé dans l'impossibilité de faire
honneur au surplus de ses engagements. Aussi en
présence de cette pénurie le gouvernement français avait-il cru devoir, par une nouvelle convention du 12 février 1838, consentir à la réduction
de deux cinquièmes de l'indemnité de 150,000 fr.
primitivement stipulée, et aussi à ce que les
60 millions qui restaient ainsi à payer pour solde
le fussent en trente années par annuités de
2 millions. Une nouvelle liquidation devenait
donc nécessaire pour régler la part des ayants-
droit en proportion de la réduction résultant de
la récente convention et un projet de loi avait été
soumis à cet effet à la Chambre des pairs. Ce projet
de loi y avait été adopté en 1839, à une époque
trop tardive pour qu'il pût être utilement soumis
dans le cours de la session à la Chambre des
députés : dès l'ouverture de la session de 1840 il
avait dû être représenté à la Chambre des pairs
tel qu'elle l'avait voté l'année précédente.

Le projet de loi disposait d'abord que les

sommes versées ou à verser par le gouvernement d'Haïti à la caisse des dépôts et consignations, en exécution du traité du 12 février 1838, seraient, au fur et à mesure des versements, réparties au marc le franc des liquidations faites, en vertu de la loi du 30 avril 1826 entre les anciens colons, leurs héritiers et ayants droit. De plus, aux termes de la loi du 30 avril 1826 les créanciers des colons étaient appelés à exercer leurs droits comme les colons eux-mêmes dans la proportion du dixième de la somme due à ces derniers ; un article du projet de loi réduisait donc cette proportion au seizième pour les créanciers de même que pour les colons.

Aux termes de l'article 4, la caisse des dépôts et consignations était autorisée à délivrer aux anciens colons et ayants cause des certificats constatant le montant de leurs droits ; ces certificats étaient au porteur et négociables ; à l'avenir ils devaient être le seul titre en vertu duquel les porteurs seraient admis à réclamer à la caisse des dépôts à Paris ou à celles de ses correspondants dans les départements leur part afférente dans les versements qui seraient effectués. Suivaient des dispositions réglementaires, etc.

Ce projet de loi avait été adopté par la Chambre des pairs tel qu'il lui avait été soumis par le ministre des finances. Néanmoins la commission chargée de son examen, se fondant sur ce que le gouvernement ayant cru pouvoir, dans un traité avec une puissance étrangère, disposer sans les consulter des intérêts de ses nationaux, y avait introduit un article portant qu'à défaut du payement par le gouvernement haïtien aux échéances fixées par le traité de 1838 le Trésor français serait tenu de faire l'avance des fonds en retard. Cet article avait été appuyé par le marquis d'Audiffret et le baron Mounier. Mais le ministre des finances, M. Passy, l'avait combattu en faisant observer que si pareil principe était admis, il deviendrait impossible dans les conventions qu'il y aurait désormais à conclure de stipuler des indemnités au profit des Français, victimes de dommages quelconques, sans que l'État engageât en même temps sa responsabilité vis-à-vis d'eux, tandis qu'en droit public il était de principe qu'il n'avait à réparer que le préjudice causé par son fait et dont il avait profité. Déterminé par ces sages considérations, la Chambre des pairs avait repoussé l'amendement et le projet de loi porté à la Chambre des députés y avait été l'objet d'un vote favorable malgré les critiques de M. Gaillard de Kerbertin qui y avait reproduit, mais sans succès, l'amendement repoussé par l'autre Chambre.

Il était difficile qu'un cabinet composé, tel qu'il l'était, de membres qui avaient soutenu le principe de la conversion des rentes chaque fois que cette mesure avait été débattue, ne fît pas un nouvel effort pour en assurer le succès. Aussi, dans la séance du 16 janvier M. Passy avait-il présenté à la Chambre des députés un projet de loi ayant pour objet de régler cette importante question. Il était essentiel, disait le ministre dans son exposé des motifs, qu'elle ne restât pas plus longtemps en suspens et que les intérêts nombreux qui s'y rattachaient fussent enfin tirés de tout doute et de toute inquiétude. Le projet de loi déposé était aussi simple que possible. Il donnait au gouvernement la faculté, lorqu'il en jugerait le moment opportun et sans nouvelle autorisation législative, de rembourser les rentes inscrites au grand-livre dont le cours aurait dépassé le pair. Celui du 5 0/0 était alors à 111 fr. et celui du 4 à 103. L'opération devait s'effectuer, soit au moyen du remboursement direct du capital nominal de 100 fr., soit au moyen de la négociation de rentes nouvelles, soit par échange de titres au choix des porteurs de rentes intéressés. Mais le remboursement auquel, en cas de besoin, devaient être affectés soit les réserves de l'amortissement, soit le produit de la négociation de

bons du Trésor, n'était pas probable, vu que le
lendemain du jour, où les porteurs de rentes
auraient accepté l'échange de titres, ils étaient
assurés, à raison de la situation de la place, de
voir le cours de ces titres s'élever au-dessus du
taux nominal, auquel ils leur avaient été délivrés.
En effet, soit qu'ils consentissent à une réduction pure et simple de l'intérêt qu'ils touchaient,
soit qu'ils préférassent un nouveau titre avec augmentation de capital, le projet de loi décidait qu'en
aucun cas la réduction d'intérêt ne pourrait dépasser 50 centimes pour 100 et l'augmentation du
capital nominal être supérieure à 20 fr. pour 100.
De plus aucune exception n'était faite en faveur
des établissements publics propriétaires de rentes
dont le cours dépassait 100 fr. et tous sans
distinction devaient être soumis à l'application
des mesures proposées. Toutefois il était stipulé
au profit des porteurs de rentes qui, au moment
de l'acceptation d'un titre nouveau, auraient
déclaré vouloir continuer à toucher les arrérages
sur le pied ancien, qu'ils en obtiendraient le droit
sous la condition que, lors du payement de chaque
semestre, le capital de leurs rentes serait diminué
de l'excédent d'intérêt qu'ils auraient reçu, et,
qu'en cas de transfert ou de mutation, la rente
qu'ils possédaient ne serait plus payée que con-

formément à son titre et au montant du capital dont l'État resterait redevable.

Mais quelques semaines après le dépôt de ce projet de loi, M. Passy et les autres ministres du 12 mai ayant dû donner leur démission, la commission à l'étude de laquelle il avait été confié avait cru devoir, avant de soumettre son rapport à la Chambre, connaître l'avis du nouveau ministère sur l'utilité et l'opportunité de la mesure et savoir aussi l'attitude qu'il comptait prendre dans la discussion. Non seulement M. Thiers et M. Pelet de la Lozère donnèrent un avis à tous égards favorable, mais ils annoncèrent aussi leur intention d'intervenir dans le débat pour y soutenir le projet présenté par leurs prédécesseurs. Le rapport de M. Muret de Bort conclut également à l'adoption de ce projet, mais en y introduisant certaines modifications. La commission trouva que la latitude donnée au ministre des finances d'effectuer le remboursement de toutes les rentes, dont le cours aurait dépassé le pair, était beaucoup trop étendue, et qu'il fallait la limiter aux rentes 5 0/0. De plus, elle crut devoir déterminer la nature des fonds, dans lesquels la conversion pourrait avoir lieu et les conditions dans lesquelles elle serait effectuée ; ainsi en 4 1/2 au pair de 100 fr., ou 3 1/2 au capital de 86 fr. 83. Enfin,

un délai de trois mois était accordé aux porteurs
du 5 0/0 pour user de la faculté de conversion et
au delà de ce terme, qui serait fixé par ordonnance royale, ceux qui n'auraient pas fait leur
déclaration d'option seraient soumis au remboursement, lequel aurait lieu soit avec les réserves de
l'amortissement, soit au moyen de négociations
de bons du Trésor ainsi que le portait le projet
ministériel. Ajoutons encore que l'exercice du
droit de remboursement devait être suspendu pendant dix ans pour les nouvelles rentes 4 1/2. Le
projet de la commission, accepté par le ministre
des finances, fut attaqué d'abord par divers
membres comme illégal, le gouvernemeut n'ayant
pas le droit, suivant eux, de modifier les contrats
qui le liaient vis-à-vis de ses créanciers. Au point
de vue politique, M. Dupin lui reprocha, pour
une économie annuelle de 12 ou 15 millions,
d'aller porter le trouble, la gêne et la désaffection dans un nombre considérable de familles.
Enfin au point de vue financier, M. Benoit Fould
prétendit que la situation du Trésor ne permettait pas en ce moment de tenter une opération
aussi importante que celle de la conversion. En
effet, pour l'entreprendre, il fallait avoir devant
soi des capitaux considérables disponibles. Or,
les réserves de l'amortissement, sur lesquelles

on comptait, étaient affectées aux travaux publics.
De plus, les budgets de 1839 et de 1840 se solde-
raient en déficit et dans de pareilles conditions il
était plus sage d'attendre. M. Pelet de la Lozère
répondit que la question de légalité ne faisait plus
doute depuis longtemps et fit observer que les
considérations politiques invoquées par M. Dupin
devaient céder devant les raisons majeures qui
faisaient un devoir au gouvernement de diminuer
le poids des charges de l'État et de ne plus payer
les intérêts de la dette plus cher que ne le comportait la situation du crédit public. Sans doute,
ajouta-t-il, il était à craindre que les budgets de
1839 et de 1840 ne se soldassent en déficit, mais
il était à présumer que les circonstances extraordinaires qui avaient pesé sur eux ne se reprodui-
raient pas ; d'ailleurs, en cas de besoins, pour
opérer les remboursements qui pourraient être
réclamés, le gouvernement aurait la faculté de
demander l'autorisation de négocier des rentes
dont le cours était au-dessous du pair et de substituer ainsi des rentes moins chères à d'autres
qui l'étaient davantage.

Au cours de la discussion des articles, il fut
demandé que les rentes 5 0/0 appartenant aux
communes, hospices et établissements publics ne
fussent pas soumises à la réduction, et la commis-

sion avait accepté l'exception. Mais l'amendement fut combattu par M. Laplagne qui représenta que le lendemain du jour où la loi de conversion serait votée, le 5 0/0 sortirait du grand-livre et ne pourrait plus être négocié sur la place ; que dès lors les rentes, objet de l'exception proposée, ne pourraient plus être négociées et deviendraient d'une vente difficile. L'amendement de la commission fut rejeté et le projet de loi fut adopté par 208 voix contre 163.

A la Chambre des pairs il ne trouva pas un meilleur accueil que celui qui avait été fait précédemment aux diverses propositions de M. Gouin. La commission chargée de son examen conclut, à l'unanimité, à son rejet en se fondant sur les considérations exposées dans le rapport du comte Roy. La loi du 24 août 1793, y était-il dit, qui avait liquidé la dette publique antérieure sous la désignation de dette consolidée, s'était bornée à ordonner l'inscription au grand-livre de 2 millions de rentes annuelles, à répartir entre les intéressés au prorata de leurs droits, sans mention du capital. C'était donc la rente que devait le Trésor et non pas un capital dont il n'avait pas été parlé, intentionnellement ainsi que l'avait déclaré lui-même le ministre Cambon. Dès lors, l'État n'avait pas le droit de forcer le créancier à un remboursement quelconque et le rapporteur exprimait à ce sujet le vœu que, pour faire cesser des dissidences et des inquiétudes sans cesse renaissantes, il intervînt une loi qui déclarerait la rente 5 0/0 non remboursable sans l'assentiment du créancier et en permît la réduction au moyen de substitutions de valeurs diverses combinées, acceptées par ce dernier. D'un autre côté, la commission n'admettait pas la latitude donnée au gouvernement au sujet de l'époque à laquelle aurait lieu l'opération. Cette époque devait être aussi rapprochée que possible et fixée par le législateur lui-même. La théorie exposée par le comte Roy au sujet du droit de remboursement fut contestée par MM. Pelet de la Lozère et d'Argout qui rappelèrent que la loi de l'an VI, en prescrivant le remboursement des 2/3 de la dette publique au moyen de bons du Trésor susceptibles d'être employés à l'achat de biens nationaux, avait constitué au denier 20, le capital de la dette publique et consacré ainsi le droit de remboursement. Ce droit avait été reconnu en 1824 par la commission de la Chambre des pairs, chargée d'examiner le projet de M. de Villèle, et des raisons politiques seules en avaient déterminé le rejet. Depuis lors, la question n'avait plus fait doute. De son côté, M. Thiers, président du conseil, insista sur la nécessité de la mesure proposée, dont l'adoption importait à la sécurité du crédit public. Il déclara que si elle était rejetée, le gouvernement aurait pour devoir de la reproduire l'année suivante. La Chambre des pairs persista néanmoins dans sa précédente résolution et le projet de loi fut rejeté par 101 boules noires contre 46 blanches.

Le projet de loi portant règlement des comptes de l'exercice 1837 avait été déposé sur le bureau de la Chambre des députés dans la précédente session, mais le temps avait manqué pour qu'il pût y être discuté et voté. M. Passy avait donc dû le représenter au commencement de la session de 1840 et, voulant faire droit aux observations judicieuses de la précédente commission du budget au sujet du fonds extraordinaire des travaux publics, il y avait introduit diverses dispositions qui, conformes à la comptabilité financière, garantissaient cependant l'exécution des grands travaux par le système de la loi de 1837. Le budget extraordinaire était rattaché à celui des travaux publics dans une section distincte avec des chapitres spéciaux concernant chaque entreprise et les fonds qui leur étaient affectés pouvaient être employés sans interruption au moyen d'ordonnances royales soumises à l'approbation des Chambres qui reporteraient sur l'exercice suivant les portions de crédits qui n'auraient pas été employés dans l'année pour laquelle ils auraient été alloués. On revenait ainsi à l'unité du budget de l'État et la faculté de reporter d'exercice en exercice, sans formalité préalable et justificative, se trouvait supprimée. Enfin le ministre proposait de faire remonter l'application du nouveau système à l'origine des opérations du budget extraordinaire, c'est-à-dire à 1837, année durant laquelle il avait été dépensé 6,800,000 francs.

Quant à la situation de l'exercice lui-même, elle se réglait de la façon suivante. Les crédits divers alloués, déduction faite des annulations, étaient de 1,095,181,000 fr. et les payements effectués de 1,067,820,000 fr., somme inférieure de 27,361,000 fr. aux allocations. Les produits réalisés avaient été de 1,079 millions, dépassant les prévisions de 47,241,000 fr. et il y avait ainsi un excédent de recettes sur les payements de 22,718,000 francs. De cette somme il fallait déduire la part afférente aux budgets départementaux, ce qui ramenait l'excédent des recettes du budget de 1837 pour le compte de l'État à 12,912,000 fr. reportés à l'exercice 1838.

Tous ces résultats, ainsi que les dispositions

nouvelles proposées par M. Passy pour le fonds
extraordinaire des travaux publics, furent acceptés par la commission chargée de l'étude du projet
de loi, et aucune objection ne fut soulevée dans
le sein de la Chambre des députés, ni à la Chambre
des pairs.

Le même jour où il présentait à la Chambre
des députés le projet de loi portant règlement
des comptes de 1837, M. Passy déposait sur le
bureau de cette Chambre celui concernant les
crédits supplémentaires et extraordinaires des
exercices 1839 et 1840. Pour 1839, les crédits supplémentaires demandés s'élevaient à 10,546,000
fr., les crédits extraordinaires à 9,304,000 fr.,
soit un chiffre total de 19,850,000 francs. Mais les
annulations proposées étant de 14 millions, l'accroissement réel se réduisait à 5,850,000 francs.
Quant à l'exercice 1840, le montant des crédits
extraordinaires proposés était de 24,974,900 fr.,
ramenés par des annulations à 24,553,000 francs.
Sur cette somme, 3,734,000 fr. réclamés par le
ministre des travaux publics ne constituaient
pas une dépense annuelle, mais étaient la réas-
signation sur l'exercice 1840 de la portion des
crédits spéciaux affectée à l'achèvement des
monuments publics, portion qui n'ayant pas été
employée dans les délais utiles était l'objet d'une

annulation sur l'exercice 1839. Le surplus, afférent aux deux ministères des finances et de la guerre, avait pour objet jusqu'à concurrence de 19,987,000 fr. d'accroître l'effectif de l'armée d'Afrique de 25,000 hommes et de la pourvoir du matériel nécessaire pour combattre l'insurrection d'Abd-el-Kader.

Toutes les propositions du ministre des finances furent acceptées par la commission chargée de l'examen du projet de loi. Mais bien qu'à l'unanimité elle fut d'avis d'allouer les 19,987,000 fr. concernant l'Algérie, elle se livra à un long débat sur l'avenir de cette possession, quelques-uns de ses membres opinant pour l'abandon, d'autres pour une occupation restreinte, plusieurs pour l'occupation complète, et, tous se ralliant à une disposition des plus vagues à insérer dans le projet de loi, disposition aux termes de laquelle dans la session suivante le gouvernement devrait proposer aux Chambres les conditions de la domination et de l'occupation de l'Algérie [1].

A part diverses observations de détail sur

---

1. D'un état inséré dans le rapport de la commission (*Moniteur* de 1840, page 876), il résultait que depuis 1831 jusqu'en 1840 le montant total de la dépense avait été de 343,221,000 fr., le nombre des soldats tués de 1,412 et de ceux morts dans les hôpitaux de 22,495.

quelques-uns des crédits demandés, la discussion dans le sein de la Chambre porta tout entière sur la question algérienne. L'amendement de la commission fut combattu par le général Bugeaud et par M. Thiers. Suivant le général Bugeaud, il n'y avait plus de doute possible. Abd-el-Kader devait être combattu jusqu'à soumission complète des provinces rebelles qu'il occupait et partout la colonisation, seul moyen d'assurer la durée de cette soumission, devait être entreprise. M. Thiers, au nom du gouvernement, répondit qu'il était de l'avis du général Bugeaud en ce qui concernait la conquête, qu'il n'était plus possible d'hésiter à ce sujet, mais que la France ne pouvait prétendre coloniser toute la région conquise, que les sujets manqueraient à cet effet et que le meilleur, le seul moyen même d'attirer les colons, était de leur assurer la sécurité. Il fallait donc procéder comme avaient fait les Romains dans tous les pays qu'ils avaient conquis, comme l'Angleterre avait procédé aux Indes : s'établir grandement, résolument, et sans inquiéter les Arabes dans leurs possessions, les convaincre que nous étions leurs maîtres et ne tolèrerions aucune rebellion. Quant à la question de colonisation, il suffisait, pour le moment, de la borner aux portions voisines du littoral.

L'opinion du gouvernement était donc bien
arrêtée, réprimer d'abord l'insurrection, assurer
en Afrique la paix et la sécurité qui seules pouvaient déterminer les Européens à s'y établir, et
lorsque ces points seraient obtenus, il serait temps
de voir ce qu'il y aurait à faire pour tirer le
meilleur parti de notre conquête. Mais jusqu'alors
il fallait éviter dans le Parlement des débats qui
étaient parfaitement connus des Arabes, rani-
maient leur confiance et jetaient le découragement
parmi nos troupes. Après une réplique de M. Desjobert et du rapporteur, M. Ducos, l'amendement
proposé par la commission fut rejeté et le
projet de loi adopté par 261 voix contre 68.
A la Chambre des pairs, après un rapport favorable rédigé par M. Mounier, le projet fut adopté
par 96 voix contre 4.

Ce projet de loi avait été présenté à la Chambre
des députés dans la séance du 16 janvier ; mais
des besoins qui n'avaient pu être prévus alors
avaient été constatés depuis cette époque et, le 11
avril, le ministre des finances vint déposer un
nouveau projet portant allocation pour l'exercice
1840 de crédits supplémentaires pour une somme
de 9,554,818 fr., de crédits extraordinaires pour
une autre somme de 21,163,345 fr. et de crédits
spéciaux au titre des exercices périmés pour

15,180 fr. ; soit un total de 30,733,344 francs. Sur cette somme, 6,500,000 fr. devaient être attribués aux travaux publics par la réalisation des ressources spéciales créées par la loi de 1837 et le surplus devait être payé au moyen des recettes ordinaires du budget. Enfin un article du projet de loi relatif à l'exercice 1839 portait annulation sur cet exercice d'un crédit de 5,485,483 francs.

Dans son exposé des motifs, M. Pelet de la Lozère faisait observer que le gouvernement avait jugé préférable de comprendre dans un projet de loi collectif, au lieu d'en faire comme précédemment l'objet de lois spéciales, toutes les demandes qu'il avait à lui soumettre pour l'exercice 1840, sans toutefois garantir qu'il n'y aurait pas lieu de recourir ultérieurement à des lois particulières pour des besoins urgents et fortuits ; recherchant ensuite la situation que feraient au budget primitif de 1840 les crédits votés ou à voter depuis l'ouverture de l'exercice, il constata que leur ensemble était de 59,505,450 fr. et que l'excédent de ressources prévu, y compris celles reportées de l'exercice 1833, n'étant que de 24,041,735 fr., l'insuffisance serait de 35,463,715 francs. Mais déjà les recettes du trimestre précédent de l'exercice courant étaient supérieures de 11,600,000 fr. à celles du 1er trimestre de 1839, et si des circonstances contraires ne venaient pas arrêter cette progression du revenu public, il y avait tout lieu d'espérer qu'on obtiendrait pour l'exercice 1840 une somme de produits qui couvriraient l'insuffisance qu'il venait de signaler.

Ces crédits se répartissaient entre les divers ministères. Le plus fort d'entre eux concernait les services de la guerre, dont le ministre réclamait, en sus des 19,987,000 fr. compris dans le premier projet de loi, 2,450,000 fr. pour les équipages, le matériel, les fournitures d'hôpitaux, la literie, l'habillement, etc. Au ministère de la marine, 8,993,000 fr. étaient nécessaires pour maintenir sur le pied, où elles avaient été mises en 1839, les forces navales et réparer des sinistres survenus dans le port de Toulon. Le ministre des finances, de son côté, demandait 5,633,000 fr., d'une part pour accroître les approvisionnements de réserve des tabacs et construire des magasins devenus indispensables par suite de l'augmentation de la consommation, d'autre part pour développer le service des paquebots de la Méditerranée et celui des malles-postes. Au ministère des travaux publics 2 millions étaient destinés à des travaux de réparation et d'entretien sur les routes royales, et au ministère de la justice 98,900 fr. étaient proposés pour le traitement du personnel du conseil d'État, porté en vertu d'une ordonnance du 18 septembre 1839 à 30 conseillers d'État et 30 maîtres des requêtes.

Tous les crédits proposés, sauf celui relatif au conseil d'État, furent acceptés par la commission à l'examen de laquelle avait déjà été soumis le premier projet de loi. Elle motivait ce refus sur ce que la Chambre ayant déjà manifesté sa volonté qu'il ne fût rien changé en ce qui concernait le conseil d'État jusqu'à l'organisation de ce corps par voie législative, l'ordonnance du 18 septembre était absolument irrégulière. Mais l'opinion contraire fut soutenue dans le sein de la Chambre par le garde des sceaux, M. Vivien, et par M. Dumon, de Lot-et-Garonne, qui objecta que l'accroissement du personnel avait été motivé par la création d'un comité de législation et que la Chambre ne pouvait laisser sans traitement des hommes honorables et méritants, qui remplissaient avec zèle et conscience des fonctions importantes. Les 98,900 fr. furent alloués et le projet de loi fut ensuite adopté. A la Chambre des pairs il le fut également sur le rapport favorable du baron Mounier.

Ajoutons qu'outre les 30,733,344 fr. alloués par le projet de loi collectif, d'autres crédits à la charge de l'exercice 1840 furent, ainsi que l'avait laissé prévoir le ministre des finances, proposés et votés jusqu'à concurrence de 1,294,000 fr. et que l'insuffisance des ressources pour cet exercice se trouva augmentée de pareille somme.

Les Chambres eurent aussi à délibérer sur deux projets de loi d'intérêt fiscal, l'un relatif aux mines et fabriques de sel, l'autre concernant des modifications dans le taux des taxes perçues sur les sucres exotiques et indigènes.

Une loi du mois d'avril 1825 avait, en conformité de la loi du 21 avril 1810 sur les mines, autorisé la mise en régie pour 99 années au profit de l'État des salines de l'Est et de la saline de Vic depuis longtemps propriété domaniale, à la charge de payer aux propriétaires de la surface les indemnités déterminées par la loi de 1810. Quelques mois après, le ministre des finances traitait pour l'exploitation de ces mines, dont les gîtes s'étendaient sur dix départements, avec une société industrielle qui s'engageait à lui payer un prix annuel de 1,800,000 fr. plus une part de 55 pour 100 dans les bénéfices nets, et à ne pas vendre le sel plus de 35 fr. les 100 kilogrammes. Mais d'autres sources d'eau salée et mines de sel gemme furent découvertes dans les départements voisins, dont les produits vinrent en concurrence avec ceux de la compagnie concessionnaire ; de plus, quelques-uns de ses puits inondés par les eaux devinrent inexploitables, et en 1830 le ministre des finances avait dû réduire à 1,200,000 fr. le prix annuel du bail. Cette réduction ayant été jugée insuffisante pour permettre à la compagnie de continuer son exploitation dans des conditions qui n'entraînassent pas sa ruine, elle en avait demandé une nouvelle à laquelle le gouvernement n'avait pas cru devoir consentir. Alors était intervenu entre l'État et la société un projet de résiliation du bail consenti en 1825, projet qui devait être approuvé par les Chambres et fut l'objet d'une convention passée entre le ministre des finances et les administrateurs de la compagnie. Plusieurs fois la question avait été soumise au Parlement sans qu'il eût été possible d'arriver à une solution et M. Pelet de la Lozère avait, en entrant au ministère, déposé un nouveau projet de loi approuvant le traité de résiliation et dont l'objet était aussi de réglementer d'une façon générale la fabrication du sel partout où elle avait lieu, de façon à réprimer les fraudes préjudiciables au Trésor dont cette denrée était l'objet.

Ainsi désormais toute exploitation de mines de sel, de sources et de puits d'eau salée ne pourrait avoir lieu qu'en vertu d'une concession consentie

par ordonnance délibérée en conseil d'État. Les
lois et règlements généraux sur les mines devenaient applicables aux exploitations des mines
de sel et un règlement d'administration publique
devait déterminer les conditions auxquelles l'exploitation serait soumise. La plupart des dispositions de la loi de 1810 sur les mines étaient
rendues applicables aux concessions de mines
de sel, de sources et puits d'eau salée. Les concessions ne pouvaient excéder vingt kilomètres
carrés pour les mines de sel, et un kilomètre
carré pour l'exploitation d'une source ou d'un
puits d'eau salée. L'enlèvement et le transport
des eaux salées et des matières salifères étaient
interdits pour toute destination autre que celle
d'une fabrique régulièrement autorisée. Les
dispositions ci-dessus étaient également en partie applicables aux établissements de produits
chimiques dans lesquels on fabriquait en même
temps du sel marin. Enfin des règlements d'administration publique détermineraient les conditions
auxquelles pourraient être autorisés l'enlèvement,
le transport et l'emploi en franchise ou avec modération des droits, du sel de toute origine, des
eaux salées ou matières salifères à destination
des exploitations agricoles ou manufactures et de
la salaison, soit en mer, soit à terre, des poissons

de toute sorte. Suivait un article spécial relatif
au traité passé en 1825 avec la compagnie des
salines de l'Est, article qui autorisait le ministre
des finances à réaliser ce traité aux conditions
convenues avec les administrateurs de cette compagnie, parmi lesquelles l'obligation de lui payer
une somme de 7,500,000 fr., prix de ses approvisionnements, de ses bâtiments d'exploitation,
ustensiles, etc., et de se charger du service des
pensions liquidées ou à liquider au profit des
ouvriers ou employés ayant subi la retenue.

Sauf quelques détails de rédaction, le gouvernement et la commission furent d'accord sur le
fond du projet de loi, qui ne trouva de contradicteurs que parmi les députés des départements
intéressés. Ces députés craignaient que les conditions d'exploitation prescrites par la nouvelle loi
ne fussent une entrave pour l'industrie saline et
qu'il n'en résultât une hausse du prix du sel livré
à cette époque au commerce au prix de 37 fr. les
100 kilogrammes. La loi fut votée par 205 voix
contre 56.

A la Chambre des pairs, sauf les dispositions
proposées pour prévenir la fraude, cette loi fut
l'objet d'un rapport tout à fait défavorable. Suivant ce rapport, rédigé par M. d'Audiffret, il
n'était pas nécessaire de modifier le régime actuel

et il y avait grand préjudice au contraire à résilier le bail passé avec la compagnie des salines de l'Est. En effet, à cette société très bien outillée, dont l'exploitation était excellente, on allait substituer des entreprises restreintes qui seraient loin d'offrir les mêmes garanties. La plupart ne pourraient supporter la concurrence qu'elles se feraient entre elles et ne tarderaient pas à succomber. Il faudrait racheter à chers deniers leurs immeubles et leur matériel sans qu'il y eût lieu d'espérer en retirer le prix auquel ils auraient été payés. Mieux valait donc réduire le taux du loyer annuel plutôt que de consentir à une opération aussi onéreuse. Cette opinion, appuyée par plusieurs membres, fut combattue par le ministre des finances, M. Pelet, et par M. Mounier qui firent observer qu'il était absolument impossible à la compagnie de subsister aux conditions actuelles, ou même à des conditions moins défavorables pour elle, et de soutenir la concurrence que lui faisaient dans les départements de l'est les sels provenant des marais salants. Il fallait donc en finir au plus tôt avec une situation incurable et tirer le meilleur parti possible des gîtes qu'elle abandonnait. Tel fut aussi l'avis de la Chambre des pairs et la loi fut votée par 76 voix contre 29.

Nous avons vu que la loi du 18 juillet 1837 avait mis sur le sucre indigène, qui précédemment en était indemne, un droit de 16 fr. 50 et fixé à 49 fr. 50 y compris le décime, celui sur le sucre colonial. Or le prix de revient du sucre indigène transporté à Paris était, droits compris, de 133 fr. les 100 kilos, et celui du sucre colonial de 114 fr. Il en résultait au profit de ce dernier une prime de 19 francs. En 1838 la production du sucre avait été tellement abondante aux colonies aussi bien qu'en France que pour se débarrasser de leur marchandise les fabricants français durent la livrer à bas prix. A la suite de cette production exagérée, 160 usines durent être fermées et une partie des sucres coloniaux, ne trouvant pas de débit sur le marché métropolitain, durent être réexportés. De là grand émoi dans nos ports maritimes, dans la marine marchande, dans la marine militaire même qui craignait de voir le recrutement de son personnel compromis par une diminution de navigation entre la France et ses colonies, grand émoi surtout parmi les habitants de ces dernières dont la culture de la canne à sucre était la seule industrie possible. Le gouvernement, pour faire droit aux plaintes dont il était assailli, crut devoir, par ordonnance royale, réduire d'un tiers environ le droit sur les sucres

coloniaux suivant les provenances. Pareille mesure était la ruine des sucriers indigènes. Aussi,
lorsqu'au commencement de la session, le cabinet
du 12 mai vint soumettre aux Chambres l'homologation de cette ordonnance, il crut devoir leur
proposer d'allouer une indemnité de 40 millions
aux industriels qui, craignant de ne pouvoir
continuer à fabriquer aux conditions actuelles,
déclareraient être dans l'intention de fermer leur
usine. Mais la commission à l'examen de laquelle
fut renvoyé le projet de loi ne partagea nullement
cet avis. Outre en effet la charge considérable
que son adoption imposerait au Trésor, il lui
parut qu'il y avait intérêt à ne pas laisser périr
en France une industrie, qui dans certaines circonstances pouvait être appelée à rendre les plus
grands services et avait déjà sensiblement con-
tribué à l'amélioration de l'agriculture. Aussi par
l'organe du général Bugeaud, son rapporteur,
conclut-elle à ce que le droit sur le sucre colonial
fut relevé au taux de la loi de 1837, mais que par
contre le droit sur le sucre indigène fut porté
suivant les types de 16 à 25 et 33 fr. les 100 kilogrammes, soit en moyenne 27 fr. 50. Suivant les
types, la prime au profit du sucre colonial se
trouvait encore être de 20 francs sur le marché
de la métropole. La commission, à l'opinion de

laquelle s'était rangé le nouveau ministère, avait jugé que cette prime était indispensable pour l'avenir de l'industrie sucrière aux colonies et pour la sécurité de leurs rapports avec la métropole, que d'ailleurs la production limitée par l'étendue des terres propres à la culture de la canne ne pouvait dépasser 80 millions ; que la consommation du sucre en France étant de 120 millions de kilogrammes et ne pouvant que s'accroître, ce serait la production indigène qui serait appelée à fournir le surplus. Il y avait donc là pour elle des conditions certaines d'existence, et d'ailleurs il fallait envisager aussi les intérêts du Trésor qui jusqu'alors n'avait retiré des sucres qu'un revenu de 28 à 30 millions, et désormais percevrait sur la consommation de cette denrée 47 millions, soit 38 millions pour le sucre colonial et 9 millions pour le sucre indigène. La commission de la Chambre des députés fut en outre d'avis d'introduire dans le projet une disposition, portant que désormais les droits établis à l'importation des sucres des colonies françaises ne pourraient être modifiés que par une loi. En effet la légitimité de l'ordonnance du 21 août précédent avait été très contestée et il n'avait pas paru admissible à la commission qu'un ministre pût de sa propre autorité et parfois, sous la pression d'exigences déraisonnables, modifier les lois mêmes pour régler les rapports des colonies avec la métropole. Il ne s'agissait pas là de droits de douane, modifiables par ordonnances royales suivant les circonstances, mais bien d'impôts établis en vertu d'une loi et dont une loi seule pouvait abaisser ou élever le taux. La Chambre des députés approuva le projet proposé par sa commission, et la Chambre des pairs également le vota sans opposition.

L'industrie des chemins de fer, peu connue encore, traversait une véritable crise. Le prix des actions étant tombé sur la place bien au-dessous du pair d'émission, leurs porteurs refusaient de payer le complément de ce qu'ils devaient, et, faute de fonds, plusieurs compagnies concessionnaires se trouvaient dans l'impossibilité de continuer les travaux qu'elles s'étaient engagées à exécuter. Ainsi la compagnie d'Orléans, après avoir terminé la ligne de Paris à Corbeil, manquait des ressources nécessaires pour continuer son entreprise de Juvisy à Orléans. Celle de Strasbourg à Bâle avait dû suspendre ses travaux aux deux tiers de la ligne, et celle d'Andrezieux à Saint-Étienne après avoir terminé les siens se trouvait endettée et manquait de fonds pour acheter le matériel d'exploitation.

Ces diverses compagnies avaient réclamé le concours du gouvernement pour les aider à sortir
de la situation critique où elles étaient. Celles
d'Orléans et de Strasbourg auraient désiré que ce
concours leur fût donné au moyen d'une garantie
d'intérêt de 4 0/0 de leur fonds social, ne doutant
pas que pareille garantie ne déterminât les porteurs d'actions à se libérer immédiatement.
Mais le gouvernement ne crut pas devoir adhérer
à pareille demande ; il craignit que des actions
ainsi garanties ne fissent tort sur la place aux
effets publics, puis, dans l'incertitude où l'on était
encore sur l'avenir des chemins de fer, que pareil
engagement ne devînt trop onéreux pour le
Trésor. Il préféra donc un autre système qui consistait à prendre intérêt dans l'entreprise pour le
chemin d'Orléans jusqu'à concurrence des $2/5^{mes}$
du capital social, soit 16 millions, et pour le
chemin de Bâle jusqu'à concurrence des $3/10^{mes}$ du
même capital, soit 12,600,000, moyennant déli-
vrance d'actions pour pareilles sommes, actions
auxquelles toutefois il ne serait attribué de divi-
dendes qu'autant qu'il aurait été distribué entre
les autres sur le produit net de l'entreprise un
intérêt de 4 0/0. De plus, l'Etat devait être représenté dans les conseils d'administration et assemblées générales d'actionnaires par un commis-

saire ayant voix délibérative. En ce qui concernait la compagnie d'Andrezieux à Roanne, sa ligne était terminée, mais 4 millions lui étaient nécessaires pour solder le prix de terrains, payer des comptes d'entrepreneurs, des salaires d'ouvriers, acheter le matériel d'exploitation, etc. Un prêt de pareille somme avec garantie sérieuse de remboursement pouvait donc lui être fait sans inconvénient et c'est le parti auquel s'était arrêté le gouvernement. Un projet de loi contenant ces diverses stipulations fut présenté à la Chambre des députés par le ministre des travaux publics dans la séance du 7 avril. Ce projet de loi contenait en outre deux dispositions affectant l'une une somme de 14 millions à l'établissement d'un chemin de fer de Nîmes à Montpellier, l'autre une somme de 10 millions à l'établissement d'un autre chemin de fer de Lille et de Valenciennes à la frontière belge : 56,600,000 fr. se trouvaient ainsi alloués pour exécution de chemins de fer. L'article dernier du projet de loi portait qu'il serait pourvu à la dépense à l'aide des ressources créées par la loi du 17 mai 1837.

Dans le rapport qu'il soumit à la Chambre au nom de la commission chargée de l'examen du projet de loi, M. Gustave de Beaumont, après avoir constaté la confiance exagérée dont les entre-

prises de chemins de fer avaient d'abord été
l'objet, puis le discrédit non moins exagéré dans
lequel elles étaient tombées, ainsi que les fautes
commises par les concessionnaires, fautes inévi-
tables aux débuts de la mise en pratique d'une
industrie nouvelle, ajoutait qu'il n'était pas
possible de laisser inachevées des lignes aussi
importantes que celles de Strasbourg à Bâle et
de Paris à Orléans. La première, en effet, devait
non seulement relier une de nos plus riches
provinces avec la Suisse, mais aussi attirer sur la
rive française du Rhin tout le commerce de la
rive allemande, et la seconde rapprocher d'abord
Paris des principales villes du sud et du sud-
ouest puis servir de tête aux lignes qui, plus tard,
seraient dirigées vers cette partie de la France.
Or, il était évident que dans la situation où se
trouvaient les deux entreprises, tout appel de leur
part aux capitaux privés resterait infructueux, et
que l'État seul pouvait leur fournir ceux dont elles
avaient besoin ou les aider à se les procurer.
Mais sous quelle forme? La commission avait
jugé inadmissible le mode proposé par le gouvernement. Cette participation à l'entreprise au
moyen d'une prise d'actions engageait la responsabilité de l'État sans profit assuré pour lui,
puisque les actions anciennes conservaient leurs

privilèges sur les bénéfices et que la part de l'État se bornerait à ce qui pourrait rester disponible une fois le prélèvement fait. Il y avait toutefois lieu de distinguer entre les modes de concours à donner à la compagnie d'Orléans et à l'entreprise de Strasbourg à Bâle dont la ligne était aux trois quarts terminée. Il résultait de l'enquête sérieuse à laquelle s'était livrée l'administration des travaux publics que 12,600,000 fr. suffiraient pour la mettre en bon état d'exploitation. Cette somme pouvait donc être avancée par le Trésor à titre de prêt au taux d'intérêt de 3 0/0 plus 1 0/0 pour l'amortissement et il n'était pas douteux que cette avance, rendant toute confiance aux actionnaires, ils ne trouvassent avantage à verser ce qu'ils pouvaient encore devoir. Quant au chemin d'Orléans, la situation n'était pas la même. Les travaux n'étaient pas suffisamment avancés pour qu'il fût possible d'apprécier même approximativement la dépense qui restait encore à faire. Elle pouvait s'élever au delà de 16 millions, et, une fois entré dans la voie du prêt, il serait peut-être difficile de se refuser à de nouvelles avances pour compléter l'œuvre. Aussi la commission avait-elle donné la préférence au système de la garantie d'intérêt de 3 0/0 du capital social de 40 millions et de l'amortissement à 1 0/0, soit une charge annuelle de 1,600,000 fr., laquelle ne pourrait être dépassée, garantie qui devait suffire pour relever le cours des actions et déterminer les porteurs de celles qui n'étaient pas libérées, à compléter les versements. Quant à la concurrence que les actions ainsi garanties pourraient faire sur la place aux fonds de l'État, cette crainte ne parut pas fondée à la commission, par la raison que les fonds d'État donnaient à leurs porteurs un taux d'intérêt supérieur à celui que le projet de loi devait assurer aux actions garanties. En ce qui concernait les trois autres entreprises, de Montpellier à Nîmes, de Valenciennes à la frontière belge et d'Andrezieux à Roanne, la commission fut d'avis d'adopter les propositions du gouvernement. Aucune avance n'étant faite à la compagnie d'Orléans, la somme des allocations à insérer à la deuxième section du budget du ministère des travaux publics n'était plus que de 40 millions.

Le projet de loi, tel que l'avait rédigé la commission, fut successivement adopté par les deux Chambres qui, peu de jours après, votèrent également l'établissement d'un chemin de fer de Paris à Rouen avec prêt par l'État, au taux de 3 0/0, d'une somme de 14 millions payable par septièmes après la réalisation et l'emploi par la compagnie d'une somme de 36 millions remboursable en trente années. Ces 14 millions devaient être également pris sur les ressources extraordinaires créées par la loi de 1837.

S'il y avait urgence à mettre les diverses parties du territoire en communication les unes avec les autres par des voies ferrées, il y avait utilité aussi à favoriser, en les abrégeant, les relations maritimes de la France avec les contrées situées au delà des mers. Un projet de loi fut soumis à cet effet par M. Thiers, président du conseil, à la Chambre des députés dans la séance du 16 mai. La navigation par la vapeur avait fait depuis quelques années d'immenses progrès et il n'était plus possible d'avoir de doutes sur son avenir ainsi que sur les services qu'elle était appelée à rendre. Aussi l'Angleterre avait-elle déjà établi plusieurs lignes de paquebots, les unes, importantes surtout au point de vue commercial, exploitées par des compagnies intéressées, les autres, ayant un caractère plutôt politique, gérées au compte de l'État. La France ne pouvait rester en arrière ; mais le commerce français n'avait ni les ressources, ni l'esprit d'initiative du commerce anglais, et l'intervention de l'État était indispensable pour la plupart des lignes à établir. Une compagnie sérieusement constituée s'était présentée toutefois, offrant d'exploiter à ses frais, moyennant une subvention annuelle de 880 fr. par force de cheval, une ligne du Havre à New-York et d'y affecter trois bâtiments au moins, cinq au plus, chacun d'une force de 450 chevaux ; ce qui mettait le chiffre de la subvention au minimum de 708,000 fr. et au maximum de 1,130,000 francs. Ces chiffres ne parurent pas trop élevés, eu égard à la concurrence que devait rencontrer la compagnie concessionnaire dans les services déjà établis entre l'Angleterre et les États-Unis. Les époques des départs, le nombre des voyages et toutes autres conditions d'exploitation devaient être déterminées par le cahier des charges à intervenir. L'offre faite par la compagnie fut donc acceptée par le gouvernement. La ligne du Havre à New-York avait surtout un intérêt commercial et il importait, au point de vue politique, que notre pavillon parût régulièrement dans la mer des Antilles, sur les côtes de l'Amérique méridionale et en desservît les principaux ports. Trois lignes principales furent donc étudiées, desservies par 14 bâtiments à vapeur de 450 chevaux chacun, la première partant de Bordeaux tous les vingt jours, la seconde de Marseille tous les mois, se dirigeant l'une et l'autre sur la Martinique, la Guadeloupe, Saint-Thomas, Porto-

Rico, Santiago-de-Cuba et la Havane; la troisième de Saint-Nazaire et aboutissant à Rio-Janeiro après avoir passé par Lisbonne, Gorée, Pernam-bouc et Bahia. De plus, trois lignes secondaires, desservies par quatre bâtiments de la force de 250 chevaux, devaient partir de la Havane, se dirigeant, la première vers le Mexique en touchant la Vera-Cruz et la Nouvelle-Orléans, la seconde vers l'Amérique centrale, et la troisième vers Montévideo et Buenos-Ayres. Le coût de la construction, de l'armement et de l'installation des 18 bâtiments était évalué à 28,600,000 fr. et le projet de loi, modifié d'accord avec le gouvernement par la commission chargée d'en faire l'étude, mettait pareille somme à la disposition du ministre de la marine, 5 millions à prendre sur les ressources ordinaires de 1840, 10 millions sur celles de 1841 et le surplus imputable sur les exercices ultérieurs. Suivaient les dispositions réglementaires parmi lesquelles l'une donnait aux lignes établies le caractère commercial qu'elles devaient avoir en décidant que, lorsque le commandement des bâtiments serait exercé par des officiers de la marine royale, il serait placé à leur bord un agent, commissionné par l'administration, chargé spécialement de tous les détails relatifs à la gestion du service, en ce qui concernait le transport des passagers, des marchandises, des matières d'or et d'argent, et des correspondances. C'est à peine si dans le sein de la Chambre des députés il y eut discussion. Le projet de loi y fut adopté par 212 voix contre 23, et à la Chambre des pairs à l'unanimité des votants.

Faisons observer toutefois que les 5 millions alloués par cette loi sur les ressources de 1840 élevaient l'insuffisance déjà prévue de ces ressources au chiffre de 41,757,000 francs.

Arrivons enfin au budget de 1841 dont le projet avait été déposé par M. Passy sur le bureau de la Chambre des députés dans la séance du 16 janvier. Après avoir rappelé les causes et les circonstances exceptionnelles qui avaient détruit l'équilibre des budgets de 1839 et de 1840, le ministre dans son exposé des motifs évaluait le montant des dépenses ordinaires de 1841 à 1,114,109,823 fr., et les recettes calculées sur les bases habituelles à 1,127,268,273 fr.; soit un excédent de ressources de 13,158,450 francs. Quant aux dépenses de travaux publics extraordinaires, portées à la deuxième section du budget des travaux publics, elles étaient fixées pour 1841 à 57,255,292 fr. et il devait y être pourvu au moyen de consolidations pour pareille somme des ré-

serves de l'amortissement, réserves qui devaient
atteindre avant la fin de l'année courante le
chiffre de 255 millions et risquaient de devenir
un embarras sérieux pour le Trésor public. Un
article spécial du projet de loi contenait des prescriptions formelles à cet égard. Mais postérieurement à la présentation du projet de budget, de
nouvelles allocations y avaient été introduites
par le gouvernement jusqu'à concurrence de
2,974,000 fr., ce qui élevait le chiffre des dépenses ordinaires prévues à 1,117,083,823 fr.,
chiffre réduit à 1,115,174,798 fr. par la commission chargée de l'examen du projet de loi. Quant
aux revenus de l'exercice, la commission, y ajoutant les recettes qui devaient résulter de la nou-
nouvelle loi sur les sucres, les évaluait à
1,137,888,000 fr., d'où un excédent de recettes
de 22,713,000 francs. Toutefois le rapporteur du
budget des dépenses, M. Ducos, faisait observer
qu'il ne fallait pas se faire d'illusions sur cet excédent, qu'il était déjà et bien au delà absorbé
par le vote de crédits spéciaux dont n'avait pas
été saisie la commission du budget, crédits dont
la somme s'élevait à 35 millions et qui concernaient l'établissement des paquebots transatlantiques, les intérêts de la réserve de l'amortissement, les subventions aux caisses de retraites,

les pensions militaires, et auxquels viendraient
s'en ajouter d'autres pour le complément des
effectifs de la guerre et de la marine. Le chiffre
des dépenses non prévues au budget s'élèverait
donc à 60 millions et, à ce sujet, M. Ducos insistait vivement pour qu'aucun ministre n'introdui-
sît de demande de crédit spécial qu'après s'être
concerté au préalable avec son collègue des
finances, seul à même d'apprécier exactement les
ressources dont permettait de disposer la situation financière, et aussi pour que tous les projets
de crédits supplémentaires fussent coordonnés
et compris dans une seule loi qui permettrait
de les juger non seulement au point de vue
de leur utilité relative, mais encore à celui de
leur utilité générale rapprochée des moyens
financiers de l'État. Revenant ensuite au budget
proposé pour 1841, M. Ducos constatait que les
dépenses ordinaires qui y étaient prévues excédaient de 14,620,300 fr. celles de 1840 et,
entrant dans l'examen de chaque budget ministériel, il exposa la façon dont cette augmentation y était répartie. Elle s'élevait à 221,000 fr.
au ministère de la justice et des cultes, en
partie pour accroissement du traitement des
membres du conseil d'État, à 241,000 fr. au
ministère des affaires étrangères, principale-

ment pour création d'agents consulaires, à 278,000 fr. au ministère de l'instruction publique pour l'établissement d'une faculté de sciences à Rennes, la création de chaires et le service des bibliothèques. Tous ces chiffres, acceptés par la commission, le furent aussi par la Chambre qui, sur la demande de M. François Delessert, alloüa 200,000 fr. en plus au ministère de l'instruction publique pour l'établissement de salles d'asile dans les écoles primaires.

Au ministère de l'intérieur, la somme des crédits demandés par le gouvernement était de 95,090,000 fr., et la commission proposait de n'accorder que 94,624,664 francs. La différence s'appliquait pour 78,000 fr. aux traitements des préfets et sous-préfets dont le ministre aurait cru devoir améliorer la situation sans les changer de résidence et pour le surplus à la réduction du fonds commun, pour dépenses facultatives. Malgré les excellentes raisons données par le ministre de l'intérieur, M. de Rémusat, et par son prédécesseur, M. Duchâtel, en faveur des 78,000 fr., la Chambre refusa de les allouer ; mais, sous l'influence du sentiment d'intérêt local, elle accorda les 191,000 francs du fonds commun.

Les deux budgets du commerce et des travaux

publics furent votés sans débat qu'il y ait lieu de mentionner, le premier au chiffre de 12,795,278 fr., le second à celui de 53,124,300 francs.

Quant au budget de la guerre qui fut ensuite l'objet de l'examen de la Chambre, les propositions du ministre étaient supérieures de 4,509,129 fr. aux allocations votées pour 1840, mais ce chiffre avait été réduit à 3,779,800 fr. et cette augmentation était pour la majeure partie applicable à la conversion des fusils à silex en fusils à percussion et à la fabrication d'armes neuves. L'effectif qui avait servi de base aux prévisions ministérielles pour l'exercice 1841 était de 317,826 hommes et 64,242 chevaux, soit 279,826 hommes pour l'intérieur et 38,000 pour l'Algérie. Mais au mois d'avril il s'élevait, à raison de l'instruction arabe, à 335,000 hommes dont 60,730 employés en Algérie, et le ministre de la guerre avait cru devoir faire connaître par une note explicative que, vu la difficulté de prévoir les forces dont la situation des établissements français en Algérie exigerait l'entretien en 1841, il avait cru devoir maintenir la base de 38,000 hommes. De son côté, en reproduisant cette note dans son rapport, M. Ducos avait fait observer que la commission dont il était l'organe, en présence des événements qui s'accomplissaient en

Algérie, s'étant trouvée dans l'impossibilité d'apprécier les besoins de 1841, avait cru devoir approuver les propositions du gouvernement et s'abstenir de discuter les questions qui se rattachaient au budget d'Afrique. Cette réserve n'empêcha pas le général Bugeaud de prendre la parole pour dire qu'on n'arriverait à aucun résultat sérieux aussi longtemps qu'on n'aurait pas recours au système de la colonisation militaire, qui remplaçant peu à peu par des régiments composés exclusivement de colons acclimatés les troupes qu'on y entretenait, non seulement serait plus économique, mais permettrait de faire de ces dernières, surtout en cas de guerre, un emploi plus utile en France. Après une réplique de M. Thiers, le budget de la guerre fut voté au chiffre de 251,541,281 francs.

Le budget de la marine et des colonies, accepté par la commission avec les chiffres proposés par le ministre, soit 74,028,300 fr., ne donna lieu qu'à un débat des plus sommaires dont la question de l'esclavage soulevée par le baron Roger, député du Loiret, fit les principaux frais.

Il en fut de même des cinq parties qui constituaient les services du ministère des finances.

Dette publique.	324,623,900
Dotations.	16,478,500
Services du ministère. . .	19,797,196
Frais de régie..	128,832,582
Remboursements et primes..	59,976,270
Total des finances. . . .	549,708,448

En ajoutant à cette somme celles votées pour les autres ministères, soit :

Justice et cultes.	56,337,339
Affaires étrangères. . . .	7,847,291
Instruction publique.. . .	15,638,497
Intérieur.	94,821,500
Commerce..	12,795,278
Travaux publics.	53,124,300
Marine et colonies. . . .	74,028,300
Guerre.	251,541,281

Le montant total des dépenses ordinaires prévues pour 1841 s'élevait à la somme de.. . . . 1,115,842,234

Nous avons déjà dit que la commission du budget avait évalué le chiffre des produits ordinaires de 1841 à. 1,139,885,666

A reporter. . . 1,139,885,666

Report. . . 1,139,885,666

Les détails de ce chiffre exposés dans un rapport de M. Vuitry furent acceptés sans discussion par la Chambre des députés et le montant des dépenses ordinaires ayant été fixé à. 1,115,842,234

Il en résultait un excédent présumé de recettes de. 24,043,432

Restait à arrêter la somme qui serait affectée en 1841 aux travaux extraordinaires. Le ministre avait proposé d'abord de la fixer à 52 millions et d'y affecter exclusivement les réserves de l'amortissement qui, nous l'avons déjà vu, devaient atteindre à la fin de 1840 le chiffre de 255 millions et s'accroissaient chaque année de 62 millions. Pour dégager le plus tôt possible le Trésor des charges qu'elles lui occasionnaient, le ministre avait proposé à la commission du budget de porter de 52 à 72 millions le crédit des travaux extraordinaires. La commission avait d'abord hésité à accepter ce nouveau chiffre, jugeant que le chiffre annuel de la dépense ne devait pas dépasser celui de 62 millions fourni par les réserves. Elle avait fini cependant par donner son adhésion, mais sous cette condition que le chiffre de 62 millions resterait le chiffre normal des crédits à voter annuellement et elle avait inséré dans le projet de loi des recettes un article accepté par la Chambre, article aux termes duquel 148,256,000 fr., formant le montant des crédits à employer sur les exercices 1839 et 1840 pour les travaux publics extraordinaires, seraient consolidés conformément aux articles 3 et 4 de la loi du 17 mai 1837, ainsi que 72 millions somme à laquelle était limité le crédit ouvert sur l'exercice 1841 pour la même nature de travaux.

A la Chambre des pairs les deux budgets furent l'objet de rapports favorables du marquis d'Audiffret et de M. Camille Perier, et, immédiatement après leur adoption, le session de 1840 fut close par ordonnance royale du 15 juillet. Le 5 novembre suivant devait être ouverte celle de 1841..

CHAPITRE XIII.

SESSION DE 1841.

Le jour même où était close en France la session de 1840, se passait à Londres un fait de la
plus haute gravité, la signature par l'Angleterre,

l'Autriche, la Russie et la Prusse d'une convention conclue avec la Porte, aux termes de laquelle elles s'engageaient à régler le différend survenu entre le sultan et son vassal Mehemet-Ali. Ce dernier réclamait toujours la possession de l'Égypte et de la Syrie à titre héréditaire et la France, tout en lui recommandant la modération dans ses exigences, soutenait ses prétentions. L'Angleterre au contraire ne voulait de la part du sultan que des concessions très restreintes et Mehemet-Ali ayant manifesté l'intention de s'adresser directement à son suzerain pour trancher à eux deux les questions qui les divisaient, sans intervention des cabinets européens, l'Angleterre parut croire qu'une pareille résolution avait été dictée par la France et, voulant conserver la haute main dans la direction des arrangements à intervenir, s'empressa de signer avec les représentants des trois autres grandes puissances la célèbre convention du 15 juillet. Un pareil acte produisit en France la plus vive émotion. On y vit sinon un acte d'hostilité immédiate, du moins un témoignage de mauvais vouloir dont la guerre, suivant les circonstances, pourrait être la conséquence. Le gouvernement crut devoir prendre immédiatement des mesures pour ne pas être surpris par les événements.

Successivement furent publiées diverses ordonnances :

1° Du 29 juillet 1840, qui ouvrait au ministre
de la marine sur l'exercice de cette année un crédit extraordinaire de 8,120,000 fr. destiné à
donner les moyens d'accroître dans la proportion
de 9,899 hommes l'effectif des équipages et
d'augmenter le nombre des armements en vaisseaux de ligne, frégates et bâtiments à vapeur ;

2° Du 5 août, qui ouvrait au ministre de la
guerre sur le même exercice un crédit extraordinaire de 56,115,250 fr. pour subvenir aux dépenses urgentes et non prévues que nécessitait
dans les divisions territoriales de l'intérieur
l'accroissement de l'armée en hommes et en chevaux ;

3° Du 12 août, qui appelait à l'activité les
jeunes soldats disponibles sur la deuxième portion du contingent de la classe 1835 ;

4° Du 31 août, qui créait dans le corps des
équipages de ligne 50 nouvelles compagnies permanentes ;

5° Du 10 septembre, qui déclaraient urgents
et d'utilité publique les travaux de fortification
à exécuter autour de Paris et affectaient sur
l'exercice 1840 12 millions à l'exécution de
cette entreprise ;

6° Du 16 septembre, qui ouvrait au ministre de la marine sur l'exercice 1840 deux crédits extraordinaires montant ensemble à 4,185,000 fr. pour augmenter l'effectif des troupes d'artillerie de marine, accroître le cadre des officiers supérieurs de la marine, améliorer la solde des matelots ;

7° Du 21 septembre, qui ouvrait au ministre de la guerre sur l'exercice 1840 un nouveau crédit extraordinaire de 51,674,000 fr. pour subvenir à des dépenses urgentes résultant pour les divisions territoriales de l'intérieur de l'accroissement de l'effectif et du matériel de l'armée.

Chacune de ces ordonnances portait que la ratification en serait proposée aux Chambres lors de leur prochaine session.

Tous ces préparatifs répondaient aux sentiments du pays et du roi lui-même. Le gouvernement convoqua les Chambres pour le 5 novembre, afin de soumettre à leur approbation les diverses mesures qu'il avait cru devoir prendre, et pour avoir leur concours immédiat en cas de besoin. Mais il y eut entre le cabinet et le roi désaccord sur les termes du discours de la couronne. Le cabinet aurait voulu que le cas de guerre y fût prévu. Louis-Philippe s'y refusa et tous les ministres donnèrent leur démission.

Quelques jours après, le 29 octobre, était formé sous la présidence du maréchal Soult, ministre de la guerre, un nouveau ministère dont faisaient partie M. Guizot aux affaires étrangères, M. Duchâtel à l'intérieur, M. Humann aux finances, M. Martin du Nord à la justice, M. Teste aux travaux publics, M. Villemain à l'instruction publique, M. Cunin-Gridaine au commerce, l'amiral Duperré à la marine.

Ce fut donc entouré de ces nouveaux ministres que le roi ouvrit le 5 novembre la session de 1841 et prononça devant les Chambres un discours dans lequel, après avoir rappelé les graves devoirs que lui avait imposés l'accord conclu à Londres entre l'Angleterre, la Russie, l'Autriche et la Prusse, en vue de régler les rapports du sultan et du pacha d'Égypte et les diverses mesures prises par son gouvernement, mesures qui seraient incessamment soumises à la sanction législative, il exprimait la confiance que la paix générale ne serait pas troublée. Cette paix était en effet nécessaire à l'intérêt commun de l'Europe et il comptait sur le concours des deux Chambres pour l'aider à la maintenir, comme il y comptait aussi dans le cas où l'honneur de la France et le rang qu'elle occupait parmi les nations commanderaient de nouveaux efforts. Le roi terminait en annonçant que la loi du budget ne tarderait pas à être déposée et qu'il avait prescrit la plus sévère économie dans la fixation des dépenses ordinaires. Les événements avaient imposé des charges inattendues; mais « la prospérité publique rendue à tout son essor » permettrait de les supporter sans altérer l'état des finances.

Aussitôt après la discussion et le vote par 247 voix contre 161 d'une adresse qui répondait aux sentiments exprimés dans le discours de la couronne, la Chambre des députés fut saisie de l'examen de divers projets de loi. Le premier dont elle eut à s'occuper fut celui qui portait règlement des comptes de l'exercice 1838. Ce projet arrêtait à 1,138,058,496 fr. les dépenses ordinaires et extraordinaires de 1838 et les payements effectués jusqu'à la clôture de l'exercice à 1,135,200,970 francs. Restaient donc 2,857,525 fr. non soldés et qui le seraient au fur et à mesure des ordonnances sur les fonds de l'exercice courant. Quant aux droits et produits constatés au profit de l'État, ils s'élevaient à 1,117,068,135 fr., mais avaient été perçus seulement jusqu'à concurrence de 1,111,376,886 fr., et les sommes qui pourraient être ultérieurement réalisées devaient être également portées en recette au compte de l'exercice courant. Il y avait donc

entre les recettes réalisées et les payements
effectués une différence en moins de 23,824,000
fr. à laquelle il était pourvu avec les excédents
disponibles reportés de 1836 et 1837 : 13,857,300
fr. pouvaient encore être reportés et affectés
au budget de 1839 pour en accroître les ressources.

Le projet de loi ne souleva dans le sein de la
Chambre aucune objection. Toutefois, M. Étienne
fit observer que la comptabilité matière de la
guerre et celle de la marine échappaient complètement au contrôle du pouvoir législatif et de la
cour des comptes, que dès qu'un crédit avait été
affecté à l'achat d'approvisionnements on ne savait
plus l'emploi que recevaient ces approvisionnements et qu'il en résultait de graves abus : il cita ce
fait d'un amiral, préfet maritime, qui avait fait
construire et meubler une maison de campagne
avec les matériaux pris dans les magasins du port
où il commandait, sans qu'il y eût eu jamais trace
de la dépense. Le ministre de la marine reconnut
le fait, admit la nécessité d'établir un contrôle efficace, et annonça que le ministre de la guerre et
lui étaient résolus à soumettre la question à l'étude
d'une commission composée d'agents des deux
départements, enfin à prendre les mesures nécessaires pour établir un contrôle sérieux dans la

comptabilité matière des magasins de la guerre et de la marine. Après ces explications, le projet de loi fut adopté et ne rencontra aucune opposition à la Chambre des pairs.

Dans le courant de l'automne, à la suite de violents orages, la plupart des rivières du sud-est de la France, le Doubs, la Saône, le Rhône, l'Isère, la Drôme, la Durance, avaient débordé et les ravages qui en étaient résultés étaient tels qu'il aurait fallu remonter à 1570 pour en constater de pareils. Des villages entiers avaient été détruits, des plaines fertiles ensablées et dévastées, des routes, des ponts, des digues détruits par la violence des eaux, et successivement au fur et à mesure que les désastres avaient été mieux constatés, le gouvernement avait présenté aux Chambres divers projets de loi ayant pour objet l'ouverture de crédits à l'effet de venir en aide aux victimes des inondations et entreprendre les travaux de restauration les plus urgents. Ainsi deux lois du 23 novembre ouvrirent, l'une au ministre de l'agriculture et du commerce sur l'exercice 1840, un crédit extraordinaire de 5 millions à distribuer en secours pour réparer les pertes résultant des inondations, l'autre au ministre des travaux publics, un premier crédit de 1 million à l'effet de pourvoir au rétablissement des commu-

nications interrompues sur les routes royales
et les voies navigables par la crue et le débor-
dement des eaux, et un second de 500,000 fr.
pour être appliqué à titre de secours extraordinaire au rétablissement des communications
sur les routes départementales. Enfin, une troisième loi, du 31 janvier 1841, ouvrit au ministre
des travaux publics sur l'exercice courant, d'abord
un crédit extraordinaire de 3 millions pour être
employé à la réparation des dommages causés aux
routes royales et départementales, aux voies navigables, ainsi qu'aux digues et levées bordant les
rivières, la subvention relative aux routes départementales ne pouvant toutefois excéder les 2/3
de la dépense, puis un crédit de 600,000 fr. pour
subvention aux compagnies concessionnaires des
ponts suspendus emportés ou endommagés par la
crue des eaux. Ajoutons que cette dernière loi
souleva diverses objections, l'une de M. Duprat qui
aurait voulu que chaque nature de dommage ait
son allocation distincte, l'autre de M. Croissant
qui combattit la subvention demandée pour les
concessionnaires de ponts en faisant observer que
ces entrepreneurs avaient été fixés à l'avance sur
les risques qu'ils avaient à courir et n'avaient
droit dès lors à aucune indemnité.

Aussitôt la discussion de l'adresse terminée,

dans la séance du 7 décembre, le ministre des
finances, M. Humann, avait déposé sur le bureau
de la Chambre des députés un projet de loi ayant
pour objet l'homologation des crédits supplémentaires et extraordinaires ouverts par ordonnances
royales dans l'intervalle des deux sessions. Le
montant des crédits extraordinaires était de
164,778,983 fr., dont 156,698,950 répartis entre
les ministères de la guerre, de la marine, des travaux publics, de l'intérieur et des affaires étrangères avaient eu pour objet de parer aux éventualités qui se rattachaient au traité du 15 juillet
et dont les 8,080,000 de surplus concernaient
l'augmentation de personnel et de matériel de
l'armée d'Afrique. Quant aux crédits supplémentaires, le chiffre en était de 20,128,554 fr. nécessaires pour couvrir les insuffisances de fonds
alloués aux divers services ministériels, ainsi à
la justice pour les frais de justice criminelle, au
commerce pour encouragements aux pêches maritimes, aux finances pour frais de recouvrement
des impôts et intérêts de la dette flottante, à l'intérieur pour secours aux réfugiés, etc., et, récapi-
tulant toutes les charges votées ou à voter qui pèseraient sur le budget de 1840, le ministre en
évaluait le découvert probable à 244 millions.
Ajoutons qu'une disposition spéciale du projet de

loi ouvrait au ministre des finances un crédit de
920,814 fr. à l'effet de pourvoir, à défaut du gouvernement grec, au payement des semestres échus
les 1ᵉʳ mars et 1ᵉʳ septembre 1840 des intérêts et
de l'amortissement de l'emprunt négocié en 1833
sous la garantie de la France, de la Russie et de
l'Angleterre.

Quelques jours après, dans la séance du 12 décembre, M. Humann présentait un second projet
de loi concernant les crédits extraordinaires et
supplémentaires à ouvrir pour l'exercice 1841,
en sus des allocations prévues par la loi du budget. « En présentant, disait l'exposé des motifs,
« il y a quelques jours à la sanction législative les
« crédits attribués par ordonnances aux dépenses
« extraordinaires de la présente année, nous
« n'avons fait que constater devant vous, telles
« qu'elles avaient été comprises par nos prédé-
« cesseurs, les exigences d'une situation que
« nous n'avons point faite, mais que nous avons
« acceptée. Cette situation qui n'est pas à son
« terme nous imposera, en 1841, de nouveaux
« sacrifices pour assurer le triomphe d'une poli-
« tique, dont le but et les moyens ont été signa-
« lés dans les récentes et solennelles manifes-
« tations des grands pouvoirs de l'État. »

Le projet de loi réclamait des crédits extra-

ordinaires pour une somme de 179,707,435 fr.
dans laquelle les extensions des armements de
terre et de mer figuraient pour 146,279,000 fr.
et les services de l'armée d'Afrique pour
26,836,000 francs. Des crédits supplémentaires y
étaient également demandés pour 27,073,000 fr.
qui s'appliquaient principalement aux arrérages
de rentes provenant de la consolidation des
bons de l'amortissement, aux intérêts de la dette
flottante et à des subvenions pour les caisses
de retraites. Les crédits additionnels au budget
de l'exercice 1841 atteignaient une somme de
206,780,000 fr. et le ministre évaluait le découvert de cet exercice à 198,902,000 francs. A
ces dépenses extraordinaires parmi lesquelles
n'étaient pas comprises celles relatives aux fortifications de Paris, ces dernières à raison de leur
importance et de leur durée devant être l'objet
d'une loi spéciale proposée par le ministre de la
guerre, le projet de loi affectait le produit de la
négociation de 100 millions de bons du Trésor
plus les réserves disponibles de l'amortissement
et, à ce sujet, M. Humann demandait même que le
crédit de 72 millions alloué par la loi du budget
de 1841 aux travaux extraordinaires fût réduit à
63 millions.

Quant au projet de loi spécial sur les fortifica-

tions, il fut présenté par le maréchal Soult le
même jour que les crédits de 1841. Après avoir
rappelé dans son exposé des motifs que, réuni
le 10 septembre, le conseil des ministres, en
conformité de l'avis exprimé par la commission
supérieure de défense, avait arrêté qu'il serait
établi autour de Paris une enceinte continue bas-
tionnée avec des ouvrages avancés, crénelés et
que pour leur exécution le ministre des travaux
publics prêterait son concours au ministre de
la guerre, notamment en ce qui concernait les
opérations relatives aux expropriations, qu'une
ordonnance royale du 10 septembre avait déclaré
ces travaux d'utilité publique, que 13 millions
avaient déjà été affectés à leur exécution, et que
la dépense totale était évaluée à 140 millions, le
ministre proposait dans le projet de loi de décider
que les 127 millions restant à créditer se divi-
seraient en deux parts : travaux à faire en premier
lieu 75 millions, travaux à faire en second lieu
52 millions. La somme de 75 millions applicable
aux travaux à exécuter en premier lieu devait
être divisée en trois annuités et, à cet effet, il
devait être ouvert au titre de l'exercice 1841 un
crédit extraordinaire de 35 millions auquel il serait pourvu au moyen des ressources ordinaires
et extraordinaires de cet exercice.

156,698,950 fr. y compris 13 millions pour les fortifications au compte de l'exercice 1840,

146,279,000 fr. au compte de l'exercice 1841,

127,000,000 fr. pour les fortifications de Paris à répartir entre divers exercices.

429,977,950 fr. telle était la charge que la convention du 15 juillet venait d'imposer à la France.

La première de ces trois lois discutée par la Chambre des députés fut celle relative aux fortifications de Paris. Le rapport en fut confié à M. Thiers qui le déposa dans la séance du 13 janvier. Après avoir rappelé dans ce travail remarquable que la pensée de fortifier Paris avait été l'objet des préoccupations de Vauban d'abord, puis de Napoléon, il maintint qu'au souvenir des invasions de 1814 et de 1815, dans la situation d'isolement où venait d'être placée la France, il y avait eu sage prévoyance de la part du gouvernement à prendre l'initiative des mesures propres, en cas de guerre, à empêcher l'occupation de la capitale par les armées ennemies. Passant ensuite aux détails de la dépense, M. Thiers l'évaluait d'après les études faites à 140 millions, soit 69 millions pour l'enceinte,

58,600,000 fr. pour les ouvrages extérieurs et le surplus pour frais généraux et imprévus.

Dans le sein de la Chambre, le débat fut surtout technique et politique, les uns prétendant que des forts détachés pouvant croiser leurs feux suffiraient largement pour assurer une bonne défense de Paris, d'autres que le système proposé aurait pour résultat inévitable de localiser les forces de la France au moment surtout où leur mobilisation serait indispensable, plusieurs enfin étant opposés à tout système de défense parce qu'ils y voyaient dans certaines circonstances un moyen de répression et de tyrannie contre les habitants de la capitale. Quoi qu'il fût des objections plus ou moins fondées qu'il souleva et dont nous n'avons pas ici à examiner le mérite, le projet de loi fut adopté dans la séance du 1er février par 237 voix contre 162. Ajoutons que la commission y avait introduit, dans l'intérêt des communes suburbaines dont plusieurs allaient être en tout ou en partie coupées par les fortifications, deux dispositions portant, l'une que les limites actuelles de l'octroi de la ville de Paris ne pourraient être changées qu'en vertu d'une loi spéciale, l'autre que la première zone de servitude militaire, c'est-à-dire de 250 mètres, serait seule appliquée à l'enceinte continue et aux forts extérieurs. Quant à la dépense de 140 millions, il devait y être pourvu au moyen des ressources ordinaires et extraordinaires des exercices 1840, 1841 et 1842.

A la Chambre des pairs, la commission char-gée de l'examen du projet de loi, tout en recon-naissant la nécessité de mettre Paris en état de défense, crut cependant qu'il serait possible de le faire à des conditions tout aussi avantageuses et moins coûteuses que celles proposées par le gou-vernement. Son rapporteur, le baron Mounier, rappela qu'une commission composée de géné-raux les plus compétents avait été chargée en 1836 par le maréchal Maison, alors ministre de la guerre, d'étudier la question et qu'après un examen approfondi des divers systèmes de dé-fense, elle avait conclu à ce qu'il fût établi autour de Paris une muraille d'enceinte surmontée d'un chemin de ronde crénelé, assez élevée pour être à l'abri d'une escalade, assez épaisse pour ne pouvoir être ouverte qu'avec des batteries de siège et qu'il fût construit, en avant et autour de cette enceinte, des ouvrages en état de soutenir un siège et fermés à la gorge ; la dépense, calcu-lée d'après des devis aussi aproximatifs que pos-sible, ne devait pas dépasser 93 millions et c'est ce système que M. Mounier proposait de substituer à celui qu'avait adopté la Chambre des députés. Le projet de loi modifié par la commission portait donc qu'une somme de 93 millions y compris les 13 millions alloués par ordonnance royale serait affectée : 1° à l'exécution d'ouvrages casematés établis sur un périmètre ayant pour point de départ Saint-Denis, Charenton, les hauteurs d'Ivry et le mont Valérien ; 2° à la construction d'une enceinte de sûreté embrassant les deux rives de la Seine. Les autres dispositions du projet de loi votées par la Chambre des députés se trouvaient reproduites dans celui de la commission y compris celle qui assignait à la dépense les ressources ordinaires et extraordinaires de 1841, 1842 et 1843 ; formule banale, faisait observer M. Mounier, vu qu'il faudrait nécessairement recourir à un emprunt de 450 millions pour couvrir les charges qui depuis six mois étaient venues s'imposer à la France. Après une importante discussion à laquelle prirent part les membres les plus autorisés de la Chambre des pairs et dans laquelle les deux systèmes trouvèrent d'ardents défenseurs, le projet de loi voté par la Chambre fut adopté à la majorité de 147 voix contre 85 et promulgué le 3 avril.

La commission chargée de l'examen des divers crédits extraordinaires et supplémentaires de

1840 ne souleva aucune objection contre les crédits supplémentaires proposés et les accepta au chiffre de 20 millions.

Mais sur la somme des crédits extraordinaires soumis à l'homologation de la Chambre et s'élevant à 164,719,928 fr., d'accord avec le gouvernement, la commission avait proposé une réduction de 34 millions.

Ainsi, sur les 7 millions ouverts au ministère des travaux publics pour 1840, 3 millions seulement avaient pu être employés avant le 31 décembre et 4 millions devaient être reportés à l'exercice 1841.

Ainsi au ministère de la guerre les calculs avaient été établis sur un accroissement d'effectif en hommes et en chevaux qui n'avait pas été atteint: 27,617,000 fr. étaient restés sans emploi.

A la marine aussi, le personnel embarqué était loin d'avoir atteint les prévisions et 2,732,000 fr. étaient restés disponibles. Cette somme se trouva même accrue de 5,524,000 fr. annulés en vertu d'une loi spéciale du 15 juin et reportés à l'exercice 1841.

Du reste le projet de loi présenté ne donna lieu de la part de la commission à aucune critique. Elle crut devoir néanmoins, au sujet de la nouvelle organisation de l'armée, exposer quelques observations que nous avons à rappeler. Précédemment l'infanterie se composait de 88 régiments à 3 bataillons et la cavalerie de 50 régiments à 5 escadrons. Le nombre des premiers avait été porté à 100 et celui des seconds à 54. Il y avait donc eu là une augmentation de cadres dont la commission avait évalué le personnel à 11,127 hommes et elle s'était demandé s'il n'aurait pas été préférable de créer un bataillon de plus dans chaque régiment de ligne et un escadron de plus dans chaque régiment de cavalerie. Cette création aurait eu l'avantage de n'apporter aucune modification dans l'organisation des corps existants, de ne rien enlever à leur force, à leur discipline, et de limiter la dépense à la formation des cadres des nouveaux bataillons et escadrons au lieu de l'étendre à celle de l'état-major de 16 régiments, sans compter les accessoires qui en seraient la conséquence.

La commission ne fit non plus aucune objection contre l'ouverture du crédit de 920,815 fr. demandé pour solder, à défaut du gouvernement grec, les semestres échus le 1ᵉʳ mars et le 1ᵉʳ septembre 1840 des intérêts et de l'amortissement de l'emprunt négocié le 12 janvier 1833 par ce gouvernement sous la garantie de la France pour un tiers, les payements qui seraient faits par cette dernière devant avoir lieu à titre d'avances à recouvrer sur le gouvernement de la Grèce.

Enfin une disposition du projet de loi, relative aux travaux exécutés avec les ressources du fonds extraordinaire, proposait d'annuler sur les exercices 1838 et 1839 une somme non employée de 12 millions, de la reporter à l'exercice 1840, et de réduire de 17,300,000 fr. les crédits précédemment alloués sur le même exercice. L'article final portait que l'excédent des dépenses du budget de l'exercice 1840 demeurerait provisoirement à la charge de la dette flottante et figurerait parmi les avances du Trésor jusqu'à ce qu'il eût été couvert par les voies et moyens qui y seraient ultérieurement affectés.

Dans le sein de la Chambre, la discussion, qui fut d'ailleurs courte, porta principalement sur des questions de détail. Néanmoins, M. Lepelletier d'Aulnay crut devoir protester contre l'abus qui avait été fait par le précédent cabinet de la faculté d'ouvrir des crédits extraordinaires par ordonnance royale. Sans doute, dit-il, un accroissement provisoire des armements maritimes, une réunion d'un plus grand nombre de soldats sous

les drapeaux étaient des mesures justifiées par les
circonstances. Mais ce que contestait M. Lepelletier d'Aulnay, c'est que des dépenses permanentes
qu'on ne pouvait évaluer à moins de 50 millions
eussent pu être créées par simple ordonnance. Il
y avait là une véritable atteinte aux droits du
pays. Il fut répondu par M. Thiers qu'un effectif de paix de 329,000 hommes était absolument
insuffisant, qu'il plaçait la France dans une situation bien inférieure à ses besoins habituels et à
l'état de l'Europe et que depuis longtemps sa
conviction était formelle à cet égard. Les événements avaient malheureusement confirmé ses
prévisions, et non seulement ni lui ni ses collègues
n'avaient reculé devant la responsabilité de porter à 400,000 hommes l'effectif permanent, mais
ils s'honoraient même d'en avoir pris l'initiative.
Cet effectif n'était que suffisant et il ferait son
possible quant à lui pour qu'il fût maintenu.

Le projet de loi fut voté par 176 voix contre 58
et, porté à la Chambre des pairs, il y fut renvoyé
à l'examen d'une commission qui choisit le comte
d'Argout pour rapporteur. Au sein de cette commission les critiques ne manquèrent pas contre
la régularité des actes du précédent cabinet.
Avait-il eu le droit de créer comme il l'avait fait,
par simple ordonnance royale, douze régiments

d'infanterie, quatre de cavalerie, sept bataillons
de chasseurs à pied, trente-deux batteries d'artillerie à pied, douze compagnies du train des
parcs, quatre compagnies du train des équipages,
et d'accroître ainsi les dépenses permanentes de
l'armée? Ne pouvait-il attendre et hâter même la
réunion des Chambres pour leur soumettre des
propositions à ce sujet et, s'il y avait urgence à
accroître l'effectif, augmenter provisoirement au
moyen de bataillons ou demi-bataillons les forces
de chaque régiment. Les marchés pour achat de
chevaux, cuivres et autres approvisionnements
furent aussi attaqués comme onéreux et M. d'Argout, tout en relevant ces diverses critiques, se
borna à constater que la majorité de la commission avait admis la validité des motifs allégués
par l'ancienne administration pour sa défense et
que la minorité s'était bornée à admettre les crédits.

Dans la discussion qui eut lieu à la Chambre
des pairs, les mesures prises par le précédent
cabinet furent attaquées par M. Mérilhou comme
absolument illégales. Le gouvernement, dit-il, ne
pouvait, en prenant pour prétexte la sûreté de
l'État, engager de sa propre autorité les finances
du pays. C'était là un retour à l'article 14 de
l'ancienne charte, article supprimé par la charte

de 1830, retour qui ne pouvait être trop sévère-
ment blâmé. Sans doute, le gouvernement avait
pour devoir de veiller à la sûreté de l'État ; mais
il n'y avait pas lieu de procéder comme il avait
été fait. Le traité du 15 juillet n'était pas une
déclaration de guerre, néanmoins il avait servi de
prétexte pour faire, en l'absence des Chambres
dont on craignait le mauvais vouloir, des inno-
vations depuis longtemps projetées. M. Mérilhou
concluait en demandant le rejet de la plupart des
crédits proposés. Le même pair critiqua également la façon irrégulière dont avaient été conclus
divers marchés pour achats de chevaux, cuivres
et autres fournitures, et quatre généraux blâmè-
rent aussi la création des nouveaux régiments à
laquelle ils auraient préféré celle de nouveaux
bataillons et escadrons.

Le général Cubières répliqua que le cabinet
dont il avait fait partie avait cru de son devoir de
combiner l'organisation de l'armée en vue de la
guerre, que cette organisation ne pouvait pas
être une demi-mesure et que dès lors s'imposait
pour lui la nécessité de mettre d'urgence le pays
en état de résister à une coalition. En ce qui
concernait la création des nouveaux régiments,
des considérations qui intéressaient au plus haut
point le service de l'infanterie et l'emploi des

bataillons défendaient d'accroître indéfiniment l'effectif des régiments ; dès lors le ministre avait dû donner la préférence au mode d'organisation qui maintenait l'uniformité réglementaire en ce qui concernait le nombre des bataillons. Quant aux marchés pour chevaux, cuivres et autres approvisionnements, ils avaient été passés de la façon la plus régulière. Tous les fournisseurs sans exception avaient dû verser les cautionnements prescrits par les règlements ; plusieurs d'entre eux, faute de ne s'être pas conformés aux conditions exigées, avaient subi des amendes dont le chiffre dépassait 600,000 fr. ; si la quantité de cuivres en magasin dépassait les besoins actuels, la marchandise n'était pas perdue et serait plus tard utilement employée. Le projet de loi fut définitivement voté par 82 voix contre 43. Il nous reste à constater la situation qu'il faisait à l'exercice 1840.

Le budget de cet exercice avait été voté avec un excédent présumé de ressources de 15,852,000 fr., excédent accru de 34,872,000 fr. montant des produits recouvrés au delà des évaluations prévues par la loi de finances, soit un total de 50,724,000 francs. Par contre, diverses lois spéciales avaient ajouté aux dépenses allouées par cette même loi une somme de crédits montant à

76 millions et converti ainsi l'excédent de recettes
en un excédent de charges de 26 millions. A cet
excédent la nouvelle loi ajoutait 20,053,000 fr.
de crédits supplémentaires, 133,343,000 fr. de
crédits extraordinaires, soit un total de
153,396,000 francs. Le découvert de 1840 se
trouvait être ainsi de 179,396,000 fr., soit un
chiffre rond de 179 millions réduit toutefois à 170
millions par suite du report d'une somme non
employée de 9 millions à l'exercice 1841. Nous
avons vu que le ministre des finances, dans son
exposé des motifs, avait au mois de décembre
évalué ce découvert à 244 millions. Mais il n'avait
pu tenir compte alors de l'excédent de recettes
de 34 millions, ni prévoir les réductions de crédit
effectuées par les Chambres jusqu'à concurrence
de pareille somme et c'est ce qui explique la différence entre le chiffre de 244 millions qu'il avait
annoncé comme probable et celui de 179 millions
résultant du vote définitif du Parlement.

Quant aux crédits supplémentaires et extraordinaires de 1841, il ne s'agissait plus ici de
statuer sur la régularité de crédits ouverts par
ordonnance royale dans l'intervalle des sessions :
c'était le projet de loi lui-même qui proposait de
les ouvrir, et la dépense ne pouvait être engagée
qu'après le vote des Chambres. Les crédits sup-

plémentaires demandés par le gouvernement pour 1841 s'élevaient à 27 millions et les crédits extraordinaires à 179 millions, soit une somme totale de 206 millions. La commission chargée de procéder à leur examen proposa de réduire les seconds à 152,081,683 francs. Cette dernière réduction de 27 millions portait principalement sur les services de l'armée. L'effectif de paix armée résultant des mesures prises à la suite du traité du 15 juillet et accepté par les Chambres était de 493,000 hommes et de 112,000 chevaux pour l'armée de terre ; pour l'armée navale de 250 bâtiments montés par 46,000 hommes, de 17,000 hommes de troupes d'infanterie et d'artillerie chargés de la garde et de la défense des ports, des arsenaux, des côtes et des colonies. C'était cet effectif des forces de terre et de mer qui avait servi de base aux demandes de crédits extraordinaires présentées par le gouvernement pour l'exercice 1841. Mais pour l'armée de terre il y avait lieu de prévoir des incomplets considérables en hommes et en chevaux et une économie considérable pouvait être réalisée de ce chef. La commission avait donc été d'avis de réduire à 112,450,000 fr. les crédits concernant le ministère de la guerre. Elle avait admis la totalité de ceux demandés pour la marine, soit 36 millions,

3,878,000 fr. concernant le ministère des travaux publics et enfin 2,400,000 fr. demandés par le ministre des finances pour renforcer le service des douanes sur la ligne des Pyrénées, établir deux nouveaux bateaux à vapeur pour la correspondance avec le Levant et construire des magasins à tabacs.

D'autre part l'excédent des recettes prévues par la loi de finances du 16 juillet 1840 était de 24 millions. Mais cet excédent s'était trouvé réduit à 7,864,000 par suite de crédits ouverts dans la session précédente en dehors de cette loi par des lois spéciales: 15 millions de crédits nouveaux avaient été déjà alloués par d'autres lois spéciales dans le cours de la session actuelle. L'excédent des ressources s'était donc trouvé ainsi converti en un excédent de dépenses de 7 millions et, en y ajoutant la somme de crédits extraordinaires et supplémentaires dont la commission proposait l'adoption, on arrivait pour 1841 à un découvert total de 181 millions. A ce découvert dont le chiffre n'était que provisoire et devait s'accroître du montant des crédits à ouvrir durant le cours de la session, en vertu de lois spéciales, le projet de loi proposait d'affecter la portion non consolidée de la réserve de l'amortissement, soit 104 millions, plus 16 millions restés disponibles sur le produit de la consolidation opérée en vertu de la loi de finances du 16 juillet 1840, et enfin le produit de la négociation de bons du Trésor dont l'émission pour 1841 était autorisée jusqu'à concurrence de 250 millions.

Au début de la discussion dans la Chambre des députés, le duc de Valmy et M. Berryer crurent devoir demander où en étaient les négociations engagées avec les quatre puissances pour amener la rentrée de la France dans le concert européen. M. Guizot refusa non sans raison de répondre à pareille question et le débat s'engagea ensuite sur les divers crédits qui furent tous successivement adoptés tels que les avait proposés la commission. Mais ceux concernant l'Algérie qui s'élevaient à 10,159,904 fr. furent vivement contestés par MM. Desjobert et Piscatory qui de nouveau reproduisirent leurs griefs contre cette possession et firent observer que si une partie de nos forces militaires n'y avait pas été employée, on n'aurait pas eu besoin de recourir pour l'intérieur à des armements aussi considérables et aussi onéreux. Ils ajoutaient qu'en cas de guerre européenne son abandon serait inévitable. Le projet de loi fut adopté par 195 voix contre 57.

A la Chambre des pairs le rapporteur du projet

de loi, M. Charles Dupin, conclut à son adoption
pure et simple. Ces conclusions furent appuyées
par MM. Mounier et d'Alton-Shée, ce dernier
louant le cabinet précédent d'avoir pris les mesures de défense que comportaient les circonstances, M. Mounier félicitant le ministère actuel
de n'avoir pas hésité à accepter le legs onéreux
de ses prédécesseurs. Le projet de loi fut ensuite
adopté par 92 voix contre 5.

Pour en finir avec l'exercice 1841, disons
immédiatement quels furent les crédits dont
vinrent le grever des lois spéciales votées dans
le cours de la session. D'abord 35 millions alloués
par la loi sur les fortifications de Paris, 7 millions
pour l'établissement d'un service direct de
paquebots entre Marseille et Alexandrie et le
surplus, 19 millions, se répartissant en secours
aux réfugiés, augmentation des fonds secrets,
frais de construction aux Invalides du tombeau
de l'empereur Napoléon, pensions militaires,
travaux à l'école normale, des reports de
l'exercice 1840, soit un chiffre total de 61 millions
qui portait par conséquent le découvert de 1841
de 181 millions à 242 millions.

Dans l'état d'isolement où, depuis la convention
du 15 juillet, se trouvait placée la France et, en
présence d'un avenir par conséquent très incer-

tain, le gouvernement n'avait pas pensé qu'il y eût lieu de diminuer en quoi que ce soit, pour 1842, les armements arrêtés pour 1841. D'un autre côté, M. Humann avait cru devoir faire entrer dans les prévisions du nouvel exercice, pour leur chiffre réel, diverses dépenses qui jusqu'alors insuffisamment dotées avaient généralement nécessité l'ouverture de crédits supplémentaires, et il évaluait les besoins ordinaires de l'exercice 1842 à 1,316,592,934 francs. Quant aux revenus calculés sur les bases ordinaires, ils devaient atteindre la somme de 1,161,838,142 fr. d'où une insuffisance de 154,754,792 fr. qui, ajoutée à celles de 1840 et 1841, devait porter la somme des découverts pour les trois exercices 1840, 1841 et 1842 à plus de 550 millions. Le ministre n'était pas d'avis d'y subvenir au moyen d'une création d'impôts ou d'une aggravation des impôts existants. Il se bornait, en ce qui concernait ces derniers, à insérer dans le projet de loi des recettes diverses dispositions ayant pour objet de fortifier le recouvrement de plusieurs d'entre eux et il jugeait préférable d'affecter au solde des découverts les réserves disponibles de l'amortissement, c'est-à-dire celles qui n'avaient pas encore été absorbées en vertu de la loi de 1837 par les travaux publics extraordinaires. Leur chiffre atteignait en ce moment 137 millions, et comme il y avait lieu d'espérer chaque année de ce chef 65 millions, en quelques années les trois découverts se trouveraient ainsi acquittés. En effet, disait le ministre dans son exposé des motifs, les fonds de l'amortissement appartiennent à la dette. Leur destination véritable, spéciale est de libérer l'État, et ils ne pouvaient recevoir un emploi mieux approprié à leur but que d'être appliqués à l'extinction des découverts. En conséquence, le ministre proposait l'insertion dans la loi des recettes de divers articles portant, l'un abrogation de la loi du 17 mai 1837 qui affectait les réserves à la création de travaux publics, l'autre décidant que désormais les fonds de l'amortissement, qui seraient rendus libres par l'élévation du cours des rentes au-dessus du pair, seraient affectés à l'extinction successive des découverts du Trésor public sur les budgets des exercices 1840, 1841 et 1842. Et cependant le gouvernement n'entendait pas renoncer à l'exécution du programme arrêté en 1837 pour les travaux publics, travaux dont la confection devait être une source de richesse pour le pays. Mais comme l'avenir devait surtout en tirer profit, il était juste qu'il participât aux charges et qu'il participât également aux frais de construction des

fortifications de Paris, fortifications qui étaient
une garantie de sécurité pour les générations
futures. M. Humann était donc d'avis que la dépense occasionnée par ces divers travaux devait
être soldée au moyen de l'emprunt, et à cet effet
il avait également inséré dans le projet de loi des
recettes un article portant que le ministre des
finances était autorisé à faire inscrire sur le
grand-livre de la dette publique la somme de
rentes nécessaire pour produire au taux de la
négociation un capital de 450 millions dont une
loi spéciale devait déterminer l'emploi. Toutefois
le ministre, pour des raisons de trésorerie, demandait qu'aucune date ne fût fixée pour cette
négociation et que toute latitude lui fût laissée à
cet égard.

Avant de délibérer sur les propositions du gouvernement, la commission crut devoir interroger
le ministre de la guerre sur la question de savoir
s'il n'y avait pas moyen de diminuer les armements actuels et d'obtenir ainsi une sérieuse économie. Le maréchal Soult et le ministre des
affaires étrangères, M. Guizot, insistèrent sur le
fâcheux effet que produirait à l'extérieur toute
initiative prise à cet égard par les Chambres, en
donnant lieu de supposer qu'il n'y avait pas accord entre elles et le gouvernement sur la poli-

tique de ce dernier. Ils exposèrent qu'il y avait
encore lieu de maintenir à leur chiffre actuel les
armements de la marine et l'effectif de l'armée
de terre, que toutefois le gouvernement avait cru
pouvoir, sans diminuer les forces de l'armée,
envoyer à la réserve 60,000 hommes qu'il serait
facile en cas de besoin de rappeler promple-
ment sous les drapeaux, réduire le nombre des
chevaux de la cavalerie et de l'artillerie et obtenir ainsi une économie de 34 millions. Cette économie fut portée par la commission à 40 millions
au moyen d'autres réductions sur les services de
l'artillerie, du génie et de l'Algérie. Toutefois, elle
crut devoir exprimer des réserves sur l'utilité et
la régularité de la création de nouveaux régiments
en vertu d'une simple ordonnance royale, et à
l'unanimité elle désapprouva une mesure qui,
devant accroître en temps de paix le montant des
dépenses de 45 millions, n'aurait pas dû être
prise sans l'assentiment des Chambres. Plusieurs
membres crurent même devoir demander qu'il
fût inséré dans le projet de loi une disposition
ayant pour objet de prescrire la suppression des
douze nouveaux régiments. Cette proposition fut
rejetée à une seule voix de majorité ; mais il fut
convenu que, dans son rapport, M. Lacave-
Laplagne exprimerait le vœu formel que les

douze régiments fussent supprimés en recommandant l'exécution de ce vœu à la responsabilité du gouvernement et à la sollicitude des futures commissions des finances. Ajoutons que la commission donna sa complète adhésion au système exposé par M. Humann pour l'extinction des découverts au moyen des réserves de l'amortissement et la confection des travaux publics au moyen des ressources de l'emprunt et qu'elle accepta également, sauf quelques rectifications de chiffres, les évaluations proposées des produits. Les dépenses étant fixées

à. 1,275,000,000
et les recettes à. 1,160,000,000

le découvert de 1842 était ramené à. 115,000,000

et l'ensemble des trois découverts à 529 millions.

Dans le sein de la Chambre des députés où la discussion fut ouverte le 3 mai, aucun débat important n'eut lieu sur les budgets de la justice, des cultes, des affaires étrangères, de l'instruction publique, du commerce, des travaux publics, de l'intérieur, dont les divers chapitres furent adoptés tous successivement sans modifications. Mais il n'en fut pas de même pour celui de la guerre. Dès que le budget

de ce département fut mis en délibération,
M. Schauenburg, député du Bas-Rhin, demanda la
parole pour exprimer le regret que la commission
des finances, au lieu de se borner à désapprouver
la création des nouveaux cadres, n'en eût pas
proposé la suppression et il ajouta que son intention était de formuler un amendement dans
ce sens au cas où les explications que donnerait
à ce sujet le ministre de la guerre ne lui paraîtraient pas satisfaisantes. Le maréchal Soult
répliqua immédiatement que la formation des
quatre nouveaux régiments de cavalerie légère
était indispensable, parce que numériquement
cette cavalerie n'était pas en proportion avec la
cavalerie de ligne, que son intention ayant été
depuis longtemps de créer des bataillons de
chasseurs à pied, il ne pouvait par conséquent
qu'approuver leur formation, mais qu'en ce qui
concernait les douze nouveaux régiments d'infanterie, lorsqu'il avait eu à s'occuper des projets d'organisation de l'armée, il n'avait pas voulu
en augmenter le nombre, préférant accroître la
force de chacun d'eux par un quatrième bataillon, qu'en créant ces douze nouveaux régiments
le précédent cabinet s'était probablement déterminé par des considérations qu'il n'était pas à
même quant à lui d'apprécier, mais que l'effectif

de pied de paix armée ayant été porté de 500,000 hommes à 639,000, il ne pouvait que maintenir ce qui avait été fait par son prédécesseur.

Prenant ensuite la parole, M. Dupin déclara qu'il n'entendait pas traiter la question technique à laquelle il était complètement étranger, mais bien la question constitutionnelle, celle de savoir si le gouvernement avait eu le droit par simple ordonnance de créer seize nouveaux régiments. Sans doute, il lui appartenait en cas d'urgence et sans attendre un vote spécial d'appeler sous les drapeaux tous les contingents votés. Mais les Chambres seules avaient le droit d'accroître ce contingent et il avait été illégalement accru par le fait d'ordonnances qui, créant de nouveaux emplois d'officiers et de sous-officiers, désormais propriétaires de grades qu'il n'était pas possible de leur enlever, grevaient le budget d'une dépense nouvelle à laquelle il était impossible de se soustraire. Pour avoir agi comme il l'avait fait, le précédent cabinet méritait donc un blâme sévère. M. Thiers répondit que ce cabinet n'avait fait au contraire qu'user de son droit constitutionnel et remplir le devoir rigoureux que lui imposaient les circonstances. En effet, il pouvait survenir dans l'intervalle des sessions des événements en présence desquels un ministère devait avoir le

courage d'engager sa responsabilité et, s'il en
était autrement, le gouvernement représentatif
deviendrait le plus funeste de tous. Or, ajouta
M. Thiers, accroître l'effectif de l'armée était une
mesure qui s'imposait d'urgence, et ici l'orateur,
par des arguments dans lesquels nous n'avons
pas à le suivre, expliqua les raisons pour lesquelles la préférence avait été donnée à la création de nouveaux régiments. Sur ce point il
rencontra un contradicteur dans M. Passy qui
maintint qu'il était plus facile de supprimer un
bataillon qu'un régiment. D'autre part, M. Billault,
tout en reconnaissant qu'il pouvait survenir des
circonstances dans lesquelles le gouvernement ne
devait pas hésiter à engager sa responsabilité, fit
observer que tel n'était pas ici le cas, puisque les
Chambres étaient sur le point de se réunir lorsque
les mesures si vivement critiquées avaient été
prises. Le débat fut clos par un discours du ministre des travaux publics, M. Teste, qui parlant
au nom du gouvernement, déclara qu'assurément
le cabinet actuel n'aurait pas procédé comme
le précédent, qu'il eût attendu la réunion des
Chambres pour soumettre ses projets à leur sanction et dans tous les cas eût donné la préférence
à la création d'un bataillon par régiment ; mais il
était impossible de revenir sur ce qui avait été

fait sans avoir pourvu au préalable à la situation des officiers qui faisaient partie des nouveaux régiments. C'était là une question de temps subordonnée à l'état des relations de la France avec les autres grandes puissances, et le gouvernement était disposé dans la mesure du possible à donner satisfaction au désir bien manifeste des Chambres. A la suite de ces explications, M. Schauenburg renonça à proposer l'amendement qu'il avait annoncé sur le chapitre 9 (solde et entretien des troupes) et ce chapitre ainsi que les suivants concernant les divisions territoriales de l'intérieur furent adoptés sans autre débat.

S'il nous est permis actuellement d'exprimer notre avis, nous ajouterons que chacun de leur côté, MM. Dupin et Thiers n'avaient ni absolument tort ni absolument raison. En effet, si dans un gouvernement représentatif il appartient constitutionnellement aux Chambres seules de voter le contingent annuel, de l'accroître quand il est besoin, et de créer des dépenses qui doivent grever le budget d'une façon permanente, d'autre part, le chef de ce gouvernement n'étant pas un souverain absolu, libre de prendre à son gré sans avoir à en rendre compte à qui que ce soit toutes mesures qu'il juge nécessaires, il convient que ses ministres responsables envers le pays et les

Chambres puissent, lorsque les circonstances leur paraissent l'exiger, prendre ces mêmes mesures, sur le mérite desquelles les Chambres auront d'ailleurs ultérieurement à statuer. M. Thiers avait pensé que le traité du 15 juillet lui imposait le devoir d'agir et même d'arrêter, sans attendre la réunion du Parlement, des résolutions sur la convenance desquelles étaient divisés les hommes les plus compétents. Sans doute, les événements avaient prouvé que le péril n'était pas aussi imminent qu'il le croyait. Mais il n'est que juste, ce que chacun n'était pas alors disposé à faire, de lui tenir compte du sentiment de patriotisme qui fut son seul mobile au milieu de ces graves conjonctures.

La commission du budget avait proposé sur les services d'Algérie une réduction de 2 millions applicable, 1 million aux fortifications et 1 million aux bâtiments militaires. Le ministre déclara dans le sein de la Chambre accepter la première, et, en ce qui concernait l'autre, s'en rapporter au vote de l'assemblée. A ce sujet, MM. Piscatory, Desjobert, de Tracy et plusieurs autres membres crurent devoir interroger le ministre sur l'utilité de la campagne entreprise en ce moment par le général Bugeaud, et cette campagne une fois terminée sur les projets du gouvernement. Le maréchal Soult se borna à répondre qu'il lui était impossible de donner la moindre explication sur des opérations en cours d'exécution, que ces opérations avaient pour but d'enlever à Abd-el-Kader les moyens de continuer la guerre, qu'il importait en effet, avant tout, d'assurer la pacification du pays, et que, ce résultat obtenu, on serait mieux à même d'examiner et d'arrêter les systèmes d'occupation et de colonisation qui seraient jugés préférables. Les 2 millions furent retranchés. Restaient les deux budgets de la marine et des finances. Le premier était absolument conforme à celui qui venait d'être rectifié pour 1841 et le ministre, l'amiral Duperré, avait vivement insisté auprès de la commission pour qu'il n'y fût introduit aucune modification. La commission avait fait droit à ce désir, et la Chambre fit de même. Quant à celui des finances, il fut ainsi que le projet de loi des dépenses adopté sans changements.

Vint ensuite la discussion des recettes. Si la commission du budget, ainsi que nous avons eu occasion de le dire, avait accepté sans modifications les évaluations de revenu fixées par le gouvernement, et les importantes dispositions financières insérées dans le projet de loi, il n'en avait pas été de même en ce qui concernait les changements à introduire dans la législation fiscale à l'effet de fortifier le recouvrement de l'impôt. Plusieurs des mesures proposées à cet effet avaient été rejetées ou amendées par la commission et, dès le début de la discussion, M. Humann se plaignit vivement de n'avoir pu trouver dans cette circonstance de la part de la commission le concours sur lequel il devait compter. Ce dissentiment ne pouvait que réagir d'une façon fâcheuse sur l'esprit du contribuable toujours disposé à prendre ombrage quand il s'agissait de toucher à un impôt d'une façon quelconque. Ainsi l'article 2 de la loi du 14 juillet 1838 avait prescrit pour être effectuée en 1842 une nouvelle répartition des contributions personnelle, mobilière et des portes et fenêtres. Pour se mettre en mesure de satisfaire aux prescriptions de cette loi le ministre avait dû ordonner le recensement général des propriétés bâties, portes et fenêtres, valeurs locatives et patentes. Personne n'avait encore été frappé d'un rehaussement d'impôt, aucun forcement des cotes individuelles n'avait encore eu lieu et cependant l'inimitié était extrême et les reproches d'exaction et de fiscalité n'étaient pas ménagés au gouvernement. Ainsi encore depuis bien des années toutes les commissions de finances avaient signalé l'impuissance de la loi du timbre comme un mal grave auquel il importait de remédier au plus tôt. Le gouvernement avait donc constitué une commission composée des hommes les plus compétents, devant laquelle avaient comparu les chambres de commerce, de notables négociants, et le projet de loi élaboré par cette commission avait été immédiatement qualifié d'immoral et d'oppressif. Il était donc regrettable à tous égards que la commission du budget se fût refusée à donner son assentiment à des dispositions dont l'objet n'était pas d'aggraver les impôts qu'elles concernaient, mais seulement d'en mieux assurer le recouvrement.

Le rapporteur, M. Rivet, répliqua que les plaintes formulées par le ministre étaient d'autant moins fondées que la commission lui avait donné un témoignage de sa confiance en adoptant sans les contester en tout ou en partie des propositions ayant pour objet de l'investir des moyens d'action les plus étendus pour parer aux difficultés de la situation financière. Mais elle avait dû se prononcer contre des mesures dont l'adoption aurait eu pour conséquence d'atteindre tout à la fois le producteur et le consommateur et d'aggraver la situation déjà si gênée des propriétaires.

Voyons quelles étaient ces mesures.

La loi du 28 avril 1816 avait exempté du droit
de circulation les boissons qu'un propriétaire
faisait transporter de son pressoir ou d'un pressoir public dans ses caves, quel que fût le lieu où
ces dernières étaient situées. La loi du 17 juillet
1819 avait mis une limite à cette immunité en
décidant qu'elle serait restreinte aux transports
qui s'effectueraient dans les limites d'un même
département et hors du département dans les
arrondissements limitrophes de celui où la récolte
aurait été faite. Mais durant le trajet les fraudes
étaient faciles, elles l'étaient d'autant plus que le
trajet était plus long et le chiffre des préjudices
qui en résultaient pour le Trésor était évalué à
760,000 francs. Le ministre avait cru devoir proposer une disposition spéciale aux termes de
laquelle la franchise ne devait être accordée
qu'aux boissons qui, d'un pressoir public ou du
pressoir d'un propriétaire, étaient transportées
aux caves de ce dernier situées dans l'étendue de
la même commune ou d'une commune limitro-
phe. Cette disposition avait trouvé dans le sein
de la commission du budget de nombreux adhé-
rents, soucieux de faire rentrer dans les caisses
du Trésor tout ce qui pouvait lui être dû. Mais la
majorité, non moins soucieuse de ménager le
propriétaire, exposa que souvent les vins étaient

récoltés dans une commune où le propriétaire n'avait ni cave, ni cellier, et que dès lors on ne pouvait le priver de la faculté de les faire transporter dans ceux qu'il possédait au loin et où il était mieux à même de les surveiller, soigner et débiter. Ces raisons prévalurent et l'article présenté par le gouvernement fut rejeté. Toutefois cette même majorité pensa qu'une transaction était possible et elle avait proposé de substituer à la rédaction ministérielle un amendement portant que l'exemption du droit de circulation ne serait accordée que pour les vins, cidres et poirés transportés d'un pressoir public ou privé à la cave ou au cellier du propriétaire dans l'étendue de l'arrondissement où la récolte aurait été faite ou des cantons limitrophes dépendant d'un département voisin.

Cet amendement, combattu par M. Duprat et appuyé au contraire par le rapporteur, M. Rivet, et par M. Ducos, député de la Gironde, qui soutint que dans les circonstances actuelles les raisons fiscales devaient être mises de côté et que les considérations morales et politiques devaient prévaloir, fut adopté par la Chambre après une première épreuve douteuse.

L'article 85 de la loi du 28 avril 1816 avait accordé aux propriétaires vendant eux-mêmes leur récolte en détail une remise proportionnelle de 25 pour 100. Mais ces propriétaires pouvant avoir plusieurs débits tenus soit par eux, soit par leurs domestiques, il en résultait des abus occasionnant au Trésor une perte évaluée à 300,000 francs. M. Humann avait donc inséré dans la loi des recettes une disposition supprimant purement et simplement le privilège concédé par la loi de 1816. Mais cette suppression n'avait pas été acceptée par la commission du budget. Il était en effet certaines contrées, où, lorsque l'année était abondante, tout débouché par la voie commerciale devenait impossible, et la seule ressource était la consommation locale. Si cette consommation était entravée, le vin étant de faible qualité pouvait s'altérer. La commission déterminée par ces considérations avait maintenu le privilège de 25 pour 100 en restreignant à un seul local par commune la faculté pour le propriétaire de débiter lui-même son vin.

Le gouvernement fut ici devant la Chambre plus heureux qu'il ne l'avait été sur la question des transports. M. de Larcy et d'autres députés des contrées viticoles représentèrent vainement la situation déplorable dans laquelle se trouvaient les propriétaires de vignes, qu'en restreignant pour eux la faculté de débiter eux-mêmes leurs

produits on allait leur enlever la possibilité de
tirer le moindre profit de leur récolte. M. Humann
répliqua que les débitants étaient assujettis à
un droit de licence et de patente dont étaient
exempts les propriétaires et qu'il y aurait véritable iniquité à étendre plus loin le privilège
dont jouissaient ces derniers. La Chambre donna
raison à M. Humann, et l'amendement de la
commission fut rejeté, mais à une très faible
majorité, tellement la Chambre redoutait d'augmenter les charges de la propriété foncière.

On était arrivé à la fin de la discussion de la
loi des recettes, et cette loi, ayant été définitivement votée, fut portée immédiatement à la
Chambre des pairs avec celle concernant les
dépenses.

Ni l'une ni l'autre n'y furent l'objet de débats
sérieux, et ayant été appelé à donner quelques
explications sur la situation financière, situation
chargée sans aucun doute, mais qui ne devait inspirer aucune inquiétude, ainsi qu'en témoignaient
le cours élevé des fonds publics et la marche progressive des recettes dont les rentrées pour
l'exercice actuel dépassaient déjà de 20 millions
celles effectuées l'année précédente à pareille
époque, M. Humann profita de cette occasion pour
protester, ainsi qu'il l'avait fait à la tribune de la

Chambre des députés contre les attaques violentes
auxquelles il était en butte dans le public au sujet
du recensement ordonné par une circulaire du
25 février précédent. Ce recensement, fit-il
observer, était indispensable pour établir la con-
sistance de la matière imposable en ce qui concernait les contributions personnelle, mobilière
et des portes et fenêtres, et mettre ainsi le gouvernement à même de proposer en 1842 une
nouvelle répartition de ces taxes ainsi qu'il avait
été prescrit par la loi du 14 juillet 1838. Les
Chambres avaient même alloué les fonds nécessaires pour procéder à l'opération, des instructions précises avaient été données aux agents
chargés de l'exécuter pour leur recommander les
plus grands ménagements vis-à-vis des contribuables. L'inquiétude qui s'était propagée parmi
ces derniers était d'autant moins justifiable qu'il
ne s'agissait pas d'arriver à une augmentation,
mais à une meilleure et plus équitable répartition
du principal des contributions personnelle,
mobilière et des portes et fenêtres. Toutefois, le
recensement fait jusqu'à ce jour dans 9,000
communes avait constaté que 110,000 propriétés bâties et un cinquième au moins des
patentables échappaient à l'impôt. Les uns
comme les autres devraient y être soumis et il

en résulterait un accroissement du principal de
la contribution foncière et de celui des patentes.
Malheureusement, le recensement ordonné par
l'administration des finances avait coïncidé avec
celui de la population fait tous les cinq ans par le
ministère de l'intérieur, et de cette double opération était résulté un malentendu qui avait troublé
les populations et qui, exploité par les mauvaises
passions, avait amené des désordres dans quelques localités. Mais le gouvernement « ne recule-
rait pas devant de pareilles résistances, et fort
du concours des Chambres, il saurait remplir son
devoir et faire respecter son autorité ». Ces
paroles furent accueillies par un assentiment
général, et les deux budgets ayant été ensuite
adoptés l'un et l'autre à une immense majorité,
les dépenses et recettes se trouvèrent ainsi fixées
pour 1842.

Dépenses.

Justice et cultes.	56,636,119
Affaires étrangères. . . .	8,052,291
Instruction publique. . .	16,026,133
Intérieur.	95,865,772
Travaux publics. . . .	53,387,500
Agriculture et commerce. .	12,847,077
A reporter. . . .	242,814,892

Report. . . .	242,814,892
Guerre.	325,802,975
Marine et colonies. . . .	125,607,614
Divers services des finances.	582,112,595
Total des dépenses présumées	1,276,338,076
Total des recettes présumées	1,160,683,142
Soit un excédent de dépenses de.	115,654,934

Restait à voter le projet de loi sur les travaux publics extraordinaires présenté par le ministre des finances à la Chambre des députés dans la séance du 18 janvier. Ce projet avait tout à la fois pour objet d'assurer la confection des travaux entrepris ou à entreprendre en vertu de la loi de 1837 et celle des travaux militaires et maritimes jugés nécessaires pour assurer la défense du territoire et des côtes. L'exposé des motifs était divisé en quatre parties rédigées, la première par le ministre des finances, et les trois autres par le ministre des travaux publics, le ministre de la guerre et le ministre de la marine. Sans doute, disait M. Humann dans le premier, les événements récents avaient démontré la nécessité de mettre la France en meilleur état de défense. Mais les travaux à entreprendre à cet effet ne

devaient en rien entraver l'exécution du programme de 1837, et retarder le bénéfice qu'étaient appelées à en retirer les diverses parties
du territoire. L'ensemble des travaux que comportait le projet de loi devait coûter 530 millions
et cependant le ministre proposait de n'y affecter
pour le moment que le produit de l'emprunt à
négocier, soit 450 millions. Il ne pensait pas en
effet qu'il y eût lieu de demander au crédit une
somme plus considérable, les emprunts ayant
aussi leur limite qu'il était prudent de ne pas
dépasser. D'ailleurs, quant à présent une dotation annuelle de 75 millions pendant six années
était bien suffisante et, en 1848, si le maintien de
la paix avait continué à favoriser le progrès de la
richesse publique, il serait facile de trouver dans
les réserves de l'amortissement devenues disponibles par l'extinction des découverts les moyens
d'achever les entreprises en cours d'exécution.

Le ministre des travaux publics faisait connaître ensuite que l'ensemble des allocations
générales accordées en vertu de la loi de 1837
s'élevait à 421,823,000 fr., que sur le montant
de ces allocations les lois de finances avaient
ouvert 233,654,000 fr. de crédits, que, par conséquent, ceux à ouvrir encore s'élèveraient à
188,269,000 fr., mais que pour tout terminer il

serait indispensable d'ajouter à cette somme 40 millions. De son côté, le ministre de la guerre, s'appuyant sur l'avis des commissions spéciales instituées à cet effet, réclamait 75 millions pour la restauration de diverses places fortes et la construction de quelques autres jugées néces- saires, plus 35 millions pour améliorer et com- pléter le casernement. Enfin, le ministre de la marine demandait une allocation de 52 millions destinée à terminer le port de Cherbourg, à y créer un arsenal, à établir des magasins à Toulon et à faire dans divers ports des travaux qui ne pouvaient sans inconvénients être ajour- nés.

Suivait le projet de loi qui affectait 228,269,000 fr. au ministère des travaux publics, 254 millions au ministère de la guerre, y compris 92 millions pour les fortifications de Paris et 52 millions au ministère de la marine, soit un total d'allocations de 534,269,000 francs. Des crédits étaient ouverts sur l'exercice 1842 jusqu'à concurrence de 75 millions pour l'exécution des travaux auto- risés et l'article final, après avoir décidé que les crédits ouverts annuellement formeraient l'objet d'une section distincte et d'une série spéciale de chapitres dans les trois budgets des travaux pu- blics, de la guerre et de la marine, ajoutait que la portion de ces crédits qui n'aurait pas été employée dans le courant de l'année à laquelle ils avaient été affectés pourrait être réimputée sur l'exercice suivant.

La commission chargée de l'examen de ce projet de loi lui donna en principe, par l'organe de M. Dufaure, son rapporteur, sa complète approbation. Toutefois, après avoir accepté les 228 millions demandés pour le ministère des travaux publics, elle crut devoir réduire de 29 millions celui de 254 millions proposé par le ministre de la guerre, soit parce que plusieurs des travaux projetés ne lui semblaient pas avoir été suffisamment étudiés, soit parce qu'elle avait jugé la confection de quelques autres inutile. Dans le sein de la Chambre, M. Billault insista sur l'imprudence qu'il y aurait, avec une situation financière aussi chargée et en présence d'un avenir aussi incertain, à se lancer dans une pareille entreprise. Il importait d'abord d'acquitter les dettes du passé et, une fois ces dettes payées, on verrait ce que les circonstances permettraient de faire. D'ailleurs, non seulement plusieurs des travaux de défense projetés étaient loin d'être aussi urgents qu'on le prétendait, mais la dépense serait bien supérieure à ce que l'on présumait, car, les fortifications une fois faites, il faudrait pour en tirer parti les armer, et le général Paixhans évaluait les frais d'armement à 230 millions. MM. Duchâtel et Dufaure répliquèrent que le devoir des pouvoirs publics était surtout de se préoccuper des nécessités de l'avenir et d'y pourvoir par avance quand il y avait possibilité de le faire. Les réserves de l'amortissement allaient recevoir l'emploi qui leur était essentiellement propre, et les circonstances donnant lieu d'espérer que le crédit procurerait à des conditions convenables les ressources nécessaires pour effectuer les travaux projetés, il n'y avait pas à hésiter à les demander à l'emprunt. Quant aux réductions proposées par la commission pour le ministère de la guerre, le maréchal Soult déclara ne pas s'y opposer, sous cette réserve, toutefois, que si de nouvelles études démontraient l'opportunité des travaux actuellement écartés, il lui serait loisible de venir par des projets de loi spéciaux en demander l'exécution.

Le projet de loi fut ensuite adopté à la majorité de 220 voix contre 17 et, porté à la Chambre des pairs, il y fut voté après quelques observations de détail présentées par le baron Mounier dans la séance du 21 juin. Trois jours après, le 25, la session était close.

En terminant le récit de cette session, il n'est

que juste de rendre hommage à la sagesse et à l'habileté des combinaisons financières auxquelles eut recours M. Humann et à l'autorité avec laquelle il les fit prévaloir devant les commissions et les Chambres. Une tâche multiple s'imposait alors aux pouvoirs publics : solder les découverts qui pesaient lourdement sur les budgets, continuer des travaux fructueux dont le pays attendait l'achèvement avec impatience, enfin mettre le territoire en état de défense. Les mesures proposées par M. Humann devaient assurer ce triple résultat, sans gêne pour le contribuable, sans autre accroissement de dépenses ordinaires que celui de l'inscription au grand-livre de rentes à négocier, accroissement que devait compenser la diminution de la dette flottante déchargée du poids des découverts. M. Humann, par les services qu'il rendit à cette époque, eut droit à toute la gratitude des hommes soucieux des intérêts et de la grandeur du pays.

CHAPITRE XIV.

SESSION DE 1842.

Dans l'intervalle de la session de 1841 à celle de 1842 la question d'Orient avait été définitivement réglée par une convention, du 13 juillet 1841, à laquelle la France avait apposé sa signature avec

les autres grandes puissances, après avoir obtenu
pour Mehemet-Ali la possession héréditaire de
l'Égypte. Aussi, en ouvrant le 27 décembre suivant
la session de 1842, le roi put-il, dans son discours
aux Chambres, annoncer que cet acte, en consa-
crant la commune intention des puissances de
maintenir la paix de l'Europe, avait déjà permis
au gouvernement français de réduire une partie
des charges imposées l'année précédente au pays
et de préparer le rétablissement de l'équilibre
entre les recettes et les dépenses sans affaiblir
l'organisation militaire et sans retarder les travaux qui devaient accroître la prospérité nationale. Parlant ensuite de l'Algérie où les campagnes
du printemps et de l'automne entreprises par le
général Bugeaud contre Abd-el-Kader avaient été
couronnées de succès, le roi exprimait la confiance que la persévérance des pouvoirs publics
achèverait sur cette terre désormais et à toujours
française l'œuvre de courage de l'armée et que la
France y porterait sa civilisation à la suite de sa
gloire.

Dès que la discussion de l'adresse fut terminée,
la Chambre des députés décida de mettre à son
plus prochain ordre du jour l'examen du projet
de loi portant règlement des comptes de l'exercice
1839, projet de loi dont le rapport avait été dé-

III.   15

posé par M. Duprat dans les derniers jours de la
précédente session. Le rapport avait conclu à
l'approbation pure et simple et aucun débat ne fut
soulevé, ni dans le sein de la Chambre des députés, ni dans celui de la Chambre des pairs. La
loi ainsi adoptée par les deux Chambres fixait les
recettes de 1839 à. 1,195,190,251
les dépenses à. 1,178,690,702

et décidait que l'excédent de recettes. 16,499,549

serait transporté et affecté au budget de l'exercice
1841 pour en accroître les ressources.

Le projet de loi portant approbation et ouverture des crédits supplémentaires et extraordinaires relatifs aux exercices 1841 et 1842 avait
été déposé par le ministre des finances sur le bureau de la Chambre des députés peu de jours
après l'ouverture de la session. En ce qui concernait l'exercice 1841 les crédits ouverts pour services votés étaient de 26,514,000 fr. et ceux pour
dépenses imprévues de 28,916,000 fr., soit un
total de 55,430,000 francs. Mais cette somme était
compensée par des annulations de crédit jusqu'à
concurrence de 28,821,000 fr., applicables pour
la majeure partie aux services de la guerre et
de la marine. Quant aux crédits demandés pour

1842 et dont plusieurs avaient déjà été ouverts par ordonnance royale, entre autres 8,800,000 fr. pour service des intérêts et de l'amortissement de l'emprunt de 150 millions en rente 3 0/0 contracté au mois d'octobre précédent, ils s'élevaient à 13,365,000 fr. et les exercices clos réclamaient de leur côté 1,089,000 fr. pour payement de créances constatées et soldées depuis leur clôture.

La commission à l'examen de laquelle fut renvoyé ce projet de loi eut surtout à se préoccuper de la question d'Algérie. L'effectif mis à la disposition du général Bugeaud avait été porté de 38,000 hommes, chiffre fixé par le budget de 1841, à celui de 70,000 hommes et il en était résulté pour l'exercice un surcroît de dépenses de 9,132,000 francs. Lors de la discussion de l'adresse au roi la Chambre avait décidé d'ajourner tout débat sur l'Algérie jusqu'au jour où elle aurait à statuer sur les crédits supplémentaires et extraordinaires de 1841, et la commission chargée de l'examen de ces crédits avait eu pour devoir et de constater les résultats obtenus et d'exprimer son avis sur les sacrifices qu'il y avait encore à faire. Les résultats obtenus étaient considérables. Abd-el-Kader, tout en résistant encore, avait été refoulé dans le Sud; nous avions repris possession des

territoires contestés et le maréchal Soult, interrogé par la commission sur les projets ultérieurs
du gouvernement et sur l'époque probable à laquelle l'effectif actuel pourrait être réduit, s'était
borné à répondre qu'ainsi qu'il avait été dit dans
le discours de la couronne la résolution du gouvernement était d'occuper définitivement l'Algérie, d'y maintenir dans ce but les forces nécessaires, mais que le mode d'occupation n'était pas
encore arrêté et que, pour se prononcer à ce
sujet, le gouvernement attendait le résultat des
études d'une commission nommée à l'effet d'examiner les divers systèmes proposés. En présence
de cette réponse, la commission des crédits tout
en exprimant un avis favorable à l'occupation
définitive, s'était trouvée dans l'impossibilité de
formuler une opinion sur le meilleur système à
suivre.

Elle eut aussi à se prononcer sur la question
du recensement. La durée de cette opération avait
d'abord été fixée à cinq années et la dépense
totale ayant été évaluée à 350,000 fr., 58,000 fr.
avaient été alloués pour 1841. Mais postérieurement il avait été reconnu préférable de l'exécuter
en une année et au 31 décembre 1841 il ne restait plus que trente-six communes à recenser. La
dépense s'était élevée à 558,000 fr. et un crédit de

500,000 fr. avait été ouvert par ordonnance royale pour combler la différence. La majorité de la commission avait été d'avis de l'allouer sans observation, mais divers membres, sans en proposer le rejet, crurent devoir demander toutefois que dans le rapport fût consigné le regret de ce que le ministre, sans consulter les Chambres, se fût permis de faire en une année une opération dont la durée avait été fixée législativement à cinq. La commission ne fit pas droit à cette demande, mais elle chargea son rapporteur, M. Duprat, d'exprimer le désir que dans la législation sur le recensement fût introduite une disposition, ayant pour objet de réprimer toutes les résistances opposées à l'action régulière de l'administration.

Enfin en proposant l'adoption du crédit demandé pour assurer le service des nouvelles rentes 3 0/0 créées par suite de la négociation de l'emprunt de 150 millions adjugé le 18 octobre précédent au prix de 78,50, c'est-à-dire à un taux de 3,91 0/0 la commission crut devoir féliciter le ministre des finances du succès de son opération et aussi d'avoir donné la préférence à un fonds qui, étant mieux dans les convenances des capitalistes, devait attirer un plus grand nombre de concurrents.

Dans le sein de la Chambre, l'occupation défi-

nitive de l'Algérie ne rencontra d'autre contradicteur que M. Desjobert et la discussion relative
au crédit demandé porta principalement sur les
travaux du port d'Alger dont l'exécution avait
éprouvé des retards par suite du désaccord survenu entre les ingénieurs au sujet de la longueur
et de la direction à donner à la jetée. Il y eut là
une discussion toute technique dont la conclusion
fut l'avis exprimé de toutes parts qu'un travail
aussi important à tous égards pour assurer notre
influence dans la Méditerranée fût terminé le plus
tôt possible.

En ce qui concernait l'emprunt, M. Mauguin
demanda pourquoi après avoir insisté pour être
autorisé à le négocier jusqu'à concurrence de
450 millions le ministre des finances ne l'avait
contracté que pour le tiers de cette somme et
pourquoi aussi il avait donné la préférence au
3 0/0, c'est-à-dire au fonds le plus onéreux pour
l'État et le plus avantageux pour les banquiers.
M. Humann répondit qu'il s'était borné au chiffre
de 150 millions parce que pour le moment cette
somme suffisait aux besoins du Trésor. Quant au
fonds 3 0/0 il lui avait donné la préférence parce
que le rachat devait en être moins onéreux pour le
Trésor que celui des autres fonds, et que, loin
de se plaindre de ce que les banquiers prêteurs

eussent réalisé des bénéfices, il y avait lieu au contraire de s'en féliciter dans l'intérêt du Trésor lui-même, qui, à la longue, payait toujours cher le préjudice éprouvé par les capitalistes avec lesquels il avait traité et ne pouvait que gagner à ce que ces derniers réalisassent le bénéfice sur lequel ils avaient dû compter.

Vint ensuite la question du recensement, au sujet de laquelle les divers membres de la commission, qui s'étaient plaints de la hâte avec laquelle cette opération avait été exécutée, proposèrent d'insérer dans le projet de loi une disposition additionnelle, portant qu'il serait soumis aux Chambres dans la session de 1844 et ensuite de dix années en dix années un nouveau projet de répartition entre les départements, tant de la contribution personnelle et mobilière que de celle des portes et fenêtres.

A cet effet il devait être dressé dans chaque commune par les agents des contributions directes, de concert avec les maires ou leurs délégués, un tableau énonçant le nombre des individus passibles de la contribution personnelle, la valeur locative des habitations et le nombre des portes et fenêtres.

Suivant les auteurs de cette proposition, l'opération telle qu'elle avait été exécutée était abso-

lument défectueuse, d'abord à raison de la rapidité avec laquelle il y avait été procédé et aussi
des résistances qu'elle avait rencontrées. Il était
donc indispensable de la recommencer et, pour
en assurer le succès, d'y associer le défenseur
naturel des intérêts de chaque localité, c'est-à-
dire le maire ou son délégué. M. Lacave-Laplagne,
sans se prononcer sur le mérite de la proposition
déposée, fit observer que ce n'était pas dans une
loi de crédits supplémentaires et extraordinaires
qu'elle devait être insérée, mais bien dans la loi
du budget réglant tout ce qui concernait les recettes et les dépenses de l'État, et que, si la
Chambre jugeait opportun de la discuter, elle
devait en renvoyer au préalable l'examen à la
commission du budget de 1843. M. Humann,
prenant alors la parole, fit observer que la loi de
1838 en ordonnant le recensement n'avait pas
déterminé le délai dans lequel il serait effectué
et que le gouvernement étant tenu, aux termes
de cette loi, d'en présenter les résultats en 1842,
il avait dû se mettre au plus tôt en mesure de se
conformer à cette prescription ; mais que, ni la rapidité avec laquelle avait été menée l'opération, ni
les résistances qu'elle avait rencontrées, n'avaient
nui à sa régularité et que les résultats en étaient
aussi exacts que possible. Il y avait donc com-

plète inutilité à la recommencer. Et d'ailleurs il n'était pas ici question d'une répartition entre les habitants de chaque commune, auquel cas l'intervention du maire pouvait avoir son avantage, mais il s'agissait de constater la matière imposable dans chaque commune pour mettre le législateur, saisi de l'ensemble des résultats, à même de faire une répartition plus équitable par départements. M. Duchâtel, ministre de l'intérieur, ajouta que, partout où les agents des contributions directes, en présence de la résistance et de l'émotion des populations, avaient réclamé l'intervention des maires, cette intervention leur avait été généralement accordée, mais qu'elle avait été impuissante devant les excitations fomentées par l'esprit de parti, seul responsable des troubles qui avaient éclaté. Aussi M. Duchâtel déclara-t-il, au nom du gouvernement, s'opposer énergiquement à l'adoption d'une mesure dont l'objet principal était de lui faire échec. M. Billault, ayant alors demandé, avec l'appui de M. Dupin, que la proposition fût renvoyée à l'examen de la commission du budget et cette motion ayant été rejetée, le projet de loi de crédits fut voté seulement à la majorité de 220 voix contre 143.

Quelques jours après ce vote M. Humann était enlevé par une mort soudaine, attribuée généralement alors aux soucis que lui avait donnés l'affaire du recensement, et remplacé par M. Lacave-Laplagne. Quant à la loi des crédits, portée à la Chambre des pairs, elle y fut l'objet d'un rapport favorable du marquis d'Audiffret. La discussion générale porta tout entière sur la question du droit de visite soulevée par le marquis de Boissy et qui commençait alors à passionner les esprits. Les divers crédits demandés furent ensuite adoptés sans débat, même ceux concernant l'Algérie, et le baron de Brigode ayant demandé si le gouvernement ne se préoccupait pas de recommencer le recensement dans les localités où l'opération avait été défectueuse par suite de la résistance des habitants, M. Lacave-Laplagne répondit que les Chambres seraient prochainement saisies de mesures dont l'adoption permettrait à l'administration de rectifier utilement les opérations partout où elles seraient reconnues incomplètes ou défectueuses. La loi fut ensuite adoptée à la presque unanimité.

Divers autres crédits furent durant la session de 1842 votés par des lois spéciales pour dépenses imprévues ou réservées de cet exercice. Ainsi 4 millions pour réparation de dégâts causés par les débordements du Rhône et des eaux du canal d'Arles à Bouc, 1 million pour dépenses secrètes,

398,000 fr. reportés de l'exercice 1841 pour travaux à la Chambre des pairs, 300,000 fr. pour
l'aménagement du palais du quai d'Orsay affecté
au conseil d'État, 200,000 fr. pour les fêtes de
juillet, etc. L'ensemble de ces divers crédits
s'élevait à la somme de 6,150,000 francs.

La Chambre des députés eut ensuite à s'occuper de l'examen d'un projet de loi dont elle avait
été saisie dans le courant de la session de 1841.
Ce projet avait pour objet le renouvellement du
privilège de la banque de Rouen, privilège qui,
accordé par les ordonnances royales des 7 mai
1817 et 7 juin 1826, prenait fin en 1842 et ne
pouvait, aux termes de la loi du 30 juin 1840,
être prorogé que par une loi spéciale. La commission à l'étude de laquelle ce projet de loi avait
été renvoyé avait déposé son rapport à la fin de
la session de 1841, mais trop tard pour qu'il pût
être discuté avant sa clôture, et, dès l'ouverture
de celle de 1842, M. Barbet, maire de Rouen, avait
demandé qu'il fût mis à l'ordre du jour. Rappelons d'abord que le nombre des banques départementales autorisées était alors de onze, dont
l'une, celle de Dijon, ne fonctionnait pas.

L'article 1er du projet de loi disposait que la
banque de Rouen jouirait jusqu'au 31 décembre
1863, en exécution de la loi du 24 germinal an

XI, du privilège d'émettre des billets de banque
dans cette ville et que ce privilège toutefois pourrait prendre fin le 31 décembre 1855 s'il en était
ainsi ordonné par une loi votée dans l'une des
deux sessions qui précéderaient cette époque. Un
autre article déterminait les modifications qui
seraient introduites dans les statuts. Ainsi, à
raison de l'importance des opérations de la
banque, le fonds social était porté de 2 millions
à 3 millions, et la faculté d'escompter les lettres
de change et autres effets de commerce précédemment limitée à ceux payables à Rouen, Paris
et le Havre, était étendue aux effets payables à
Elbeuf, Darnetal, Yvetot, Bolbec, Fécamp, Dieppe
et Louviers. Cette extension fut vivement combattue par divers membres qui représentèrent
qu'elle serait plutôt onéreuse et périlleuse pour
la banque de Rouen, d'abord à raison des difficultés et frais de recouvrement, puis, aussi, parce
que les membres de son comité d'escompte,
n'ayant pas une connaissance suffisante du personnel commercial de ces diverses localités ris-
queraient de commettre des erreurs dans l'acceptation des effets présentés. Mais il fut répondu
que plusieurs de ces localités étaient pour ainsi
dire des faubourgs de Rouen, en relations incessantes avec cette ville et que l'extension proposée,

justifiée d'ailleurs par les conditions spéciales de la banque de Rouen, faciliterait les rapports commerciaux et fournirait à la banque un nouvel aliment pour son portefeuille sans aucun des risques que pouvait occasionner l'admission du papier hors place. Ces raisons prévalurent et l'extension proposée fut adoptée. Enfin le directeur était précédemment nommé par le conseil d'administration et le projet de loi n'avait introduit à cet égard aucune modification. Mais M. Jacques Lefebvre ayant représenté l'influence que pouvait avoir, au point de vue du crédit public, l'émission plus ou moins grande de billets émis avec l'autorité du gouvernement et insisté sur la nécessité de placer cette émission sous le contrôle d'un agent désigné par lui, il fut décidé que désormais le directeur serait nommé par ordonnance royale, sur la présentation de trois candidats faite par le conseil d'administration et que le directeur ainsi nommé aurait la présidence du conseil. A la Chambre des pairs, sur l'avis de M. d'Argout et d'autres membres compétents, une disposition fut ajoutée au projet de loi déterminant d'une façon précise les attributions du directeur, attributions qui devaient être à peu près celles du gouverneur de la Banque de France. Aux termes de cette disposition nul effet ne pouvait être escompté sans autorisation, nulle délibération du conseil d'administration ne pouvait être exécutée si elle n'était revêtue de sa signature. Il devait en outre diriger les affaires de la banque, présenter à tous les emplois, signer tous traités et conventions et ne pouvait être révoqué que par une ordonnance royale rendue sur la proposition du ministre des finances. Enfin, la Chambre des pairs voulut aussi que l'article 21 de la loi du 22 avril 1806 relatif à la banque de France fût applicable à celle de Rouen. Cet article portait que le conseil d'État connaîtrait, sur le rapport du ministre des finances, des infractions aux lois et règlements qui régissaient la Banque de France ainsi que des contestations relatives à la police et à l'administration intérieures et prononcerait à cet égard sans recours. Le grand avantage de cette disposition était que le gouvernement se trouvait ainsi armé de la faculté de réprimer les abus qui pourraient se produire sans être obligé de recourir à un retrait de privilège ou à la dissolution de la société. Le projet ainsi amendé fut reporté à la Chambre des députés qui l'adopta tel qu'il lui avait été renvoyé et fut promulgué le 5 juin.

Une autre loi, dont nous avons à parler parce qu'elle se rattache par son côté financier au sujet que nous traitons, donna lieu à de longs et laborieux débats. Nous voulons parler de celle concernant l'établissement de grandes lignes de chemins de fer.

Établis primitivement dans un intérêt purement industriel, sur des parcours très restreints, pour le transport des houilles des lieux d'extraction à ceux de consommation, les chemins de fer étaient devenus peu à peu d'un usage plus général, et leur développement s'était rapidement accru aux États-Unis, en Belgique et en Angleterre. Il n'en avait pas été de même en France. Ainsi que nous avons pu le constater, leurs commencements y avaient été très difficiles et l'État avait dû venir en aide, pour les empêcher de sombrer, aux compagnies qui en avaient entrepris la construction et l'exploitation. Il importait cependant de ne pas rester en arrière, d'assurer nos communications avec l'étranger, celles des diverses parties du territoire entre elles, et dans la séance du 7 février 1842, M. Teste, ministre des travaux publics, présenta à la Chambre des députés un projet de loi à l'effet de constituer en France un grand réseau de chemins de fer. Les bases principales de ce projet furent adoptées par la commission chargée d'en faire l'étude et le rapport de M. Dufaure, dans lequel elles étaient exposées et discutées, restera un des documents les plus remarquables de nos annales parlementaires.

L'article 1er concernait le classement. Il décidait qu'il serait établi un réseau de chemins de fer se dirigeant : 1° de Paris sur la frontière de Belgique par Lille et Valenciennes ; sur l'Angleterre par un ou plusieurs points du littoral ; sur la frontière d'Allemagne par Nancy et Strasbourg ; sur la Méditerranée par Lyon, Marseille et Cette ; sur la frontière d'Espagne par Tours, Bordeaux, Bayonne ; sur l'Océan par Tours et Nantes ; sur le centre de la France par Bourges ; 2° de la Méditerranée sur le Rhin par Lyon, Dijon et Mulhouse ; de l'Océan sur la Méditerranée par Bordeaux, Toulouse et Marseille.

L'impuissance de l'industrie privée avait malheureusement été trop démontrée pour qu'il fût possible de lui confier l'exécution d'un pareil réseau, et d'un autre côté le fardeau était trop lourd pour que l'État déjà surchargé pût l'assumer à lui seul. Il avait donc paru au gouvernement et à la commission que le mieux pour arriver à une solution utile était d'associer les deux forces et d'y adjoindre le concours des départements et communes traversés et l'article 2 du projet décidait que l'exécution aurait lieu par le concours de l'État, des départements traversés, des communes intéressées et de l'industrie privée.

L'État payerait le tiers des indemnités de terrains et bâtiments expropriés, plus les terrassements, les ouvrages d'art et les stations. Les deux autres tiers des indemnités seraient soldés sur les fonds départementaux et communaux ; et la voie de fer y compris la fourniture de sable, le matériel d'exploitation, les frais d'entretien et de réparation des chemins resteraient à la charge des compagnies auxquelles l'exploitation des chemins serait donnée à bail.

L'ensemble des travaux à exécuter par l'État était évalué à 475 millions, soit environ la moitié de la dépense totale ; mais, avec les charges qui pesaient sur le Trésor, il était impossible d'entreprendre immédiatement une pareille dépense. Il restait en effet à solder 300 millions de découverts, à confectionner les 500 millions de travaux extraordinaires prescrits par la loi du 25 juin 1841, et à ces 800 millions de dépenses avaient été affectés les réserves de l'amortissement au fur et à mesure qu'elles deviendraient disponibles ainsi que le produit de l'emprunt que le ministre des finances avait été autorisé à négocier jusqu'à concurrence de 450 millions. Comment pourvoir dès lors à une nouvelle dépense extraordinaire de

475 millions. Aussi, tout en arrêtant le programme, le projet de loi en limitait-il l'exécution prochaine aux tronçons les plus urgents : ainsi sur la ligne de Bordeaux à la portion comprise entre Orléans et Tours, sur la ligne de Marseille aux deux tronçons de Dijon à Mâcon et d'Avignon à Marseille, sur la ligne d'Allemagne à celui de Hommarting à Strasbourg, etc., soit environ 2,400 kilomètres évalués pour le compte de l'État à 126 millions. Les travaux devaient être immédiatement commencés et à cet effet le projet de loi allouait deux crédits, l'un de 13 millions sur l'exercice 1842, l'autre de 29,500,000 fr. sur l'exercice 1843. Il décidait en outre qu'il serait pourvu provisoirement aux dépenses mises à la charge de l'État, par la présente loi, avec les ressources de la dette flottante et définitivement au moyen de la consolidation des fonds de réserve de l'amortissement au fur et à mesure qu'ils deviendraient libres par l'extinction des découverts de 1840, 1841 et 1842. Sans doute, ces réserves étaient une ressource certaine qui devait même s'accroître, pourvu que le prix de la rente se maintînt au-dessus du pair ; avec leur aide on pouvait espérer terminer le réseau total en dix ans. Mais des événements ne pouvaient-ils survenir pendant une aussi longue période, qui

modifieraient la situation du crédit public? C'est la question que se posait M. Dufaure à la fin de son rapport, et, dans le doute à cet égard, il voyait une raison puissante pour ne marcher qu'avec prudence et ne pas entreprendre quant à présent, au delà de ce qui était proposé par le projet de loi.

L'article 1er qui fixait le classement et la direction des diverses lignes donna lieu dans la Chambre à de longs et vifs débats que nous n'avons pas à rappeler, et, après son adoption, la délibération commença sur l'article 2 relatif au mode d'exécution. Le système proposé à ce sujet par le gouvernement, c'est-à-dire celui du concours simultané de l'État, de l'industrie privée et des localités intéressées, fut vivement attaqué par M. Benoit Fould qui représenta que, dans la situation financière où se trouvait le Trésor ayant à faire face à 800 millions d'engagements, il y aurait grave imprudence à lui imposer une nouvelle dépense qui dépasserait certainement 475 millions et atteindrait plutôt 600 millions. Il fallait se borner à entreprendre les lignes les plus urgentes et s'adresser à l'industrie privée qui apporterait ses capitaux si on lui en garantissait dans des conditions raisonnables l'intérêt et l'amortissement.

De son côté, M. Berryer soutint l'avantage du système du projet de loi. Réduits chacun à leur propre force, ni l'État, ni l'industrie privée ne pouvaient arriver à un résultat utile. Leur association était donc indispensable. Mais il concluait aussi comme M. Fould à la nécesité, pour avoir le concours de l'industrie privée en ce qui concernait la partie du travail qu'elle aurait à exécuter, de la garantir contre toutes pertes et préjudices.

Le ministre de l'intérieur, M. Duchâtel, répliqua qu'il n'était pas hostile au système de la garantie d'intérêt quand son application pouvait être utile, mais que dans le cas du projet de loi il n'y aurait pas lieu d'y recourir ; qu'en effet l'État prendrait à sa charge la portion des travaux dont le prix était à l'avance difficilement évaluable, tels que les indemnités de terrains, les terrassements, les ouvrages d'art, tandis qu'au contraire la dépense pour ceux qu'auraient à exécuter les compagnies, tels que la voie de fer, l'ensablement, le matériel et les frais d'exploitation, pourrait être calculée d'une façon très approximative. M. Duvergier de Hauranne, sans être partisan du régime proposé, auquel il aurait préféré l'exécution par l'industrie privée, déclara cependant qu'il l'acceptait, mais à la condition qu'il fût bien entendu que les lignes pourraient être concédées à l'industrie privée en totalité ou en partie en vertu de lois spéciales et aux clauses qui seraient alors déterminées. Il proposa dans ce sens une disposition additionnelle qui, acceptée par le gouvernement, fut votée par la Chambre.

Le titre II du projet de loi déterminait les tronçons qui devraient être immédiatement commencés et affectait à leur exécution une somme de 126 millions. Ici intervint un amendement du marquis de Chasseloup-Laubat, appuyé par M. Thiers, qui affectait cette somme à l'établissement d'une ligne unique partant de la frontière belge et se dirigeant par Paris sur la Méditerranée. Sans doute, firent observer les deux orateurs, la situation financière de la France était une des meilleures de l'Europe ; mais cette situation était engagée jusqu'en 1848, et, bien que les fonds français fussent au cours le plus élevé, qu'une guerre ne fût pas de longtemps probable, néanmoins tels événements, pouvant survenir qui précipiteraient les rentes au-dessous du pair, tariraient la ressource des réserves de l'amortissement, nécessiteraient un appel au crédit, que deviendraient alors les travaux entrepris sur une si large échelle? Il était donc à tous égards préférable d'employer les capitaux dont on pouvait prudemment disposer sur une ligne unique qu'on construirait rapidement, au lieu de les disséminer sans avantage sérieux sur les diverses parties du territoire. Nulle ligne n'était plus importante et ne pouvait être plus fructueuse que celle qui, traversant toute la France, en reliait le nord au midi.

Cette proposition fut combattue par M. Duchâtel qui fit observer que, si, pour des entreprises qui intéressaient à un aussi haut degré l'avenir et la prospérité nationale, on ne voulait prévoir que les mauvaises chances sans tenir compte des bonnes, on risquerait de ne rien faire et de rester ainsi en arrière des puissances voisines; que d'ailleurs les dispositions financières du projet de loi n'excédaient pas les limites de la prudence conseillée par les préopinants, qu'elles n'engageaient quant à présent le Trésor que pour une somme restreinte, mais qu'il y aurait grave injustice à affecter cette somme à une seule ligne et à négliger les diverses autres parties du territoire qui avaient non moins de droits à la sollicitude du législateur. Les raisons invoquées par M. Duchâtel prévalurent et le projet de loi fut définitivement adopté par 255 voix contre 83.

A la Chambre des pairs, M. de Gasparin conclut, au nom de la commission chargée de l'examen de ce projet, à son adoption pure et simple. Toutefois le marquis de Barthélemy, qui dans le sein de la commission avait soutenu le système de la ligne unique, vint devant la Chambre exposer la même opinion. M. Lacave-Laplagne, ministre des finances, défendit les propositions du gouvernement et, après un débat où fut de nouveau discutée la question de classement et de direction, le projet de loi fut adopté tel qu'il avait été apporté de la Chambre des députés, à la majorité de 107 voix contre 55, et la loi fut promulguée le 11 juin.

Elle était encore en discussion à la Chambre des Pairs lorsqu'en conformité de l'amendement voté sur la proposition de M. Duvergier de Hauranne, le ministre des travaux publics présenta à la Chambre des députés un projet de loi ayant pour objet d'accepter l'offre faite par MM. Charles Laffitte et Cie d'exécuter à leurs frais, risques et périls, le prolongement jusqu'au Havre du chemin de fer de Paris à Rouen. Un prêt de 10 millions à 3 0/0 d'intérêts, versables par dixièmes et remboursables en quarante années était consenti par l'État à cette compagnie et il lui était en outre accordé à titre de subvention gratuite une somme de 8 millions, à raison de la traversée en souterrain de la ville de Rouen. Il devait être pourvu au payement de ces 18 millions avec les ressources de la dette flottante qui en serait plus tard remboursée elle-même au moyen de la consolidation des réserves de l'amortissement devenues disponibles après l'extinction des découverts des budgets de 1840, 1841 et 1842. Ce projet de loi fut adopté sans débats par les deux Chambres.

La loi du 11 juin 1842 n'a cessé depuis lors d'être appliquée, elle est restée la loi constitutive des chemins de fer. En associant les forces de l'État à celles de l'industrie privée, elle a donné pleine confiance à cette dernière, et c'est à elle que la France doit d'être sillonnée comme elle l'est de voies ferrées.

Le projet de budget de l'exercice 1843 avait été déposé le 17 janvier par M. Humann sur le bureau de la Chambre des députés. Dans l'exposé des motifs, ce ministre rappelait d'abord que, conformément à l'autorisation qui lui avait été donnée par la dernière loi de finances, il avait mis à l'adjudication le 18 octobre précédent un emprunt, mais jusqu'à concurrence de 150 millions seulement, cette somme lui ayant paru suffisante pour subvenir aux besoins actuels. Il avait cru devoir également donner la préférence pour le fonds d'emprunt au 3 0/0 parce que le 5 et le 4 1/2 étaient au-dessous du pair, que le 4 était sur le point d'y arriver, que le 3 1/2 étant

inconnu en France il était difficile de prévoir l'accueil qui lui serait fait, tandis que le 3 0/0 étant
en faveur auprès des capitalistes, il y avait lieu
de prévoir que l'adjudication en serait faite à des
conditions avantageuses : ce qui avait eu lieu en
effet, puisque l'emprunt se trouvait avoir été
contracté au taux de 3,91. Constatant ensuite
qu'au 31 décembre de l'exercice courant le montant des découverts se trouverait ramené au
chiffre de 300 millions, M. Humann faisait
observer que le budget de 1843 aurait à supporter
une partie des charges qui avaient grevé les trois
exercices précédents, entre autres celles de la
guerre et de la marine qui n'avaient pu être
encore ramenées à l'état normal, que bien que la
somme des crédits demandés pour 1843 fût inférieure de 46 millions à ceux votés pour 1842 et
que les recettes de leur côté suivissent une
marche progressive, ces dernières, néanmoins,
ne pouvaient être évaluées à plus de 1,284,000 fr.
tandis que l'ensemble des besoins prévus s'élevait à 1,311,500,000 fr. Il y aurait donc là une
insuffisance de 27 millions qui viendrait s'ajouter
aux découverts antérieurs.

Parlant enfin du recensement, le ministre exprimait le regret que, par suite des résistances
qu'elle avait rencontrées, cette opération ne fût

pas encore terminée. Elle avait eu, cependant, pour résultat de révéler que des propriétés bâties postérieurement à la loi de 1835 avaient échappé à l'impôt foncier jusqu'à concurrence d'une somme de 2,700,000 fr. et qu'elles y seraient désormais soumises. Quant aux contributions personnelle, mobilière et des portes et fenêtres, les éléments d'une nouvelle répartition n'étant pas encore complets, il y avait lieu quant à présent d'ajourner l'exécution de l'article 2 de la loi du 14 juillet 1838.

La commission à laquelle fut renvoyé l'examen du projet de budget de 1843 chargea M. Lacave-Laplagne du rapport sur les dépenses, et M. Félix Réal du rapport sur les recettes. Mais avant le dépôt de son travail, M. Lacave-Laplagne ayant été nommé ministre des finances, ce travail fut présenté par M. Vuitry. La commission, à 2 millions près, accepta toutes les dépenses proposées par le gouvernement, faisant observer toutefois que les prévisions n'étaient pas toutes suffisantes et se plaignant de la nécessité dans laquelle on se trouverait en cours d'exercice d'ouvrir des crédits qui augmenteraient le découvert annoncé par le ministre.

Dans le sein de la Chambre, la discussion générale se borna à quelques observations de

M. Lepelletier d'Aulnay qui, après avoir rappelé la parole dite par l'ambassadeur de Venise au cardinal de Richelieu, « qu'il ne manquait à la France pour être heureuse que de dépenser ses richesses avec discernement », conclut en disant que ce discernement devait surtout consister à faire prévaloir, en ce qui concernait les dépenses, l'intérêt général sur l'intérêt privé par le complet accord des pouvoirs publics à cet égard. La Chambre vota ensuite le budget de la justice dont le chapitre 1er était augmenté d'une somme de 7,500 fr., à raison de l'accroissement de travail imposé à la division du personnel par suite des ordonnances des 28 février et 28 juillet 1841 qui attribuaient au garde des sceaux la nomination des magistrats de l'Algérie et des colonies.

Au budget des cultes, le chapitre 4 portait également une augmentation de 20,000 fr., soit 15,000 fr. pour élever le traitement de l'archevêque de Paris de 25,000 fr., chiffre évidemment insuffisant, à 40,000 fr. et 5,000 fr. pour l'érection en siège archiépiscopal du siège épiscopal de Cambrai. La commission avait émis un avis favorable à l'une et l'autre de ces propositions, en faisant une réserve toutefois sur la seconde. En principe, en effet, aucun évêché ou archevêché ne pouvait être établi que par une loi. Celle du

4 juillet 1821 avait autorisé la création de trente
sièges sans distinguer entre ceux qui seraient
métropolitains ou épiscopaux. La question à cet
égard devait être réglée entre le gouvernement
et la cour de Rome. La commission admettait
donc qu'elle ne l'eût pas encore été pour le siège
de Cambrai, mais il devait demeurer bien entendu
que désormais ce serait en vertu d'une loi seulement que toute création d'un évêché ou archevêché pourrait avoir lieu. Les 20,000 fr. demandés
furent alloués par la Chambre. Elle adopta également, sur la demande de MM. François Delessert et de Chabaud-Latour, au chapitre du personnel des cultes protestants, une augmentation
de 175,000 fr. destinée à améliorer les traitements
des pasteurs. Cette augmentation fut vivement
combattue par le rapporteur, M. Vuitry, qui insista, non sans raison, sur les dangers que présentait, au point de vue de l'équilibre des budgets,
le vote de tout accroissement de dépenses provenant de l'initiative des membres de la Chambre.

La discussion sur le budget des affaires étrangères fut longue et brillante et les principaux
orateurs y prirent part. Elle porta tout entière sur
la question du droit de visite. Nous n'avons donc
pas à en parler, mais à dire seulement que toutes
les allocations demandées furent votées sans

débat. Le budget de l'instruction publique ne donna lieu qu'à des observations de détail sans intérêt et fut également voté tel qu'il avait été proposé.

A l'occasion du chapitre 16 du budget de l'intérieur relatif à la subvention aux théâtres, M. Dugabé rappela que la loi du 5 septembre 1835 avait prescrit au gouvernement de préparer un règlement d'administration publique sur les théâtres et de le présenter ensuite à l'adoption des Chambres sous forme de loi. Le règlement avait bien été fait, mais n'avait pas été converti en loi, et M. Dugabé demanda au gouvernement quelles étaient ses intentions à cet égard. Le ministre répondit que le projet de loi demandé par le préopinant était en voie de préparation, qu'il contiendrait des dispositions relatives à la censure théâtrale, d'autres aussi concernant l'établissement des théâtres, et serait soumis à l'approbation des Chambres dans la session suivante. L'incident n'eut pas d'autre suite.

Le chapitre 35, service départemental, donna lieu à quelques observations très justes de M. Vatout. Il représenta que chaque année les Chambres votaient un nombre considérale de lois dites d'intérêt local dont le résultat était d'augmenter le nombre des centimes départementaux et communaux, qu'il y avait lieu de s'arrêter dans cette voie très onéreuse pour le contribuable et de n'autoriser que les dépenses vraiment utiles. M. Duchâtel reconnut qu'en effet les ressources mises à la disposition des départements et des communes par les lois de 1833, 1836 et 1838 ne suffisaient pas pour acquitter toutes les dépenses qu'elles avaient entreprises en vertu de ces lois, qu'il y avait là une situation à laquelle il importait d'aviser, que le gouvernement s'en préoccupait sérieusement et comptait soumettre à ce sujet des résolutions aux Chambres. M. Génin demanda comme remède immédiat une augmentation du fonds commun. Mais, sur l'avis du ministre des finances, cette proposition fut rejetée et on sait que depuis lors les centimes additionnels ont dépassé le principal.

Le budget du commerce, voté tel qu'il avait été présenté par le gouvernement et accepté par la commission, ne donna lieu à aucun débat que nous ayons à rappeler. Quant à celui des travaux publics, la répartition de fonds de 34,800,000 fr. proposée pour la 2° section, travaux extraordinaires, fut vivement attaquée par divers membres qui prétendirent que plusieurs services auxquels ils s'intéressaient particulièrement étaient insuffisamment dotés. M. Laplagne répliqua que son

prédécesseur, M. Humann, n'avait pas cru devoir
affecter pour 1843 sur le produit de l'emprunt
plus de 75 millions à la dotation des travaux
publics, dont moitié pour le ministère des travaux
publics et moitié pour celui de la guerre. Il ne
pouvait quant à lui que se conformer à la décision
de son regretté prédécesseur, mais, si la situation
le permettait, il proposerait pour 1844 une allocation plus forte qui permettrait alors de faire
droit en partie aux réclamations qui venaient
d'être exprimées. Après ces explications, la
Chambre passa à l'examen du budget de la guerre.

Les demandes du ministre étaient basées sur
un effectif de 344,000 hommes et 84,000 chevaux
au lieu de 433,000 hommes et 97,000 chevaux,
chiffres de 1842, et la dépense était ramenée de
326 millions à 296 millions, soit une différence
en moins de 30 millions.

Au chapitre 4, la commission avait proposé le
rejet d'un crédit de 190,000 fr. demandé par le
ministre pour accorder à tous les officiers en
résidence à Paris le supplément de solde dont
jouissaient ceux de la garnison. L'opposition
de la commission était motivée sur des considérations purement budgétaires; mais le ministre de la guerre et M. Liadières insistèrent
sur l'équité de la mesure proposée; plusieurs

membres auraient même voulu qu'elle fût étendue
à la garnison de Versailles, et le crédit fut voté.

Un débat intéressant eut lieu au sujet du chapitre 13, remontes générales. Le ministre avait
proposé de porter de 550 fr. à 600 fr. le prix du
cheval de cavalerie de ligne, et de 480 fr. à 500 fr.
celui du cheval de cavalerie légère. La commission
n'avait soulevé aucune objection contre cette
mesure propre à encourager l'industrie chevaline
en France. Toutefois elle avait été informée que
plusieurs des juments achetées en 1840 ayant mis
bas à leur arrivée au régiment, les mieux conformés parmi leurs produits avaient été conservés
et étaient élevés dans un dépôt de remonte.
La pensée était alors venue à l'administration de
la guerre qu'il y aurait peut-être économie et
avantage à acheter des poulains et à les mettre
chez des propriétaires de prairies qui, moyennant
un prix déterminé, se chargeraient de la nourriture et du logement des jeunes animaux et des
hommes détachés pour les soigner. Deux marchés
avaient été passés à ce sujet pour 200 chevaux,
l'un dans les Landes, l'autre dans l'Ariège. Quant
aux frais, ils étaient prélevés, pour l'achat sur le
crédit général des remontes, et pour l'entretien
sur celui des fourrages. Ce prélèvement fut jugé
tout à fait irrégulier par la commission du budget

comme ayant été fait non sur des fonds spéciaux alloués à cet effet, mais sur ceux destinés à la remonte et à la nourriture des chevaux de troupe.

La commission n'avait pas jugé d'ailleurs que l'essai fait par l'administration des remontes dût être encouragé, le prix de chaque cheval devant s'élever à 800 ou 900 fr. avant qu'il fût propre au service, sans compter les frais d'entretien des hommes détachés de leur corps pour les soigner. Le ministre de la guerre, appelé dans le sein de la commission, tout en reconnaissant l'irrégularité qui lui était reprochée, avait insisté sur les avantages de l'essai entrepris par son administration, essai qu'il se proposait même de développer si les Chambres l'y autorisaient. En effet, le nombre des chevaux propres à la cavalerie diminuait chaque jour, les éleveurs n'ayant aucun intérêt à garder les produits jusqu'à quatre ou cinq ans et préférant dès lors se livrer à l'élevage des mulets ou des chevaux de trait, d'une défaite prompte et facile.

Du reste, aucune allocation n'était portée au budget pour l'élevage des poulains, et toute réduction étant impossible sur le chapitre de la remonte et sur celui des fourrages, la commission n'avait eu à soumettre aucune résolution à la Chambre et avait dû se borner à lui exposer les faits et à lui

faire connaître son avis. L'élevage des poulains
dans les dépôts de remonte n'eût pour défenseur
que M. de l'Espée. Les autres membres qui prirent part au débat, entre autres M. Tourret, très
compétent dans la matière, en firent une vive
critique. En voulant élever des poulains achetés
à 18 mois ou 2 ans, fit observer ce député, l'administration prenait à sa charge pendant deux ou
trois ans les risques d'accidents, de maladies et de
mortalité très fréquents chez les animaux de cet
âge, le mieux était donc pour la remonte d'acheter
des chevaux faits et de porter le prix d'achat à un
taux plus élevé que celui de 500 et 600 fr., seul
moyen d'encourager les propriétaires à se livrer
à l'industrie de l'élevage. Le maréchal se rendit
de bonne grâce à ces diverses raisons et déclara
que, puisque la majorité de la Chambre était défavorable à l'expérience commencée, il était tout
disposé à y renoncer.

Les crédits demandés pour l'Algérie ne donnèrent lieu à aucun débat, et la Chambre alloua
également celui de 900,000 fr. proposé pour le
port d'Alger. Parmi les projets étudiés à ce sujet,
celui de M. Poirel, celui de M. Rafleneau de Lile
et celui de M. Bernard, le gouvernement avait
définitivement donné la préférence au dernier
qui lui avait paru présenter toutes les conditions

de direction, d'étendue et d'économie désirables.
La commission du budget, qui s'était fait communiquer tous les plans, avait également donné
un avis favorable au système adopté tout en rendant hommage aux travaux consciencieux de
MM. Poirel et Rafleneau de Lile.

La part afférente au ministère de la guerre sur
les ressources de l'emprunt était de 35,700,000
fr., soit 20 millions pour les fortifications de
Paris et le surplus pour divers travaux prévus par
la loi du 25 juin 1841. Des renseignements fournis à la commission du budget sur l'état des
fortifications de Paris, il résultait qu'il y avait
eu économie sérieuse par suite de l'emploi des
troupes à ces travaux, que la discipline n'en
avait nullement souffert et que l'état sanitaire
s'était amélioré. En ce qui concernait la discipline, l'assertion du ministre ne pouvait être
contestée parce que nul ne pouvait avec plus de
compétence donner d'avis à cet égard. En ce qui
concernait l'état sanitaire, les chiffres étaient
également concluants, la moyenne des malades
était descendue de 1 sur 19 hommes à 1 sur 26
et celle des décès de 1 sur 190 à 1 sur 505. Au
point de vue de l'économie, sans doute s'il n'était
question que de la main d'œuvre, il pouvait y
avoir eu avantage, mais la commission demandait

avec juste raison qu'il fût tenu compte des frais de baraquement et de déplacement des troupes, du supplément de solde qu'elles recevaient à raison de leur séjour à Paris, du prix des outils, etc., et alors l'économie, suivant elle, se convertissait en excédent de dépenses. Du reste, la question ne fut pas soulevée dans la Chambre, et, après avoir voté le budget de la guerre, elle passa à l'examen de celui de la marine.

Ce budget était aussi proposé avec d'importantes réductions. Le nombre des bâtiments armés avait été ramené de 225 à 158 et au lieu d'une somme de crédits de 131,600,000 fr. votés pour 1842, il n'était demandé pour 1843 que 94 millions, soit une différence en moins de 37 millions sur les seuls services de la marine. Dans le sein de la commission aussi bien que dans la Chambre, cette diminution des armements rencontra de nombreux opposants, entre autres MM. Lacrosse et Ducos qui représentèrent qu'au milieu des circonstances politiques où se trouvait la France, une pareille diminution de nos forces navales était une grave imprudence et que, si on était surpris par les événements, il était à craindre que notre marine ne se trouvât dans un état d'infériorité regrettable. M. Lacrosse crut devoir même proposer un amendement dont l'objet était d'ajouter 1,240,000 fr. au crédit demandé pour la solde et l'habillement des équipages, à l'effet de permettre au ministre de la marine de mettre en disponibilité de rade tous les vaisseaux et frégates qui ne seraient pas conservés à la mer. Cet amendement fut combattu par le ministre de la marine qui donna les explications les plus rassurantes sur l'état et la composition de la flotte et aussi par M. Laplagne qui insista sur la nécessité, au point de vue financier, de réaliser les économies consenties par son collègue de la marine. Mais appuyé par M. Dufaure et sous l'impression aussi du conflit que pouvait amener la question du droit de visite débattue encore à l'occasion de l'amendement Lacrosse, cet amendement fut adopté. Les autres chapitres de la marine avec ceux des colonies et des dépenses extraordinaires dotées d'un fonds de 4,440.000 fr. furent ensuite votés.

Restait le budget des finances qui fut adopté presque sans débat. Mais nous devons mentionner un conseil très sage donné au gouvernement par la commission du budget relativement aux frais de perception. Elle fit observer que tandis que le principal des contributions directes destiné à pourvoir aux charges de l'État restait stationnaire, chaque année les centimes commu-

naux et départementaux allaient en progressant
et qu'ils s'élevaient même dans certaines localités
à 70 pour 100. Généralement, soit par ignorance,
soit par malveillance, l'opinion publique attribuait
aux Chambres et au gouvernement cet accroissement dont les conseils locaux étaient seuls responsables. Il convenait de ne pas laisser propager
de pareilles erreurs et le meilleur moyen d'y
mettre un terme était d'ajouter aux avertissements individuels adressés aux contribuables un
tableau indiquant pour chaque espèce de contribution et sur une somme de 100 fr., combien il
était attribué aux dépenses générales de l'État,
aux dépenses départementales et aux dépenses
communales. Ce sage avis a été mis postérieurement en pratique.

La loi du 23 mai 1834 disposait par son article 6
que les dépenses relatives à l'occupation de
l'ancienne régence d'Alger formeraient des chapitres spéciaux dans le budget des dépenses et
que ces chapitres seraient réunis en une section
distincte dans le budget de chacun des ministères
auxquels ils appartiendraient. Mais cet article
était d'une application difficile. La cour des
comptes avait souvent signalé les imperfections
de comptabilité qui en résultaient et émis le vœu
que l'on revînt à l'unité du budget de la guerre,

seule forme qui se conciliait avec la fidélité des
justifications et les véritables règles de la comptabilité. De concert avec la commission du budget, le ministre des finances avait donc proposé
de substituer, dans le projet de loi des dépenses,
à cet article de la loi de 1834, une disposition
portant que toutes les dépenses relatives à l'Algérie continueraient à être présentées d'une
manière distincte dans les développements des
budgets et des comptes de chaque exercice; mais
que désormais ces dépenses formeraient des
chapitres spéciaux au budget des dépenses. Un
autre article décidait que l'effectif en hommes et
en chevaux à entretenir en Algérie serait déterminé chaque année par la loi du budget des
dépenses et qu'il ne pourrait être pourvu aux
dépenses résultant de l'accroissement de l'effectif
ainsi fixé qu'au moyen de crédits extraordinaires
à ouvrir ou à régulariser dans les formes et les
délais prescrits par les lois sur la comptabilité
publique. Ces diverses dispositions furent acceptées par la Chambre, qui, après avoir voté l'ensemble de la loi des dépenses, passa à l'examen
du budget des recettes dont le rapport avait été
confié à M. Félix Réal.

Les résultats du recensement étaient trop
incomplets pour servir de base au projet de

répartition nouvelle de la contribution personnelle et mobilière et de celle des portes et fenêtres prescrite par la loi de finances de 1838 pour
1842. Aussi, d'accord avec le ministre des
finances, la commission du budget avait-elle proposé d'insérer dans la loi des recettes un article
portant que la répartition nouvelle serait ajournée
à 1844. Cet article fut accepté par la Chambre.
Toutefois, la commission avait été d'avis que les
documents recueillis, quelque défectueux qu'ils
fussent, devaient être communiqués aux conseils
locaux dont les observations à leur sujet pourraient être consultées utilement pour la répartition définitive, et elle avait rédigé une disposition
ordonnant cette communication. De plus, pour
éviter les résistances que les agents de l'administration des contributions directes avaient rencontrées dans leurs recherches et pour bien constater
les droits du gouvernement à cet égard, elle avait
également inséré dans le projet de loi un autre
article portant que le refus de laisser entrer dans
les habitations ces agents accompagnés ou du
maire ou du commissaire de police ou du juge de
paix serait puni d'une amende de 16 à 100 francs.
Ces deux dispositions avaient été acceptées par
le ministre des finances; mais dans le sein de la
Chambre elles furent vivement combattues par

M. Rivet, qui représenta que la première était absolument inutile, et fit observer, quant à la seconde, que, contenant une sanction pénale, c'était par une loi spéciale et non par une loi de finances qu'elle devait être décrétée. Aussi le gouvernement, qui craignait qu'elles ne soulevassent l'une et l'autre des difficultés à la Chambre des pairs et avait hâte de clore la session, vint-il déclarer par l'organe de M. Laplagne qu'il y renonçait, et toutes les deux furent écartées par la Chambre.

Après divers discours sur l'élévation des tarifs de douane, sur l'abus des octrois et de leurs taxes, et le rejet de divers amendements déposés à ce sujet, le projet de loi des recettes fut définitivement voté au chiffre de 1,281,173,360 fr., y compris la somme de 75 millions provenant de l'emprunt et affectée aux travaux extraordinaires, soit une réduction de 3 millions environ sur les évaluations primitives du gouvernement.

Les dépenses étant fixées à la somme de. 1,318,537,177
et les recettes à celle de. . . 1,281,173,360

il y avait donc un excédent de dépenses de. 37,363,817

excédent que viendraient sans doute ultérieurement accroître, ainsi que MM. Réal et Vuitry le laissaient prévoir dans leurs rapports, des crédits supplémentaires et extraordinaires.

Enfin un article spécial de la loi des recettes disposait que l'insuffisance de ressources, que présenterait le budget de 1843 en règlement définitif, serait réunie au compte prescrit par l'article 36 de la loi du 25 juin 1841 pour les découverts des exercices 1840, 1841 et 1842, et que les moyens d'extinction déterminés par cette loi, c'est-à-dire les réserves de l'amortissement, leur seraient applicables.

Les deux projets de loi portés à la Chambre des pairs y furent l'objet de rapports favorables mais très brefs du baron Mounier et du président de Gascq, et après une courte discussion furent adoptés à une immense majorité.

Le budget de 1843 se trouva arrêté de la façon suivante :

Dépenses.

Justice et cultes.	57,879,419
Affaires étrangères. . . .	8,453,291
Instruction publique. . .	16,493,233
Intérieur.	97,771,907
Agriculture et commerce. .	13,055,507
A reporter. . .	193,653,357

Report. . . .	193,653,357
Travaux publics.	88,230,900
Guerre.	330,580,792
Marine et colonies. . . .	106,905,876
Finances.	599,166,252
Total des dépenses. . . .	1,318,537,177
Recettes.	1,281,173,360
soit un excédent de dépenses de	37,363,817

Nous avons dit quelques lignes plus haut que le gouvernement avait hâte de clore la session. En effet, la Chambre des députés élue en février 1839 avait fait quatre sessions, voté quatre budgets, et elle était arrivée au terme de son mandat. Il importait que celle qui lui succéderait fut constituée le plus tôt possible et trois ordonnances en date des 11 et 12 juin prononcèrent la clôture de la session de 1842, la dissolution de la Chambre des députés, et la convocation des collèges électoraux pour le 9 et le 12 juillet suivant et la réunion des Chambres pour le 3 août.

Mais dans l'intervalle survint un événement à tout jamais regrettable, la mort du duc d'Orléans, qui dut hâter cette réunion. Elle fut fixée au 26 juillet. Après avoir vérifié les pouvoirs de ses membres la nouvelle Chambre fut saisie d'un

projet de loi sur la régence et cette loi successivement votée dans les deux assemblées fut promulguée le 30 août. Les Chambres se séparèrent
ensuite jusqu'au mois de janvier.

CHAPITRE XV.

SESSION DE 1843.

Comptes de 1840. — Crédits extraordinaires et supplémentaires de 1842-1843. — Crédits de l'Algérie pour 1843. — Crédit pour l'Océanie. — Loi sur les sucres. — Construction du tombeau de Napoléon. — Prêt à la compagnie des chemins de fer de Paris à Rouen. — Établissement des chemins de fer de Marseille à Avignon. — Projet de loi relatif à l'exploitation du chemin de fer d'Orléans à Tours. — Projet de loi relatif à la refonte des monnaies de cuivre. — Projet de loi concernant une demande de secours pour les établissements français de l'Inde. — Acquisition du Palais-Bourbon. — Affranchissement de tous droits des esprits impropres à la consommation. — Emprunt grec ; soulèvement à Athènes. — Projet de budget de 1844. — Discussion du budget des dépenses. — Discussion du budget des recettes. — Le droit de visite. — La reine d'Angleterre à Eu. — Progrès de la conquête en Algérie ; prise de la Smala.

En ouvrant, le 9 janvier, la session de 1843, le roi, dans son discours aux Chambres, n'eut à signaler d'autres faits essentiels que l'occupation en Océanie des îles Marquises, dont la possession dans ces parages lointains devait être un refuge et un appui pour nos navigateurs, la consolidation en Algérie de l'autorité française et la présentation de diverses lois destinées à apporter dans la législation et l'administration des améliorations importantes.

Le lendemain même, 10 janvier, M. Lacave-Laplagne déposait sur le bureau de la Chambre des députés trois projets de loi, le premier portant règlement des comptes de l'exercice 1840, le second concernant les crédits supplémentaires des exercices 1842 et 1843, le troisième concernant le budget de 1844 ; et de son côté le ministre du commerce proposait un projet de loi relatif aux sucres.

Les dépenses de l'exercice 1840, par suite des armements qu'avait occasionnés le traité du 15 juillet, avaient de beaucoup dépassé les prévisions primitives (1,099,913,000 fr.) et, à la clôture de cet exercice, les payements effectués s'élevaient à. 1,363,711,000
tandis que les recettes réalisées
ne dépassaient pas. 1,225,706,000

soit une insuffisance de ressources de. 138,005,000

à laquelle il devait être pourvu, aux termes de la

loi du 25 juin 1841, au moyen des ressources de l'amortissement. En constatant ces résultats, la commission chargée de l'examen du projet de loi de règlement des comptes n'avait eu qu'à reconnaître leur régularité. Mais, rappelant que plusieurs commissions de finances avaient, à diverses reprises, insisté sur la nécessité de l'établissement d'une comptabilité soumise à un contrôle indépendant, elle avait, par l'organe de son rapporteur, M. Etienne, inséré une disposition additionnelle à ce sujet dans le projet de loi et après accord établi entre elle et le gouvernement, cette disposition avait été rédigée de la façon suivante: « Les comptes matières seront soumis au contrôle de la cour des comptes ; une ordonnance royale, rendue dans la forme des règlements d'administration publique, exécutoire à partir du 1er janvier 1845, déterminera la nature et le mode de ce contrôle et réglera les formes de comptabilité des matières appartenant à l'État dans toutes les parties des services publics. »

A la Chambre des pairs, l'insertion de cette disposition fut vivement approuvée par M. d'Audiffred, rapporteur, et le projet de loi fut adopté sans discussion.

L'un des projets de loi présenté par le ministre des finances avait pour objet l'homologation des crédits supplémentaires et extraordinaires ouverts dans l'intervalle des sessions 1842, 1843, par ordonnances royales, pour subvenir à des besoins imprévus concernant ces deux exercices. La somme de ces divers crédits, pour l'année 1842, s'élevait à 65,948,000 fr., ramenée à 43,815,000 francs par une annulation de 22,133,000 francs d'autres crédits précédemment accordés par la loi du 25 juin 1841 ou des lois spéciales, et pour 1843 à 5,542,000 fr., déduction faite d'une annulation de crédit de 1 million. L'ouverture de ces divers crédits était justifiée par la nécessité de subvenir aux dépenses qu'ils concernaient, mais en donnant un avis favorable à leur homologation, après avoir modifié avec le consentement des ministres et dans une très faible mesure le projet du gouvernement la commission chargée de procéder à leur examen crut devoir faire observer cependant que la plupart de ces dépenses eussent pu être prévues au budget primitif, qu'ainsi, en ce qui concernait l'Algérie, l'effectif n'avait été fixé qu'à 38,000 hommes, tandis qu'à l'époque où cette fixation avait eu lieu, il ne faisait pas doute que cet effectif serait en réalité beaucoup plus élevé et dépasserait 76,000 hommes, que les frais de recouvrement de l'impôt n'avaient pas non plus été portés à leur taux réel, et le rapporteur,

M. Duprat, insistait pour qu'à l'avenir les propositions budgétaires se rapprochassent autant que possible de la vérité, que les commissions du budget se montrassent sévères à cet égard, et aussi pour que le ministre des finances n'admît, de la part de ses collègues, que les crédits motivés par des circonstances impérieuses.

La discussion ne porta que sur des questions de détail qu'il est sans intérêt de rappeler et, après avoir été adopté, le projet de loi fut porté à la Chambre des pairs.

Mais depuis l'ouverture de la session le gouvernement avait déposé plusieurs projets de loi portant ouverture, pour 1843, de divers crédits dépassant 30 millions, et, dans son rapport, le comte Beugnot, insistant sur ce fait, crut devoir rappeler aussi les considérations développées dans le rapport de M. Duprat. L'article 4 de la loi de finances du 24 avril 1833, fit-il observer, avait décidé que les ordonnances royales qui, en l'absence des Chambres, ouvriraient des crédits aux ministres, ne seraient exécutoires pour le ministre des finances qu'autant qu'elles auraient été rendues en conseil des ministres. Or, par le fait, cette prescription était restée lettre morte. Les abus qu'elle avait pour objet de prévenir existaient toujours et la commission engageait le

III. 18

ministre des finances à exercer sur les propositions de ses collègues un contrôle à la fois efficace et salutaire. Après les dissertations d'usage
de MM. de Boissy et Dubouchage, le projet de loi
fut adopté à la presque unanimité.

Parmi les demandes de crédits présentées à la
Chambre des députés depuis l'ouverture de la session dans des lois spéciales, pour les services de
1843, s'en trouvait une de 29,233,000 fr. concernant les divers services de l'Algérie. Ce chiffre
n'était inférieur que de 1 million à celui qui venait
d'être accordé pour 1842, et la raison de l'un et
de l'autre, c'est que pour 1843 aussi bien que
pour 1842, le chiffre de l'effectif prévu aux budgets primitifs était de 38,000 hommes et 12,000
chevaux, tandis qu'il avait été indispensable de
le maintenir à 75,000 hommes et 14,500 chevaux.
En effet, observait le maréchal Soult dans son
exposé des motifs, le tout n'était pas de vaincre
et de conquérir, mais il importait de consolider
la conquête et les mêmes forces étaient nécessaires à ce double point de vue. Sur les
29,233,000 fr. demandés, 19,800,000 fr. s'appliquaient à l'entretien de l'effectif, 3,800,000 fr. à
l'augmentation des corps indigènes irréguliers,
qu'on voulait porter de 6,800 hommes à 10,000
et le surplus se répartissait entre diverses dé-

penses telles que travaux de routes, de ports, de colonisation et de casernement. Mais les 29,233,000 fr. de crédits demandés étaient compensés par l'annulation, jusqu'à concurrence de 9,923,000 fr., sur les services de l'intérieur, de pareille somme représentant les frais de solde et d'entretien en France de 22,000 hommes et 1,400 chevaux dont se composaient, sur le pied de paix, les corps ou portions de corps ajoutés à l'effectif de l'Algérie et qui figuraient primitivement dans les prévisions de l'intérieur. La charge générale du budget ne se trouvait ainsi accrue que de 19,310,000 francs.

Dans un rapport absolument favorable à la consolidation de l'occupation française en Algérie, occupation limitée toutefois à la zone maritime nécessaire pour la sûreté de notre marine et de notre commerce et à une zone militaire sur divers points de laquelle seraient réparties nos forces, tout en reconnaissant aussi que l'entretien de corps indigènes était plus cher que celui de troupes françaises, la commission avait cru devoir accepter l'augmentation d'effectif proposée à cet égard, parce que, en employant les indigènes dans les rangs de notre armée, non seulement on les attachait aux intérêts de la France, mais on les empêchait aussi de servir contre elle. D'ailleurs, habitués au climat, les indigènes pourraient être utilement placés dans des postes où il serait dangereux de mettre des soldats français. La commission avait donc conclu, par l'organe de son rapporteur, M. Duprat, à l'adoption du projet présenté, sauf toutefois en ce qui concernait les ports de Stora et de Cherchell, dont les devis lui parurent insuffisamment étudiés. La dépense se trouvait réduite de 550,000 fr. environ. Quant aux annulations proposées, elle les avait toutes acceptées.

Il avait été convenu que les diverses questions concernant l'Algérie seraient débattues seulement lors de la discussion du projet de loi spécial sur les crédits de 1843, et, en effet, durant trois séances, chacun, sans contester l'utilité des crédits demandés, vint exposer ses vues sur les opérations du général Bugeaud, sur les inconvénients d'une occupation trop restreinte ou trop étendue, sur les avantages d'une colonisation militaire, sur la nécessité de terminer au plus tôt le port d'Alger. Aussi le ministre de la guerre ayant demandé que, sur la somme dont la commission proposait la réduction, 300,000 fr. fussent repris pour être affectés à ces travaux, cette proposition fut acceptée et le projet de loi fut ensuite voté au chiffre de 29,062,208 fr. par 181 voix contre 70 voix.

A la Chambre des pairs, sur un rapport favorable de M. de Gabriac et après un discours de M. Charles Dupin, qui se plaignit de ce que les produits étrangers étaient bien plus en usage en Algérie que les produits français et demanda, en faveur de ces derniers, l'établissement d'un droit protecteur, le projet de loi fut adopté sans autre débat, à la presque unanimité.

Nous devons parler aussi d'un crédit demandé par le ministre de la marine, dans un projet de loi spécial, et concernant l'Océanie. Lors de l'ouverture de la session, le discours de la couronne avait annoncé la prise de possession, dans l'Océan pacifique, des îles Marquises, et depuis lors le protectorat des îles voisines de la Société avait été offert à la France et accepté par le contre-amiral commandant les forces françaises en Océanie. Sur un parcours de 4,000 lieues, nos vaisseaux de guerre ne rencontraient jusqu'alors aucun point assuré pour se ravitailler ou réparer leurs avaries, et nos bâtiments baleiniers et de commerce aucun lieu de refuge ou de secours contre les exactions des habitants de ces parages. Mais l'occupation et la protection, pour être effectives, devaient s'appuyer sur une force militaire ; 1,200 hommes avaient paru nécessaires à cet effet et un crédit de 5,987,000 fr. avait été demandé, par un projet de loi spécial, pour l'exercice 1843. Le rapporteur de la commission, à l'examen de laquelle avait été soumis ce projet de loi, l'amiral Leroy, après un historique sommaire de la question montrant l'utilité des faits accomplis et l'opportunité des mesures proposées, avait conclu à l'allocation du crédit demandé. Ces conclusions furent combattues par MM. de Lasteyrie, Aylies et autres membres qui représentèrent les inconvénients de ces établissements lointains, lesquels, très onéreux et inutiles, devenaient souvent l'occasion d'embarras sérieux. Mais, d'autre part, elles eurent pour défenseurs MM. de Chasseloup-Laubat, Lacrosse et Mauguin, qui insistèrent sur leur utilité comme points de ravitaillement pour notre marine militaire et à raison aussi de la protection et du concours qu'en cas de besoin y trouverait notre marine marchande. M. Billault exprima la crainte que, de cette occupation, il ne résultât des complications politiques fâcheuses. Il aurait de beaucoup préféré que le crédit demandé fût employé à améliorer notre matériel naval et à augmenter le personnel de la flotte. Dans une éloquente réplique, M. Guizot insista sur les intérêts commerciaux engagés dans la question. Ces intérêts étaient sérieux, et la Russie, l'Angleterre, n'avaient pas hésité, pour donner sécurité à leur commerce dans ces parages, à y établir des stations navales. La France ne pouvait faire moins que ces puissances. Partout sur le globe, partout où de grands foyers d'activité commerciale et de civilisation s'établissaient, elle devait avoir des stations de ce genre, n'ayant rien d'offensif, ne créant aucun intérêt agressif ou belliqueux, mais seulement des intérêts pacifiques et de protection. Ainsi limitées, ces stations ne pourraient entraîner dans aucune conquête, dans aucune guerre, et une pareille politique était d'accord avec la politique générale de la France, avec sa situation, avec son degré de force et d'importance dans l'ordre maritime. M. Billault proposa alors de réduire de 1,200 à 700 le nombre d'hommes à envoyer en Océanie. Mais M. Guizot s'opposa à cette réduction, en faisant observer qu'elle était puérile dans le cas actuel, et que si la Chambre était hostile à l'établissement projeté, le rejet du projet de loi serait préférable. Seulement il fit observer que le crédit proposé pourrait être réduit du montant des frais d'entretien à terre des 1,200 hommes qui allaient être envoyés aux îles Marquises et de Taïti et le crédit réduit ainsi à 5,490,000 fr. fut adopté par 220 voix contre 140.

A la Chambre des pairs, le projet de loi fut voté

sans débat, sur un rapport favorable de M. Charles Dupin et après de courtes explications données par M. Guizot.

Pour ne plus avoir à parler des crédits extra-ordinaires de 1843, nous allons en dire le chiffre et l'objet.

Secours pour la colonie de la Gua-deloupe.	2,500,000
Complément des dépenses secrètes.	1,000,000
Augmentation de l'effectif de la gendarmerie.	537,000
Secours généraux aux hospices, institutions de bienfaisance. . .	200,000
Transformation des armes à silex en armes à percussion. . . .	1,764,000
Établissement d'une École des arts et métiers à Aix.	96,000
Pensions militaires.	450,000
Achèvement du Palais de France à Constantinople..	700,000
Anniversaire des journées de Juillet.	200,000
Publication des œuvres scientifiques de Fermat.	15,000
Achèvement et réparations d'édi-fices publics.	564,000
A reporter.	8,026,000

Report.	8,026,000
Acquisition de l'hôtel Cluny et de la collection du Sommerard.. .	590,000
Reconstruction de la maison centrale de Beaulieu.	360,000
Reconstruction de divers ponts. .	1,000,000
Total[1].	9,976,000

En ajoutant à cette somme les diverses dépenses allouées par le projet de loi collectif et ceux sur l'Algérie et l'Océanie, soit. 30,171.000

on arrivait à un total de crédits supplémentaires ou extraordinaires de 40,147,000

à solder au moyen des ressources ordinaires affectées à l'exercice 1843 par la loi du 11 juin 1842.

Ajoutons qu'il fut en outre alloué au ministre des travaux publics un crédit de 20,800,000 fr. pour travaux extraordinaires portés à la deuxième section de son budget et payables au moyen des ressources spéciales créées par l'article 35 de la loi des recettes de l'exercice 1842, c'est-à-dire le produit de l'emprunt plus une somme de 4 millions

---

1. Déduction non faite des annulations de crédit s'élevant à 10,923,000 francs.

pour le service du prêt consenti à la compagnie
du chemin de fer de Paris à Rouen, payable sur
les mêmes ressources.

Nous avons vu qu'en même temps que le ministre des finances déposait sur le bureau de la
Chambre des députés les lois de finances, le ministre du commerce en présentait une sur les
sucres.

La loi du 3 juillet 1843 n'avait pas donné les
résultats qu'en avaient espéré ses auteurs. Malgré
l'accroissement considérable de l'impôt qui frappait la sucrerie indigène et aurait dû en restreindre la production, cette production s'était
relevée de 22,749,000 kilogrammes, chiffre de
1839, à 26,900,000 kilogrammes pour la campagne 1840-1841, à 31,200,000 kilogrammes
pour celle de 1841-1842, et devait atteindre pour
la campagne 1842-1843, 40 millions de kilogrammes. En y ajoutant les 10 millions de kilogrammes extraits des fécules et autres matières,
la totalité des sucres fabriqués en France en 1843
devait être de 50 millions de kilogrammes. De
leur côté les colonies, appauvries par l'avilisse-
ment graduel des prix, avaient cherché un
dédommagement dans une extension de la culture de la canne, espérant tuer ainsi l'industrie
indigène, et elles avaient porté le chiffre de leur

fabrication à 90 millions de kilogrammes : 140 millions de kilogrammes se trouvaient donc ainsi jetés sur un marché dont les besoins n'excédaient pas 120 millions de kilogrammes. Aussi les sucres coloniaux, rendus au Havre, n'y trouvaient marchand que pour 112 fr. les 100 kilogrammes. A ce taux, déduction faite des frais et droits, la somme perçue par le colon ne dépassait pas 32 fr., alors qu'elle eut dû atteindre au moins à 47 fr. pour couvrir les dépenses du producteur. Il n'était donc pas possible que, dans de pareilles conditions, pût vivre une culture qui était la seule ressource de nos colonies et un puissant moyen d'alimentation pour notre commerce maritime et notre navigation marchande. Pour conjurer le mal, le gouvernement ne vit d'autre remède que la suppression de l'industrie sucrière en France, moyennant une indemnité évaluée à 40 millions et payable en cinq années aux fabricants de sucre de betterave. Un projet de loi fut donc présenté à la Chambre des députés, interdisant la fabrication des sucres indigènes et fixant le mode de répartition de l'indemnité.

Mais la commission chargée de l'examen de ce projet n'en adopta nullement les dispositions. Son rapporteur, M. Gauthier de Rumilly, fit observer en son nom que la suppression d'une

industrie qui pouvait chaque année créer un mouvement considérable de circulation dans le pays
et procurait du travail à un grand nombre d'ouvriers, était aussi contraire aux principes de la
liberté industrielle proclamés en France depuis
un demi-siècle que funeste pour les intérêts présents, pour les éventualités de l'avenir; que la
culture de la betterave avait fait faire à l'agriculture des progrès considérables, et que d'ailleurs
telles circonstances pourraient encore survenir
dans lesquelles il y aurait lieu de regretter que
l'industrie sucrière eût été supprimée en France.
D'autre part, en admettant que cette suppression
fût prononcée, ce ne seraient pas nos colonies
qui seraient appelées à en profiter : elles ne pouvaient produire de quoi suffire à tous les besoins
de la métropole, et alors ce serait le sucre étranger qui devrait suppléer à la différence. Il y avait
donc lieu de chercher à concilier les deux intérêts, et ce moyen était de frapper le sucre indigène d'un supplément de droit qui varierait annuellement, suivant les produits de la récolte. La
commission avait donc proposé de substituer au
projet ministériel un autre projet aux termes
duquel : 1° le droit de fabrication sur le sucre indigène établi par la loi du 18 juillet 1837 serait
fixé chaque année par ordonnance royale rendue

au mois d'août ; 2° le droit à percevoir devait être déterminé d'après la quantité de sucre indigène dont la fabrication aurait été constatée pendant la campagne close au 31 juillet; 3° le droit fixé actuellement à 25 fr. pour le premier type serait porté à 30 fr. quand la quantité constatée de sucre indigène aurait dépassé 30 millions de kilogrammes, et ce droit s'élèverait de 5 fr. pour chaque accroissement de 5 millions de kilogrammes dans la fabrication jusqu'à la limite de 45 fr., taux égal à celui du droit imposé à l'importation des sucres coloniaux; 4° la décroissance de la production devait donner lieu à une diminution correspondante dans le droit, de 5 fr. pour 5 millions de kilogrammes, jusqu'au minimum de 30 francs.

La discussion générale fut longue et animée ; tous les intérêts que soulevait la question, intérêts économiques, agricoles, maritimes, coloniaux, commerciaux, y furent, soit au point de vue du maintien de la sucrerie indigène, soit au point de vue de sa suppression, débattus par divers orateurs, entre autres M. Lestiboudois, député du Nord, M. Ducos, député de Bordeaux, M. Berryer, M. de Lamartine qui, rappelant que la fabrique du sucre de betterave était née d'une décret impérial, déclara qu'il ne s'oppo-

serait pas à sa mort, si elle devait être naturelle et
le résultat de la concurrence, mais qu'il ne s'associerait jamais à son meurtre légal. M. Stourm
cita aussi l'opinion de Montesquieu, prétendant
qu'un tribut accidentel n'était pas une richesse
pour un pays et que le roi d'Espagne serait bien
plus riche et plus puissant si son Trésor, au lieu
d'être alimenté par la douane de Cadix, l'était par
les produits de la culture et de l'industrie indigènes. De son côté, le ministre du commerce
soutint le système présenté par le gouvernement
en ajoutant aux diverses raisons énoncées dans
l'exposé des motifs des considérations financières
importantes. Ainsi, dit-il, il était certain que,
malgré la surveillance exercée sur les fabriques
indigènes une portion notable de leurs produits
échappait par la fraude à l'impôt. La perte pouvait être évaluée, sans exagération, de 15 à 20
millions, tandis que pas une parcelle du sucre
colonial ou étranger ne pouvait s'y soustraire.
Quant au système de la commission, faisait observer le ministre, il avait ce grave inconvénient
que le Trésor perdrait davantage au fur et à
mesure que la production indigène grandirait,
parce que, en même temps, elle refoulerait au
dehors une portion plus forte du sucre colonial
qui intégralement acquittait un droit supérieur.

La discussion générale une fois fermée, vint la série des amendements. Le premier, proposé par M. Mauguin, qui réduisait immédiatement la taxe sur le sucre colonial au même taux que celle qui frappait le sucre indigène, ne fut ni appuyé ni accepté par la Chambre. Le second, présenté par M. Garnier-Pagès, tendait aussi à l'égalité des deux taxes, mais en quatre années et en les ramenant l'une et l'autre au chiffre de 30 francs. Cet amendement, appuyé par son auteur, ne fut pas adopté par la Chambre. MM. Passy, Dumon et Muret de Bort, membres de la commission, mais qui n'avaient pas accepté les conclusions votées par la majorité, proposèrent ensuite, au nom de la minorité, un système qui consistait à établir le principe de l'égalité des droits, en réalisant toutefois cette égalité d'une façon progressive, d'année en année et par cinquièmes. L'article premier était ainsi conçu : « Le droit de fabrication sur le sucre indigène sera progressivement porté au même taux que le droit payé à l'importation des sucres des colonies françaises d'Amérique. » Ces sucres payaient 5 fr. de plus que ceux de l'île Bourbon, la distance et les frais de transport étant moindres.

M. Passy, chargé de développer cette proposition, commença par déclarer que ses deux col-

lègues de la minorité de la commission et lui
étaient aussi opposés que les membres de la majorité au système présenté par le gouvernement.
Ni les uns ni les autres ne pouvaient admettre que
que l'État s'arrogeât le droit de supprimer des
industries existantes, de distinguer entre celles
qui étaient viables et celles qui ne l'étaient pas.
Le devoir des Chambres était de maintenir, en fait
de l'ordre industriel, les principes de justice qui
mettaient un frein aux prétentions égoïstes, aux
jalousies et aux avidités mercantiles. Il était vrai
que les conditions entre l'industrie sucrière indigène et celle des colonies n'étaient pas les mêmes,
qu'il y avait au profit de la première une prime
de 13 fr. aussi préjudiciable à la seconde qu'aux
intérêts du Trésor. C'était à l'État à rétablir
l'équilibre entre elles et à défendre son propre
revenu, s'il était menacé. Le meilleur moyen et
le plus équitable à cet effet était de placer les
deux industries dans des conditions égales, en
soumettant les sucres indigènes aux mêmes droits
que les sucres coloniaux. Il n'y avait pas lieu de
craindre qu'une pareille mesure détruisît la fabrique indigène : tous les établissements constitués sur des bases sérieuses résisteraient à la
concurrence et il ne fallait pas se dissimuler que
plusieurs d'entre eux n'avaient forcé leur produc-

tion que dans la prévision de la suppression et dans l'espoir d'une indemnité. Seulement une transition était nécessaire et la mesure devait être appliquée progressivement.

MM. Duchâtel et Gauthier de Rumilly prirent ensuite la parole pour soutenir, le premier le projet du gouvernement, le second celui de la commission. MM. Muret de Bort et Dumon reproduisirent, en faveur de l'amendement présenté par eux et par M. Passy, une partie des arguments exposés par ce dernier, et l'article 1er de cet amendement fut définitivement adopté. Quant au délai dans lequel le droit de 25 fr. sur le sucre indigène serait porté à 45 fr., il fut fixé, sur la demande de M. François Delessert, à quatre années à partir du 1er août 1844, avec augmentation de 5 francs chaque année. La loi fut définitivement votée à la majorité de 286 voix contre 97.

Le projet de loi ainsi voté fut porté à la Chambre des pairs par M. Cunin-Gridaine qui, tout en exprimant le regret que la Chambre des députés n'eût pas accepté celui que proposait le gouvernement, reconnut cependant que l'égalité des droits améliorerait la situation sans porter un trop grand préjudice à la fabrique indigène et insista pour que la Chambre des pairs y donnât une prompte adhésion. De son côté, M. Rossi, rapporteur de la commission à laquelle l'examen du projet de loi avait été renvoyé, terminait ainsi son travail : « Nous vous proposons, c'est notre avis unanime, l'adoption du projet de loi. Mais nous devons à la Chambre la vérité. toute la vérité. Si nous sommes unanimes sur les conclusions de ce rapport, nous ne le sommes pas dans l'appréciation du projet. Les uns l'approuvent, les autres s'y résignent, les uns sont convaincus, les autres espèrent. Mais nous reconnaissons tous que le projet vaut infiniment mieux que le statu quo et que, dans une matière si délicate, si compliquée, et qui excite tant d'intérêts et tant de passions, il ne serait pas sage, même pour ceux qui auraient désiré une mesure plus décisive, de repousser, dans l'espérance d'un mieux possible, le projet qui vous est présenté. »

Dans le sein de la Chambre des pairs le débat, sans être long, n'en fut pas moins vif. M. d'Audiffred déclara voter contre le projet, parce qu'il avait pour but le maintien en France d'une industrie onéreuse pour le Trésor et préjudiciable aux intérêts vitaux du pays. Aussi engagea-t-il le ministre à ne pas se décourager et à étudier les moyens d'arriver au plus tôt à la suppression de la sucrerie indigène. M. d'Argout au contraire, donna son appui à la combinaison proposée, qui lui paraissait sage et modérée et avait l'avantage de ne pas engager l'avenir. Il serait toujours temps, dit-il, d'arriver à la suppression, si les deux industries ne pouvaient coexister simultanément avec parité de droits. Mais il convenait d'abord d'en faire l'essai et de ne tuer que lorsque la nécessité en serait démontrée. Le projet fut définitivement adopté à l'unanimité moins 4 voix et la loi promulguée le 2 juillet*.

Le retour des cendres avait excité dans la France entière un immense enthousiasme. Il avait été décidé que le tombeau de Napoléon serait placé sous la coupole des Invalides, dans une crypte creusée de façon à laisser intact ce monument. Une statue équestre de l'empereur devait en outre être élevée sur l'esplanade. Parmi les quatre-vingt-un projets qui lui avaient été soumis, la commission créée pour les examiner ne put en présenter que deux au choix du ministre, la plupart de leurs auteurs ayant trop oublié, soit la destination funéraire, soit les limites tracées, soit l'emplacement désigné.

Une loi du 25 juin 1841 avait déjà ouvert à

---

* Ici finit le manuscrit de mon père (C. M.).

cet effet un crédit de 500,000 fr. ; dans la séance du 15 février, le ministre de l'intérieur vint demander un nouveau crédit de 1,500,000 fr., dont les portions non employées en 1842 et en 1843 devaient être réassignées sur les exercices suivants.

M. Sapey fit, au nom de la commission, un rapport absolument favorable et le général Oudinot, rappelant que l'hôtel des Invalides avait longtemps possédé 1,200 drapeaux ennemis brûlés avant l'arrivée des alliés, en 1814, demanda que la Chambre des députés, s'inspirant de l'exemple donné par la Chambre des pairs, fit déposer sur le cercueil de l'empereur ceux qu'elle possédait. Votée successivement et à une immense majorité dans les deux assemblées, la loi fut promulguée le 1er juillet.

Nous avons vu précédemment[1] que, au cours de cette même session, il avait été alloué au ministre des travaux publics une somme de 400,000 fr. pour le service du prêt consenti à la compagnie du chemin de fer de Paris à Rouen. Se fondant sur le texte de la loi du 15 juillet 1840 autorisant sous certaines conditions le gouvernement à lui prêter une somme de 14 millions

1. Page 281.

qui ne devait être versée qu'après la réalisation
et l'emploi par elle d'une somme de 36 millions,
cette compagnie avait annoncé qu'elle allait être
en droit d'exiger le payement entier du prêt,
dont trois termes avaient été déjà versés. Le
crédit de 10 millions qui figurait dans la loi des
crédits supplémentaires de 1843 se trouvant ainsi
insuffisant, le ministre des travaux publics dut
déposer un projet de loi ouvrant un autre crédit
supplémentaire de 4 millions.

Le rapporteur, M. Thil, fit ressortir la rapidité
avec laquelle avait été menée la construction de
cette ligne qui reliait Paris au grand centre industriel de Rouen, résultat dû à l'esprit d'association
et à l'industrie particulière, encouragée dans de
sages limites par l'État. Aussi émettait-il le vœu
que la compagnie chargée du prolongement de
la ligne vers le Havre rivalisât d'activité avec
celle de Rouen, pour que la voie ferrée de Paris
à la mer pût être prochainement ouverte.

La nature des traverses provenant de chênes
d'une qualité médiocre, abattus dans la forêt de
Compiègne, donna lieu à une discussion dont
profita M. Lherbette pour demander quelle autorisation la liste civile, simple usufruitière de cette
forêt, avait obtenue du ministre des finances,
représentant de l'État nu-propriétaire, pour pro-

céder ainsi à une coupe évidemment faite en dehors des aménagements, puisqu'elle avait produit un bénéfice de plus de 300,000 fr.[1] et pourquoi le départ du prix de la vente entre l'État et la liste civile n'était nulle part annoncé.

Le ministre des travaux publics, M. Teste, se borna à ramener la discussion sur la seule question de l'exécution du contrat. M. Denis Benoît fit ensuite observer qu'en Angleterre on employait souvent des bois résineux moins bons que ceux dont s'était servi la compagnie de Rouen, et que de plus cette société avait pour la première fois appliqué en France le procédé nouveau de l'immersion des traverses dans le sulfate de cuivre. Le projet de loi fut voté par 227 boules blanches contre 18 noires et porté à la Chambre des pairs, où, tout en concluant à son adoption, le comte de Murat, rapporteur, crut devoir faire allusion à la clause du cahier des charges qui autorisait, comme en Angleterre, comme déjà en France sur la ligne d'Orléans, la mise en circulation de voitures découvertes, pour la troisième classe. Il en déplorait la nécessité, mais ne la contestait pas, car, disait-il, si les voitures de troisième classe

---

1. 12,000 stères au prix de 27 francs.

étaient couvertes, la modicité de leur prix les ferait rechercher par des personnes aisées, et il en résulterait pour les entrepreneurs un tel dommage qu'il faudrait pour y remédier élever les tarifs. Le ministre des finances ayant ajouté qu'il s'agissait avant tout d'examiner ce qui était le plus avantageux à la classe la moins aisée : ou surcroît de commodité ou économie, la Chambre des pairs, par 92 voix contre 4, adopta la loi qui fut promulguée le 2 juillet.

Ces paroles prononcées, il y a un demi-siècle, permettent de constater d'une façon frappante les immenses progrès accomplis depuis lors dans l'industrie des chemins de fer.

Quoique le projet de loi concernant la concession de la ligne de Marseille à Avignon n'eut pas été discuté immédiatement après le projet relatif à la compagnie de Rouen, nous placerons ici le récit de ce débat, ainsi que le récit de celui dont fut l'objet la compagnie d'Orléans à Tours. La loi du 11 juin 1842, qui avait ouvert un crédit de 30 millions à la construction de la section de Marseille à Avignon, avait bien posé la règle que les grandes lignes de chemins de fer seraient construites par le concours de l'État et de l'industrie privée, mais il avait été prévu des circonstances dans lesquelles il serait nécessaire de

préférer à ce système celui des concessions
directes avec subvention. Afin de desservir Arles
et Tarascon, le projet primitif par la vallée de la
Durance avait été abandonné, le nouveau tracé,
présentant de longs viaducs, de nombreux sou-
terrains et des tranchées à faire dans le rocher,
devait donner lieu à des difficultés considérables
et la dépense en était évaluée à 31,800,000 fr.
pour les terrassements et ouvrages d'art, sans y
comprendre les indemnités de terrains et les
bâtiments, soit 254,000 fr. par kilomètre. Dans
le but d'affranchir l'État de tous les risques
attachés à de pareils travaux, le gouvernement
avait trouvé plus sage de traiter avec une société
composée de capitalistes et d'industriels, ayant
à leur tête MM. Talabot. Cette compagnie se
chargeait d'exécuter à ses risques et périls la
ligne de Marseille à Avignon avec embranchement sur celles du Gard, moyennant une subvention égale à l'estimation fixée par le conseil
général des ponts et chaussées, soit 32 millions[1];
l'État devant mettre gratuitement les terrains à
sa disposition. Elle se contentait d'une jouissance
de 33 années sous la condition du remboursement à la fin de la concession de la valeur de la

1. A verser par vingtième, le premier vingtième après la réalisation et l'emploi d'une somme de 3 millions.

voie de fer et du matériel de l'exploitation. Quant
aux tarifs, ils ne dépassaient pas ceux qui avaient
été fixés pour la compagnie de Paris à Orléans.
C'est dans ce sens que le ministre des travaux
publics rédigea le projet de loi qu'il présenta aux
Chambres, projet qui, à l'allocation que l'article
13 de la loi du 11 juin 1842 affectait à l'exécution de cette ligne, en ajoutait une nouvelle
de 7 millions pour subvenir aux payements qui
seraient autorisés par la loi demandée. Il était
ouvert, au ministre des travaux publics, en sus
des crédits alloués par l'article 17 de la loi du
11 juin 1842, un crédit de 1 million sur l'exercice
1843 et de 2 millions sur l'exercice 1844.

Le rapport de la commission fut absolument
favorable. M. Vivien y rappela l'utilité de relier
Paris à Marseille, tant à cause de l'importance
de ce port, que par suite de la conquête de l'Algérie et il donna son assentiment au traité passé
avec la compagnie Talabot.

De nombreux orateurs prirent part à la discussion qui fut des plus vives. Après avoir fait le
procès de ceux qu'il appelait les vampires financiers, qui d'âge en âge ont exploité la France et
qui suivant lui trouvaient dans les entreprises de
chemins de fer un nouveau moyen de spéculation, M. Cordier s'érigea en défenseur des

cantons ruraux traités, disait-il, comme des ré-
servoirs d'impôts par l'administration, qui y
puisait pour arroser des contrées plus fertiles.
Il proposait donc, par voie d'amendement à
l'article 1ᵉʳ comportant le traité avec la société
Talabot, que la concession fut donnée en toute
propriété, à perpétuité, par adjudication, avec
concurrence à la compagnie qui demanderait au
Trésor, comme subvention déterminée, un intérêt
de 5 pour 100 sur le plus faible capital fixé par le
rabais. L'amendement Cordier fut rejeté non sans
avoir donné lieu à un débat auquel prirent part
M. Houzeau-Muiron, partisan de la garantie d'intérêt appliquée jusqu'alors à la seule compagnie
d'Orléans, et M. Béchard, qui se fit le défenseur
des sociétés industrielles, établissant un parallèle entre la ligne de Montpellier à Nîmes, dont la
construction par l'État sans un seul travail d'art
avait duré quatre ans et celle d'Alais à Beaucaire,
que MM. Talabot et Didion avaient exécutée
pour le compte de la compagnie des mines de la
Grand-Combe, en moins de trente mois. Enfin,
M. Lherbette, dans un discours des plus agressifs,
vint citer certaines notes calomnieuses qui faisaient allusion à la soi-disant parenté de M. Cunin-
Gridaine, ministre du commerce, avec M. Talabot
et à celle de M. Teste, ministre des travaux

publics, avec M. Rey de Foresta, membre du conseil d'administration provisoire de la compagnie. M. Talabot, député, gendre de M. Cunin-Gridaine, répondit dans les termes les plus dignes à M. Lherbette. Simple actionnaire de la compagnie, il s'honorait, disait-il, d'être le frère de l'ingénieur Talabot. M. Teste, après avoir nié toute parenté avec M. Rey de Foresta[1], donna quelques explications sur le fait également reproché au gouvernement d'avoir fermé l'oreille aux propositions d'une compagnie qui présentait à l'État de plus grands avantages.

Au cours d'une récente tournée du ministre à Lyon, les directeurs des compagnies de bateaux à vapeur étaient venus lui présenter leurs doléances, se plaignant de la création des chemins de fer qui, après les grands sacrifices faits par eux pour améliorer la navigation entre Lyon et Avignon, allait les ruiner. M. Teste les avait assurés que le gouvernement était décidé à ne pas exécuter le chemin de fer entre Châlon et Avignon et que si la navigation à vapeur sur la Saône et le Rhône se perfectionnait de façon à représenter, à quelque différence près, la rapidité d'une voie de fer, il était vraisemblable que le

---

1. M. Rey de Foresta avait été le tuteur d'une personne récemment entrée dans la famille de M. Teste.

tronçon de la ligne de Paris à Marseille serait indéfiniment ajourné. Il avait ajouté que tout le monde étant appelé à concourir pour la construction de la section de Marseille à Avignon, les entrepreneurs de bateaux à vapeur pouvaient eux aussi se présenter. Ils le firent, en effet, mais neuf mois plus tard, trois mois après la passation du traité avec la compagnie Talabot.

La commission avait apporté au cahier des charges, qui fut mis en discussion avec l'article 1er, certaines modifications qui diminuaient les tarifs alloués aux concessionnaires et aggravaient leurs charges. Ces aggravations portaient sur les conditions stipulées pour le transport des dépêches, sur les dimensions du souterrain principal et sur l'augmentation du poids des rails, qui, par suite du non remboursement de la voie de fer, devait en augmenter la valeur à la fin de la concession. A cet abaissement de tarif qui mettait le prix du transport des voyageurs bien au-dessous de celui de la circulation sur les voies ordinaires[1], à ces aggravations du cahier des charges, M. Bineau eut préféré des tarifs plus élevés et un prix de ferme, pensant avec raison qu'il y avait tout intérêt à ce que la première voie de

---

1. Routes et bateaux.

fer, votée par suite de la loi de 1842, soit bonne pour l'industrie privée. Il demanda comme amendement une redevance au profit de l'État ou mieux la participation de l'Etat aux bénéfices réalisés par la compagnie, le partage avec elle au bout de 5 ans des bénéfices s'élevant au-dessus de 10 pour 100. Estimant que la ligne de Marseille à Avignon rapporterait facilement 10 pour 100 du capital dépensé par la compagnie, il évaluait à 36,500,000 francs la somme à payer par l'État pour les travaux laissés à sa charge et à 20 millions le capital à dépenser par la société Talabot, capital que la commission pensait devoir atteindre 25 millions. Devant être remboursée de la valeur du matériel roulant, soit 5 millions, la compagnie aurait ainsi à amortir 15 millions en 33 ans, durée du bail.

Pour éviter tout retard dans la construction, M. Bineau proposait d'ajouter une clause additionnelle identique à celle qui avait été introduite par la commission chargée d'étudier le projet relatif à la ligne d'Orléans à Tours, et stipulant que, dans le cas où la compagnie n'accepterait pas les modifications apportées par la loi à la convention provisoire, le ministre serait autorisé à traiter avec tout autre concessionnaire, aux conditions de la loi ainsi modifiée.

Combattu par M. Stourm, qui voulait substituer au tarif réduit de la commission le tarif
primitivement accepté par les contractants, et
proposait en compensation de réduire à 30 ans
la durée de la concession ; combattu ensuite par
le ministre des travaux publics, faisant valoir que
la perspective d'une association de l'État aux
bénéfices était un sujet d'effroi pour les compagnies, enfin par le rapporteur, M. Vivien, qui
soutint que la clause du partage entraînerait la
rupture du traité, l'amendement de M. Bineau
fut néanmoins voté après deux épreuves dou-
teuses à 32 voix de majorité. La compagnie était
ainsi dispensée de toute redevance envers l'État
pendant les cinq premières années de l'exploitation et à l'expiration de cette période, si le
produit net excédait 10 pour 100 du capital dépensé par elle, la moitié en serait attribué à
l'État à titre de ferme.

A la suite de ce vote qui modifiait profondé-
ment les clauses du contrat, la commission s'était
réunie. Elle avait pensé qu'il était juste de décider
que l'État ne viendrait à partager que lorsque la
compagnie aurait obtenu 6 pour 100 de son capital pour toutes les années qui se seraient antérieurement écoulées, car il était probable qu'au
début de la jouissance, les revenus seraient infé-

rieurs et à l'intérêt de l'argent et à la somme nécessaire pour amortir le capital. Elle proposait
aussi d'exonérer dans une certaine proportion la
compagnie de l'obligation précédemment introduite par la commission au cahier des charges et
consistant à donner aux rails le poids de 35 kilogrammes par mètre courant. Elle l'avait réduit à 30
kilogrammes, poids dont le gouvernement s'était
contenté dans le projet sans en avoir fait une obligation.

Cette proposition, puis les articles concernant
les tarifs, la subvention de 32 millions à la compagnie et l'achat des terrains ainsi que l'article
additionnel autorisant le gouvernement, au cas
de refus des concessionnaires d'accepter les modifications apportées, à traiter avec tout autre
concessionnaire aux conditions ainsi modifiées,
furent successivement adoptés, et l'ensemble de
la loi voté par 165 voix contre 143.

Dans le rapport qu'il fit à la Chambre des
pairs, le comte Daru conclut à l'adoption du
projet dont le général Delort demanda l'ajournement à la session suivante, se plaignant et de
la rapidité avec laquelle cette assemblée venait
de voter le budget des dépenses[1] et de l'inexac-

---

1. Le budget avait été voté en deux séances par la Chambre des
pairs.

titude des pairs, qui trop souvent ne se trouvaient pas en nombre pour délibérer. De pareils faits tendaient à diminuer la considération et le respect nécessaires à ce corps. Cette considération s'altérait d'autre part par la quantité de projets présentés simultanément après la clôture de la session de la Chambre des députés et qui auraient du être suivant lui l'objet d'un examen calme et approfondi. Après une courte discussion, la loi fut votée à la Chambre des pairs par 75 voix contre 21 et promulguée le 24 juillet.

Dans son exposé des motifs du projet de loi relatif à l'exploitation du chemin de fer d'Orléans à Tours, le ministre des travaux publics insistait sur la nécessité de traiter avec une compagnie pour l'exploitation de cette importante section, dont les travaux mis à la charge de l'État étaient déjà commencés. Elle se présentait dans les conditions les plus favorables ; sa longueur n'était que de 114 kil. ; son tracé n'offrait que des pentes faibles et des courbes à grands rayons. Elle était appelée à relier Paris à l'Espagne et à l'Océan, ainsi qu'à recevoir les provenances de Bordeaux et de Nantes et traversait une région peuplée. Le capital à employer par la compagnie ne devait pas dépasser 20 millions. Il était désirable à tous égards d'appliquer à cette compagnie les mêmes conditions que celles déjà mises en vigueur par celle de Paris à Orléans dont elle était le prolongement, à savoir : pour les voyageurs, 10 centimes en 1re classe, 7 centimes 1/2 en 2e classe, 5 centimes en 3e classe, et pour les marchandises, 16, 18 et 20 centimes suivant leur catégorie. La durée de la jouissance était fixée à 33 ans. Au delà des cinq premières années, l'État devait venir au partage de tout ce qui dans le produit net de l'exploitation excéderait 10 pour 100 du capital employé. Toutefois, l'éventualité d'une participation aux bénéfices n'entraînait pas pour l'État le droit d'immixtion dans les opérations de la compagnie, que représentaient MM. Bullot, Drouillard et Martin.

Tout en donnant son adhésion au projet du gouvernement, la commission apporta au cahier des charges diverses modifications dont la principale portait sur l'abandon gratuit de la voie de fer à l'expiration du bail.

Un article additionnel statuait que dans le cas où la compagnie n'accepterait pas les modifications apportées par la loi à la convention provisoire, le gouvernement pourrait traiter avec tout autre concessionnaire aux conditions de la loi ainsi modifiée[1]. Le rapporteur, M. Dufaure,

1. Le rapport fait au nom de cette commission avait été déposé avant la discussion de la loi sur le chemin de fer de Marseille à

évaluait la recette à 4,368,196 fr. 50, les frais d'exploitation, calculés à 60 pour 100 de la recette, à 2,620,917 fr. 60, ce qui donnait un produit net de 1,747,278 fr. 90.

La discussion à la Chambre débuta par le rejet d'un amendement de M. Dugabé, qui élevait de 35 à 40 ans la durée de la concession, le ministre des travaux publics ayant déclaré à la tribune que la compagnie n'accepterait aucune modification à la convention provisoire, si la durée de sa concession n'était augmentée de cinq années. Il n'est pas sans intérêt de mentionner ici une proposition de M. Vivien ayant pour but de décider que « tout convoi régulier de voyageurs devrait contenir des voitures destinées aux personnes qui se présenteraient dans les bureaux de la compagnie. »

En effet, pour certains trains destinés à transporter les voyageurs en grande vitesse et particulièrement ceux qui, au départ d'Orléans, continuaient par terre leur parcours vers Tours et Bordeaux, il était intervenu entre la compagnie de Paris à Orléans et les messageries un arrangement à la suite duquel les billets étaient unique-

Avignon et donna à M. Bineau, ainsi que nous l'avons vu page 301, la pensée de proposer un semblable article additionnel au projet de loi concernant cette ligne.

ment distribués dans les bureaux des diligences.
Nous avons peine à comprendre aujourd'hui
l'objet de celte discussion ; mais il ne faut pas
oublier que la création des chemins de fer menaçait d'une ruine prochaine les maîtres de poste
et les grandes administrations de transport qui
avaient rendu d'immenses services. Ce fut donc
avec raison que M. Chegarey, loin de blâmer la
compagnie d'Orléans de n'avoir pas profité de
son privilège pour ruiner les entreprises de
messageries, vint la louer de s'être entendue
avec elles pour arrêter leur ruine.

La proposition de M. Vivien fut adoptée, ainsi
qu'un amendement de M. Monier de la Size-
ranne, stipulant que les wagons de 3ᵉ classe,
véritables tombereaux où l'on risquait d'être,
suivant M. Thil, brûlé par les étincelles, seraient
couverts à l'avenir. Elle fut combattue par le
ministre, qui voyait là une aggravation des
charges de la compagnie et par M. Benoît qui
trouvait ces voitures suffisantes ainsi, étant donné
la modicité du tarif, puisque, disait-il, elles
avaient été construites « pour les dernières
classes du peuple, pour celles qui, voyageant à
pied, trouveraient économie à aller en voiture. »

Aux termes de l'article 47 du cahier des charges
de la loi du 15 juin 1840, la compagnie devait

avoir le droit de faire circuler ses voitures, wagons et machines sur le chemin de fer de Paris
à Orléans, en payant le droit de péage réduit de
15 pour 100 et aux conditions prescrites par les
paragraphes 4 et 5 dudit article. La commission
avait cru devoir introduire dans le projet une clause
identique pour la compagnie de Paris à Orléans,
sur la ligne d'Orléans à Tours. Cette réciprocité
fut combattue par M. de Preigne, attendu que la
compagnie de Paris à Orléans n'avait été astreinte
à cette obligation que parce qu'elle avait l'immense avantage d'aboutir à la capitale et que,
jouissant d'une concession de quatre-vingt-dix-
neuf ans, elle ne pouvait être placée dans un état
de réciprocité avec une compagnie dont le privilège ne devait durer que trente-cinq ans. Cet avis
fut partagé par la Chambre qui vota le projet par
173 boules blanches contre 64 noires.

Le comte Rossi en fit à la Chambre des pairs
l'objet d'un rapport favorable, dans lequel, tout
en proposant de n'en point tenir compte, il men-
tionna une double réclamation faite par la compagnie d'Orléans, dont l'administration pensait
que, sinon par la lettre de son contrat, du moins
par mesure de réciprocité, elle devait pouvoir
faire circuler ses trains entre Orléans et Tours
aux mêmes conditions de péage que ceux qu'elle

laisserait passer sur ses rails, et craignait que la mise en circulation sur ses voies des voitures couvertes de 3ᵉ classe ne l'obligeât à supprimer ses propres véhicules découverts.

Le baron Dupin demanda l'ajournement du débat jusqu'après la discussion du budget des recettes pour donner, disait-il, au gouvernement et à la compagnie, dont un des représentants, M. Drouillard, s'était retiré de la société, le temps de réfléchir et de s'entendre au sujet des modifications apportées à la convention provisoire. Quoique combattu par le ministre des travaux publics et par le rapporteur, l'ajournement fut voté par les pairs.

Au cours de la session de 1842, M. Humann, ministre des finances, avait déposé sur le bureau de la Chambre un projet de refonte des monnaies de cuivre et, dans son exposé des motifs, rappelant que, aux termes de la loi du 4 juillet 1837, tous poids et mesures autres que ceux du système décimal seraient interdits à partir du 1ᵉʳ janvier 1840 et qu'une loi spéciale devait être rendue pour appliquer cette mesure aux espèces en circulation, il faisait observer que les monnaies inférieures n'étant destinées qu'à solder des appoints, il était nécessaire de les subdiviser de façon à les prêter à toutes les évaluations dé-

cimales. L'obligation s'imposait donc au gouvernement de retirer de la circulation les menues
monnaies qui ne se prêtaient plus aux besoins
présents, et une fois fixé sur le poids, la matière
et le titre de l'unité décimale, de les remplacer
par d'autres, fractionnaires du décime. En effet,
les uns en cuivre, les autres en métal de cloche,
les anciens sous pesaient 20 et 24 grammes au
décime. La conservation des liards était incompa-
tible avec l'adoption du système actuel, certaines
espèces enfin, par la facilité de leur contrefaçon,
étaient l'objet d'une fraude étendue. Une commission extra-parlementaire [1], formée à cet effet,
avait formulé des propositions ayant pour base la
démonétisation de toutes les espèces de cuivre
et de billon alors en circulation et par suite de la
tendance générale vers l'affaiblissement du poids
des monnaies de cuivre, monnaies de convention
uniquement destinées à servir d'appoint, le projet
de loi proposait de fixer à 10 grammes le poids
du décime et, dans l'intérêt de la fabrication, de
la concentrer en un seul point : Paris.

Sous l'ancien régime, il y avait en France
trente hôtels des monnaies. Sept seulement sub-

---

1. Cette commission était composée de pairs et de députés, ainsi
que de membres de l'Académie des sciences, de la cour des comptes
et de l'administration.

sistaient dont deux, ceux de Dijon et de Marseille, chômaient faute d'entrepreneurs[1]. La dépense probable pour la construction des ateliers et l'achat des machines et outils était évaluée à 2,215,000 fr. et celle qui avait trait à la démonétisation des espèces anciennes ainsi qu'à la fabrication des nouvelles à 11,488,000 francs. Le calcul n'en pouvait être toutefois que très hypothétique, puisque la somme finale des charges imposées à l'État par l'opération du renouvellement, devait être en raison directe de la somme des monnaies qu'il faudrait retirer, avec une perte positive pour le Trésor, et en raison inverse de la masse des espèces de même nature, qu'il serait nécessaire de rendre à la circulation. Le projet du gouvernement portait ainsi l'ensemble de la dépense à 13,703,000 fr. et, à valoir sur cette somme, il ouvrait au ministre des finances, sur l'exercice 1843, un crédit de 4 millions, applicable pour 2,750,000 fr., au retrait et à la démonétisation, pour 500,000 fr., à la fabrication et pour 750,000 fr., aux travaux de construction de l'hôtel de Paris, ainsi qu'à l'achat des outils et machines.

La commission, dont le rapporteur fut

1. Paris, Rouen, Lille, Strasbourg, Lyon, Marseille et Bordeaux.

M. Pouillet, avait réduit le chiffre total de 13,703,600 fr., à 12,960,000 fr., réduction portant principalement sur la construction des ateliers et l'achat de machines. Tout en approuvant la centralisation de la fabrication, elle avait été frappée de ce fait que l'entrepreneur de Paris devenant l'entrepreneur unique des monnaies du royaume, la grande responsabilité qui lui incomberait lui rendrait nécessaire une indépendance inconciliable avec les besoins du service et par suite elle demandait que les monnaies d'or et d'argent ne lui fussent pas confiées et fussent exécutées par une régie administrative.

Dans la séance du 4 mars 1843, le ministre des finances vint développer un nouveau projet de loi relatif à la refonte des monnaies de cuivre, projet qui, sauf quelques modifications de détail empruntées au travail de la commission, était la reproduction de celui qu'il avait présenté à la précédente session. Il y faisait particulièrement ressortir l'avantage qu'il y aurait à fixer à 10 grammes le poids du décime, la monnaie d'appoint représentant ainsi autant de grammes que de décimes, et la nécessité qu'il y avait à ce que les émissions de la monnaie de bronze ne puissent excéder la valeur nominale des espèces de

cuivre retirées de la circulation. Le projet de loi
limitait à 40 millions la création des nouvelles
espèces qui devaient être fabriquées avec les matières provenant de la démonétisation, combinaison donnant une économie de 4 millions, relativement à celle qui consistait à opérer sur des
matières neuves ; il maintenait au chiffre primitif
de 2,215,000 fr. la somme destinée à la reconstruction des ateliers, à l'achat des machines et
des outils, mais ne réclamait pour la totalité de
la dépense que 13,305,000 francs au lieu de
13,703,000, se rapprochant ainsi des évaluations
de la commission qui étaient, nous venons de le
voir, de 12,960,000 francs.

Dans un nouveau rapport, M. Pouillet maintint
à ce dernier chiffre la dépense totale et réduisit
encore de 2,215,000 fr. à 1,870,000 fr. celle
des ateliers, se fondant sur ce que les machines
portées dans le projet au compte de la monnaie de
bronze devraient repasser au service ordinaire
quand l'opération du bronze serait terminée. Favorable aussi à la centralisation de la fabrication
à Paris, il n'en pensait pas moins avec raison
qu'une modification aussi importante méritait
d'être consacrée autrement que par un simple
paragraphe, mais bien par une loi spéciale qui
devrait être présentée au plus tard en 1845.

Dès le début de la discussion à la Chambre, le système de régie fut combattu par M. Poisat et par M. de Lanjuinais qui signala les abus pratiqués à Londres, où les essayeurs avaient pour habitude de ne recevoir les lingots qu'à un ou deux millièmes au-dessous de leur valeur, afin qu'il n'en puisse résulter pour la reine aucun préjudice. Il déplorait en même temps de voir l'opération faite aux dépens des porteurs de monnaie à qui l'on donnerait un sou de 5 grammes à la place d'un sou de 10 grammes. M. Dumas, commissaire du roi, qui, avec M. de Colmont, inspecteur des finances, avait été chargé par le gouvernement du rapport soumis à la commission des monnaies, démontra le peu de fondement de cette objection puisque, quel que soit le poids du sou, 20 sous seraient toujours échangés contre 1 fr., et ajouta que la réduction du poids procurerait une économie qui, reportée sur la main-d'œuvre, permettrait d'arriver comme en Angleterre et en Allemagne à la perfection de la fabrication. M. de la Plesse signala la monnaie de cuivre comme étant aussi altérée que la monnaie de billon. Dans quelques départements de Bretagne des sous frappés au type de Louis XV ne passaient plus que pour deux liards. D'autre part elle encombrait certaines régions au point que

pour y payer 1, 2, 3 ou 4 centimes il était nécessaire de donner 1, 2, 3 liards[1] ou 1 sou. De là
une perte qui atteignait et la classe laborieuse et
le Trésor, car, dans les départements de l'Ouest,
le ministre des finances était forcé d'indemniser
les directeurs des postes qui ne percevaient pour
prix du port des lettres[2] que la monnaie de cuivre
sur laquelle ils perdaient par l'échange. Après
ces observations la suppression de la monnaie de
billon et la refonte de la monnaie de cuivre furent successivement votées. Conformément à
l'avis des chambres de commerce demandant une
diminution du poids qui était alors de 20 grammes, l'article 3 du projet de loi proposait la
création des pièces de 1, 2, 5 et 10 centimes
pesant 1, 2, 5 et 10 grammes du module de 15,
20, 25 et 30 millimètres, la tolérance du poids
et celle du titre étant fixées à 1 centimètre en
dehors et autant en dedans. Malgré les justes observations du ministre des finances, exposant
que la monnaie la plus légère est toujours la
plus favorable aux intérêts de ceux qui en sont
détenteurs, la Chambre adopta un amendement

---

1. Le liard, valant 3 deniers, était le 1/4 du sou, un peu plus
que 1 centime.

2. En général, les lettres n'étaient pas alors affranchies par
l'expéditeur, le port en était payé à l'arrivée par le destinataire.

de M. Dozon, fixant à 15 grammes le poids du décime, décision qui avait pour effet de porter le module de 15 à 16, de 25 à 28, de 30 à 32 millimètres[1] et d'accroître la dépense d'environ 500,000 francs.

L'article 4 portant que les flans nécessaires à la fabrication de la nouvelle monnaie de cuivre, opération qui devait être faite sous la surveillance de l'État, seraient fournis par l'industrie privée, les articles 5, 6 et 7 relatifs à la position à donner à l'effigie, aux indications de la valeur et de l'année, à l'émission de la nouvelle monnaie de bronze dans son rapport avec la valeur nominale des espèces démonétisées furent adoptés sans débat qu'il y ait intérêt à relater. Le paragraphe 1 de l'article 8 contenant la question de centralisation de monnayage, et celle du monnayage par régie ou entreprise fut vivement combattu par M. de Laujuinais et par M. Terme qui lui reprochèrent de tendre à réglementer et à paralyser par la centralisation le commerce de l'or et de l'argent, et par M. François Delessert qui était d'avis de ne rien préjuger actuellement sur ces importantes questions. Il fut au contraire défendu par le mi-

---

1. Seul le module des pièces de 2 centimes fut maintenu à 22 cent. sur la demande de M. Glais-Bizoin.

nistre des finances, par le rapporteur M. Pouillet et par le commissaire du roi, M. de Colmont.

La suppression des ateliers de province était à leur sens indispensable. Si le gouvernement avait pu se résoudre à priver plusieurs villes de leurs ateliers c'est qu'il était impossible de fabriquer de la monnaie qui fût bonne à moins de le faire dans un seul établissement. Pour qu'une monnaie soit bonne il faut que le poids et le titre en soient certains. Or, au dire de M. Dumas, le titre ne pouvait être sûrement constaté que sur le métal en fusion, ce qui eut rendu nécessaire d'établir dans toutes les villes possédant des hôtels des monnaies les mêmes garanties que celles qui devaient être établies à Paris. La dépense de construction des ateliers ne devait pas arrêter la Chambre. L'hôtel de Paris était dans une situation telle qu'il ne pouvait rester ce qu'il était, si l'on ne voulait par amour de la décentralisation, disait le ministre, supprimer toute fabrication dans la capitale. Par contre, si l'on y exécutait les travaux nécessaires, par la force des choses la fabrication y serait centralisée, car aucun directeur de province ne pourrait soutenir la concurrence. La centralisation avait encore pour heureux effet de rendre la spéculation difficile, la condition de tout le monde au point de vue du

commerce des matières d'or et d'argent devenant la même.

Les différents paragraphes de l'article 8 avaient
été successivement adoptés, ainsi que les articles
suivants qui réglaient les dates de la suppression
des hôtels de province et affectaient aux diverses dépenses une somme de 13,960,000 fr.,
lorsque M. Ducos, appuyé par M. Baude, demanda à la Chambre de s'arrêter un instant sur
les ressources financières du pays. Au 31 décembre 1844 il y aurait un découvert manifeste
de 453,199,368 fr., chiffre que ne contesta pas
le ministre des finances. Ne devait-on pas dans
une pareille situation décider qu'il n'y avait pas
urgence à adopter le projet du gouvernement.
Tel fut l'avis de la Chambre et le projet de loi,
dont tous les articles avaient été successivement adoptés, fut rejeté dans son ensemble par
158 voix contre 147.

Une tempête avait dévasté Pondichéry en octobre 1842. Grand nombre d'habitations avaient
été détruites, les arbres arrachés, les campagnes
inondées et le gouverneur demandait pour venir
en aide aux agriculteurs, dont les pertes étaient
évaluées à 500,000 fr., une subvention de 130,000
francs. L'Inde ne recevait ordinairement du Trésor aucune dotation pour son service intérieur et

pourvoyait à des dépenses dépassant 900,000 fr.
au moyen de ses revenus propres, indépendants
de la rente de 1 million payée par le gouvernement anglais et qui, versée au Trésor, figurait en
recettes au budget de l'État. En effet, par le traité
du 30 mai 1814 qui rendait à la France quelques
districts des Indes, il lui était imposé de ne placer
autour de ses établissements aucun ouvrage dé-
fensif et de n'entretenir que les troupes nécessaires à la police. En outre par les conventions du
7 mai 1815 et du 13 mai 1818 le gouvernement
français aliénait la faculté de fabriquer du sel
même pour la consommation locale et par forme
d'indemnité l'Angleterre s'engageait à payer à la
France une somme annuelle de 1 million. De plus,
par suite d'une convention passée entre le gouvernement de Pondichéry et la présidence de
Madras le 13 mai 1818, l'Angleterre s'obligeait
à payer annuellement 33,600 fr. pendant 15 ans
pour indemniser la France de la valeur de ses
salines qu'elle consentait à laisser en chômage.
Se fondant sur ce qu'un secours de 40,000 fr.
avait été accordé en 1839 pour le comptoir de
Yanaon, dévasté par une inondation, le ministre
de la marine et des colonies proposa au titre de
l'exercice 1843, sur le chapitre 25 du budget de
son département (subvention à divers établisse-

ments coloniaux), l'ouverture d'un crédit de
130,000·fr. à l'effet de venir en aide aux établissements français de l'Inde.

Le rapporteur de la commission, M. Leseigneur, réduisant ce chiffre à celui de 100,000 fr.,
dévoila la déplorable gestion financière de notre
colonie. Pendant la première période décennale
qui suivit la reprise de nos possessions dans l'Inde,
en 1817, les recettes dépassèrent constamment les
dépenses de 50,000 fr. ; mais à partir de 1827 le
déficit s'élève d'année en année pour atteindre,
en 1833, 109,974 fr. et de ce déficit croissant
résulte, en 1836, la nécessité de mettre d'une
façon permanente à la charge de la métropole
l'entretien du corps des cipahis : soit 129,147
francs. Les recettes au contraire n'avaient guère
varié depuis 1817 et atteignaient en général
900,000 francs. Ce n'était donc pas à une diminution de ces dernières mais bien à une augmentation des dépenses qu'il fallait attribuer le changement survenu dans la situation financière de
l'Inde dont la caisse de réserve alimentée jadis
par les économies de l'administration et une partie des fonds provenant des salines, obligée depuis
lors de subvenir aux déficits annuels et à des
avances exagérées aux agriculteurs et manufac-
turiers, était à ce jour totalement épuisée.

Unanime dans son blâme à l'égard d'une semblable administration, la commission estimait que le secours ne devrait être appliqué qu'à réparer les pertes subies et ne pourrait en aucun cas être considéré comme une subvention destinée à combler le déficit du budget. Ce vœu dont M. Leseigneur se fit l'interprète auprès de la Chambre ne parut pas une garantie suffisante à M. Lacrosse, qui en réclama l'insertion dans le texte de la loi et qui, après avoir fait l'éloge de la prévoyante administration du vicomte Desbassyns de Richemont, gouverneur de l'Inde sous la Restauration, signala, comme causes principales de l'état actuel, le faste asiatique déployé dans le personnel administratif dont les traitements atteignaient 1,200.000 fr. par an[1], et les avances exagérées consenties aux industriels parmi lesquels figuraient des fonctionnaires. C'était du reste contraire au règlement datant de Colbert et prescrivant aux administrateurs des colonies de n'y acheter ou fonder aucun établissement.

A l'appui de ces allégations, M. d'Angeville rappela que M. Saint-Hilaire, commissaire de la marine, avait reçu en 1828 sur la caisse de l'Inde une avance de 136,839 fr. et avait obtenu l'auto-

---

1. 104 agents européens assistés de 900 agents indigènes.

risation de se mettre à la tête d'une entreprise industrielle dont les résultats furent si malheureux
qu'il fallut payer, outre la somme prêtée,
31,440 fr. de dettes contractées par ce fonctionnaire. Le seul remède à de tels abus était suivant
M. Estancelin de soumettre le budget de l'Inde au
contrôle des Chambres.

L'amiral Roussin défendit sans ardeur son projet de loi, se bornant à rappeler qu'il était étranger à ces faits regrettables, dont les ordres donnés
par lui rendraient tout retour impossible. M. Galos,
député de la Gironde et directeur des colonies,
soutint seul tout le poids de la discussion, invo-
qua, mais en vain, en faveur du secours, la raison
d'humanité, repoussa le reproche d'augmentation
exagérée du personnel et fit valoir inutilement
que les deux grands services de la justice et de
l'instruction publique entraient pour la plus grande
partie dans l'augmentation de la dépense. La
Chambre repoussa par 175 voix contre 103 la subvention demandée.

Une partie du Palais-Bourbon avait été achetée
en 1827 par l'État au duc de Bourbon pour une
somme de 3,500,000 fr., l'autre appartenait
au duc d'Aumale. Par une délibération du
18 juin 1840, la Chambre avait déclaré qu'il y
avait lieu d'acquérir la totalité de l'immeuble, car

si l'État, propriétaire d'une partie de ce palais ne le devenait pas aussi de celle qui appartenait au prince, ces terrains pourraient être aliénés et il en résulterait, soit à raison du voisinage, soit à raison des servitudes, de nombreux inconvénients. Le rapporteur, M. Duprat, insistant sur la nécessité d'établir à perpétuité le logement du président dans le palais même de la Chambre donnait au projet de loi une complète adhésion. Il faisait ressortir que de l'avis des architectes, la vente à des tiers procurerait au duc d'Aumale des résultats plus avantageux que le projet de la vente à l'État aux conditions de l'estimation qui en fixait le prix à 5,047,475 francs[1]. La discussion roula bien moins sur la valeur de l'immeuble et sur l'opportunité de la mesure que sur un incident soulevé de la façon la plus acrimonieuse et la plus injuste par M. Lherbette.

Aux termes du projet il devait être pourvu à la dépense au moyen d'un prélèvement sur la somme due à l'État par le duc d'Aumale comme engagiste des forêts du Clermontois. Il est ici nécessaire de donner quelques explications.

L'administration des domaines se fondant sur un décret de 1790 portant révocation des dona-

---

1. 32,205 mètres, ce qui porte le mètre superficiel des bâtiments, cours et jardins confondus, à 156 fr. 75.

tions faites au cardinal Mazarin et au grand Condé
par Louis XIV revendiqua pour l'État en 1830 la
propriété de ce domaine que le duc d'Aumale
avait hérité du duc de Bourbon, descendant du
grand Condé. L'administration des biens du jeune
prince, le considérant seulement comme engagiste, n'avait pas cessé de protester contre cette
prétention du fisc et cela malgré un arrêté préfectoral de 1830 faisant courir à dater du mois de
septembre de cette même année les intérêts dus
à l'État sur lesquels un à-compte de 400,000 fr.
fut payé en 1832. Mais cet arrêté n'avait été approuvé qu'au bout de neuf années, c'est-à-dire en
1839, par le ministre des finances, M. Passy.
D'autre part la cour de cassation ayant eu à
juger un procès pendant entre l'État et les
héritiers Mazarin rendit un arrêt aux termes duquel le décret de 1790 devait être considéré
comme révoqué par la loi du 14 ventose an VII,
jurisprudence qui destituait l'administration des
domaines de sa revendication et suivant laquelle
le conseil d'État, fixant le capital de la créance à
5,500,000 fr., se conformant en outre à l'article 14 de la loi de ventose, ne faisait courir
les intérêts qu'à dater de l'approbation de l'arrêté
préfectoral en 1839. Or, M. Lacave-Laplagne qui
avait été pendant de longues années administra-

teur des biens du jeune prince, devenu ministre des finances et questionné en 1840 sur le chiffre de la créance de l'État, avait répondu qu'il atteignait, suivant l'arrêté pris par M. Passy, 5 millions en capital et 2 millions pour intérêts, soit au total 7 millions.

Il s'agissait donc pour M. Lherbette de mettre la conduite de M. Lacave-Laplagne comme administrateur des biens du prince en opposition avec celle qu'il avait tenue comme ministre, et, pour M. Ledru-Rollin qui intervint au débat, de démontrer que le conseil d'État, en ne faisant courir les intérêts qu'à partir de 1839, avait commis un acte de complaisance occasionnant au Trésor un préjudice considérable. Interpellé et ainsi mis en cause, M. Lacave-Laplagne n'eut pas de peine à démontrer que, en tant qu'administrateur, il avait agi sagement en protestant contre les prétentions du fisc, puisque la jurisprudence de la cour de cassation lui avait donné gain de cause. En répondant à la demande concernant le chiffre de la créance et en la portant à 7 millions, il n'avait fait qu'indiquer comme ministre des finances les conséquences de l'arrêté approuvé par le ministre de 1839, M. Passy, et avait d'ailleurs ajouté que l'administration des biens du prince s'était pourvue contre cet arrêté. Enfin le vicomte d'Hauber-

sart, conseiller d'État et député du Nord, fit justice
des insinuations injurieuses de M. Ledru-Rollin.
Les représentants du duc d'Aumale, ajoutait-il,
fidèles à l'exemple donné par le duc de Bourbon,
s'étaient toujours prévalus de la loi du 14 ventôse
an VII et avaient toujours cherché à se libérer. Y
aurait-il un juge capable de mettre dans ces conditions neuf années d'intérêt à la charge d'un dé-
biteur.

Le projet adopté par 213 voix contre 104, à la
Chambre des députés, le fut, sans débat, par la
Chambre des pairs et la loi promulguée le 30 juin.

Dans la séance du 8 avril 1843, MM. Mauguin
de Lasalle et Tesnière avaient déposé deux propositions, l'une tendant à réprimer la falsification
des boissons, l'autre à affranchir de tous droits
les esprits impropres à la consommation. La
seconde seule entre dans le cadre de cette étude.
Elle fut développée par M. Mauguin qui y trouva
prétexte pour prononcer un long discours sur la
situation agricole de la France, demandant le
dégrèvement de la propriété territoriale, l'organisation de banques, la revision dans un sens
égalitaire de tous les impôts ; puis il signala le
préjudice que causait à diverses industries et
particulièrement à la chapellerie l'impôt qui frappait les alcools employés par elles. Le ministre

des finances, sans suivre M. Mauguin dans le cercle étendu qu'il venait de parcourir, rappela que l'administration malgré la législation en vigueur avait admis, pendant un temps, en faveur des alcools destinés à l'industrie une très large tolérance qui, devenue prétexte à de nombreuses fraudes, avait été retirée, mais il reconnaissait qu'il y avait lieu d'examiner sinon la suppression, du moins une réduction considérable des droits sur les alcools dénaturés dont une découverte récente devait avoir pour conséquence de rendre l'emploi plus étendu. En effet, une nouvelle substance improprement nommée hydrogène liquide, composée d'alcool et d'essence de térébenthine ou de schiste, donnait pour l'éclairage les résultats les plus satisfaisants. Sa flamme, loin de s'affaiblir par les oscillations s'animant davantage, devait en faciliter l'application aux malles-postes, aux télégraphes de nuit et aux phares.

Prise en considération par la Chambre, la proposition Mauguin légèrement modifiée avait obtenu de la commission par l'organe de M. Viger un avis favorable et ne fut combattue que par M. Deslongrais qui se chargea seul de défendre la cause ingrate de l'impôt. Suivant ce député, l'affranchissement de l'alcool dénaturé était uniquement demandé en faveur des régions du Midi où la culture de la vigne avait pris une extension exagérée.

Le projet de loi présenté par la commission portait que les eaux-de-vie et esprits dénaturés seraient affranchis de tous droits de consommation ou de détail et de circulation, que des règlements d'administration publique détermineraient les conditions nécessaires pour opérer et faire constater cette dénaturalisation, avec faculté pour le Trésor de percevoir à cet effet un droit dont les villes pourraient avoir la faculté de recueillir à titre d'octroi une quotité qui ne pourrait dépasser le tiers du droit du Trésor. A la demande du ministre il fut ajouté que ces alcools ne circuleraient qu'avec des expéditions de la régie.

La loi votée par 195 voix contre 35 le fut à la Chambre des pairs, sur un rapport favorable du comte Daru, à la presqu'unanimité. Sa promulgation porte la date du 24 juillet.

La situation du royaume de Grèce était loin de s'être améliorée malgré les sages conseils qui avaient été donnés à son gouvernement. Cependant un financier français, M. Regny, avait été appelé à Athènes comme intendant général des finances; les résultats obtenus par lui sur les budgets de 1838 et 1839 avaient attesté ses sérieux efforts et tout faisait espérer qu'arrivé à une situation normale, l'état grec n'aurait plus besoin d'avoir recours à des ressources extérieures, lorsque M. Regny vint à mourir. Mais, par suite de difficultés survenues en 1840 entre la Grèce et la Porte, le gouvernement du roi Othon crut devoir réserver ses fonds pour faire face à toutes les éventualités, ce qui avait réduit le gouvernement français à l'obligation de pourvoir à sa garantie par un crédit supplémentaire régularisé l'année suivante. La Grèce, dont les dépenses de 1843 étaient calculées à 18,666,482 drachmes et dont les recettes ne devaient pas dépasser 15,669,795 drachmes, était ainsi hors d'état de faire face au semestre échu en mars. M. Lacave-Laplagne avait dû, pour y pourvoir, déposer sur le bureau de la Chambre un projet de loi portant ouverture d'un crédit de 527,241 fr. ; dépense à laquelle il serait pourvu au moyen des ressources accordées par la loi de finances du 11 juin 1842. Rappelant en même temps, dans son exposé des motifs, que l'Angleterre et la Russie, à l'époque antérieure où elles avaient eu à pourvoir au payement des semestres des deux premières séries de l'emprunt, y avaient constamment fait face au moyen d'émissions successives de la 3ᵉ série et que la France, après avoir suivi quelque temps ce système, avait cru préférable de payer les prêteurs avec des

fonds spécialement votés à cet effet; que par suite
les deux autres cours avaient épuisé en ce qui les
concernait les restes de la 3ᵉ série, tandis que sur
la portion afférente à la garantie de la France, il
restait à émettre 2,762,444 francs, le ministre
des finances faisait connaître que, en vue d'une
action commune, pour mettre un terme à ces
sacrifices, pour donner au Trésor des garanties
efficaces, il proposait au gouvernement grec d'appliquer à l'extinction de sa dette le reliquat de la
3ᵉ série dont l'émission serait autorisée par la
France qui en recevrait le produit de la Grèce
ainsi libérée envers nous.

Dans un rapport absolument favorable, le baron
de Varenne, faisant valoir la confiante adhésion
accordée par la Chambre aux propositions du gouvernement, émit en même temps le vœu que les
intérêts financiers de la France fussent garantis
en Grèce et sa légitime influence assurée.

Les institutions de la Grèce, la faiblesse de son
administration, le roi Othon lui-même, furent au
cours de la discussion l'objet des critiques de
M. Glais-Bizoin, de M. Mauguin et de M. Saint-
Marc Girardin, mais le projet de loi ne fut pas
attaqué et fut adopté par 221 boules blanches
contre 13 noires.

A la Chambre des pairs, il fut voté sur un rapport favorable dans lequel le prince de la Moskowa crut devoir engager le gouvernement à s'abstenir de toute démarche collective avec les puissances cosignataires du traité de 1832. Cette opinion qui contenait un blâme implicite du cabinet fut combattue par le vicomte de Flavigny par M. de Gabriac et par le ministre des affaires étrangères M. Guizot. Ils soutinrent avec raison que l'action collective était la seule qui pût amener l'affermissement et le développement de l'État grec, but de la politique française.

Quelques mois plus tard, le 15 septembre, un soulèvement éclatait à Athènes, où l'impopularité du roi Othon était aussi grande dans le corps diplomatique que dans le peuple qui se plaignait de son inertie, de son goût stérile pour le pouvoir absolu, et réclamait une constitution. Les troupes, se joignant au mouvement populaire, avaient pris les armes sous le commandement de leurs chefs et avaient pu, sans rencontrer de résistance, arriver jusqu'aux portes du palais où le souverain essaya vainement de les haranguer. Le conseil d'État s'était réuni pour réclamer le renvoi des ministres et la convocation d'une assemblée nationale, mesures auxquelles le roi donna son assentiment. M. Métaxa fut alors chargé de former un cabinet dans lequel l'hé-

roïque Canaris prit le portefeuille de la marine.
L'Assemblée nationale aussitôt réunie choisit
pour président Panutzos Notaras, alors âgé de
103 ans, et après quatre mois de travail donna
enfin une constitution à la Grèce.

Le projet de budget pour 1844 avait été déposé par M. Lacave-Laplagne dans la séance du
10 janvier. « Ne rien demander au pays au delà
de ce qu'exigent ses intérêts, sans craindre toutefois de lui imposer les sacrifices nécessaires
pour assurer sa dignité, son repos et le développement de sa prospérité, tels sont, disait ce ministre, les principes qui doivent présider à la
préparation d'un budget. » Pour exposer la situation des finances il n'était pas nécessaire de
remonter au delà de 1840. Les graves événements qui s'étaient accomplis au cours de cette
année avaient modifié l'état de choses antérieur
au point qu'il était inutile de s'y reporter. En
effet, les ressources rassemblées pendant une
période prospère avaient été absorbées par le développement donné à nos forces à la suite du
traité du 15 juillet. L'attitude que la France avait
dû conserver depuis lors avait été un obstacle au
rétablissement de l'équilibre du budget, et néanmoins, grâce à la puissance de son crédit, grâce
aux réserves de l'amortissement, réserves inac-

tives par suite de l'élévation du cours de la rente,
elle avait pu donner aux grands travaux publics
une nouvelle impulsion.

Les découverts des années 1840, 1841 et 1842
étaient comblés au moyen de la portion disponible de l'amortissement qui serait absorbée par
cette destination jusqu'à la fin de 1844; un emprunt de 450 millions devait couvrir la plus grande
partie des dépenses nécessaires à l'achèvement
des grands travaux publics, de plus, quoiqu'il ne
pût être pourvu à l'excédent de ces dépenses
ainsi qu'à diverses améliorations et particulièrement aux chemins de fer, qu'avec les réserves
de l'amortissement à réaliser après 1846, il devait être provisoirement fait face à ces travaux
à l'aide de la dette flottante. Il est certain que
dans ce système, M. Lacave-Laplagne le reconnaissait lui-même, il n'était pas suffisamment
tenu compte des additions aux dépenses prévues,
ni des nouveaux découverts que les budgets futurs ajouteraient à ceux des trois dernières années.

En 1842, le total des découverts des exercices 1840, 1841, 1842 étant évalué, déduction
faite des ressources disponibles, à 372,443,207
fr., on pouvait à cette époque considérer les réserves de l'amortissement approximativement

fixées pour les cinq années suivantes à 362 millions comme absorbées par les seuls découverts
de 1840 à 1842. Mais depuis lors, par suite des
économies réelles obtenues, le découvert de ces
trois exercices se trouvait réduit à 320 millions,
évaluation qui, comparée à celle du précédent
ministre, donnait une bonification de 52 millions. De plus les réserves de l'amortissement
pour 1842 étant réalisées, leur montant, 67 millions, venait en réduction du découvert qui n'é-
tait plus en définitive que de 252 millions.

Quant à l'exercice 1843, dont le budget avait
été voté avec un excédent de dépense, on pouvait
en évaluer le découvert à 83 millions, mais par
suite de la tranquillité intérieure du pays et de la
marche ascendante des revenus, on devait prévoir
que les produits de 1843, dépassant ceux de l'année précédente et retranchant 31 millions du découvert le réduiraient à 52 millions. Les réserves
de l'amortissement absorberaient ainsi l'ensemble
des découverts jusqu'en 1846 et pourraient alors
être affectées aux grands travaux publics.

La situation du service extraordinaire s'annonçait d'une façon satisfaisante. Un premier tiers
de l'emprunt négocié en 1841 était totalement
versé, les encaisses du Trésor étaient abondantes
et le ministre, dans le but d'arriver à une exécu-

tion plus prompte des travaux votés, proposait d'élever de 75 à 80 millions le prélèvement à opérer sur le produit de l'emprunt en 1844.

Les crédits demandés pour 1844 s'élevaient pour le service ordinaire à 1,281,031,710 francs. Les recettes n'étant prévues qu'au chiffre de 1,247,228,366 fr., il en résultait un déficit de 33,785,344 francs. En réunissant aux recettes et aux dépenses les 80 millions, à prendre sur l'emprunt, aux dépenses les 43,500,000 fr. des chemins de fer, on arrivait à un total de 1,404,513,710 fr. de dépenses et de 1,327,228,366 fr. de recettes, d'où résultait une différence de 77,285,344 fr. à demander à la dette flottante.

La commission qui choisit M. Bignon pour rapporteur des dépenses ne put, malgré de louables efforts, ramener l'équilibre dans le budget. Diverses diminutions qu'elle proposait, réduisaient les dépenses du service ordinaire de 19 millions, celles du service extraordinaire de 6 millions, et par suite l'excédent total en était ramené à 52 millions. Au début de la discussion générale, M. Chapuy-Montlaville reprocha au gouvernement de donner par un tel système financier un funeste et démoralisant exemple que les départements, les communes et les particuliers eux-mêmes n'étaient que trop disposés à

suivre ; M. Garnier-Pagès proposa comme remède
la conversion de la rente dont le ministre se
refusa à examiner présentement l'opportunité et
la Chambre passa à l'examen du budget de la
justice et des cultes pour lesquels il était demandé
59,157,494 francs.

Les réductions proposées par la commission
sur le budget de ce ministère, s'élevant à 295,725
francs, furent votées par la Chambre, à l'exception toutefois de celle qui portait sur une augmentation réclamée par le garde des sceaux
dans le but d'accroître au chapitre 8 le traitement des commis greffiers de première instance,
dont plus de trois cents ne recevaient que 600
francs. A l'occasion du chapitre 12 du budget des
cultes, secours à divers établissements ecclésiastiques, le ministre, répondant à une question de
M. Mercier, de l'Orne, avait exposé que le chiffre
des legs et donations, faits à des établissements
religieux depuis 1830, n'atteignait pas 5 millions
dont les immeubles ne formaient qu'une faible
part. Contestant l'exactitude du renseignement
donné par M. Martin du Nord, M. Isambert
signalant les inconvénients de la main-morte,
les dangers résultant pour l'enseignement laïque
des autorisations souvent accordées à de nouvelles congrégations enseignantes, reprochant

enfin au pouvoir de faire du clergé un instrument de gouvernement et se déclarant l'ami de la liberté religieuse comme de toutes les autres libertés, demanda la séparation de l'Église et de l'État. Le garde des sceaux combattit victorieusement ces mesquines allégations. Établissant que le concordat de 1801 avait formé entre l'autorité civile et le pouvoir spirituel une union utile, rappelant que dans aucun pays la liberté religieuse n'était mieux consacrée par la loi et mieux pratiquée qu'en France, il posa, en termes élevés, les vrais principes de la tolérance due aux congrégations non autorisées, que le gouvernement a le droit, disait-il, de dissoudre, mais qu'il ne doit vouloir dissoudre qu'en présence d'un intérêt réel. « Je ne cherche pas, ajoutait-il, à obtenir l'assentiment des hommes qui voient toujours dans la religion un péril pour le gouvernement. Je n'ambitionne pas leur approbation, mais je pense avec tous les hommes sages que les idées religieuses, en pénétrant dans les masses, leur donnent des habitudes de moralité et d'obéissance aux lois..... »

Le budget de ce ministère fut ensuite voté au chiffre de 58,272,419 francs. Les crédits demandés pour les affaires étrangères, 8,573,291 fr., dépassaient de 1,200,000 fr. ceux qui avaient

III.   22

été alloués par la précédente loi de finances. Cette augmentation occasionnée par la création projetée de plusieurs consulats ne fut qu'en partie admise par la commission. Reconnaissant l'utilité des postes de Sousse et de Zanzibar, qui, le premier, permettrait d'exercer une surveillance utile sur l'introduction des armes destinées aux tribus hostiles de la province de Constantine, le second prendrait de jour en jour comme entrepôt des marchandises de l'Arabie, de la Perse et de l'Inde une plus réelle importance, elle rejeta la création de celui de Janina que défendit M. de Vatry. Ce député insista particulièrement sur la nécessité de favoriser les relations commerciales existant entre la France et l'Albanie, de toutes les provinces de la Turquie, celle où se consommaient le plus de nos soieries lyonnaises et d'entretenir ainsi le souvenir de la France dans l'esprit des Albanais, qui avaient bravement servi dans les armées de l'Empire. Les réductions n'en furent pas moins votées et le budget du département adopté au chiffre de 8,550,291 francs.

Le gouvernement réclamait pour les services de l'instruction publique 16,994,433 fr., différence en plus de 501,200 fr., comparativement à l'année précédente et sur lesquels la commission proposait 86,200 fr. de réduction. Pour

faciliter l'exécution de la loi du 28 juin 1833 et
développer l'instruction primaire en dotant les
communes de maisons d'école, elle n'avait pas
refusé les 2,400,000 fr. demandés au chapitre 9
et constituant une augmentation de 300,000 fr.
sur l'année précédente. La plupart des communes,
en effet, n'avaient pas les ressources nécessaires
et le fonds commun de subvention destiné aux
acquisitions ou constructions d'écoles, était loin
de pouvoir suffire à tous les besoins. En 1843,
dix-huit mille affaires avaient été instruites et
formaient un arriéré qui, la moyenne des subventions étant évaluée à 1,000 fr., constituaient
pour l'État une dépense de 1,800,000 francs.
Le ministre proposait de la répartir en six annuités de 300,000 francs. Ajoutées chaque année
au fonds ordinaire de 1,575,000 fr., elles donne-
raient une somme de 1,875,000 fr., permettant
de combler cet arriéré. Accordant les 300,000 fr.
pour 1844, la commission ne consentait pas
cependant à prendre un engagement absolu pour
l'avenir, pensant, non sans raison, qu'au fur et
à mesure les nouvelles demandes diminueraient
dans une proportion qui rendrait moins nécessaire l'allocation ordinaire. La discussion de ce
chapitre fournit à M. de Saint-Priest l'occasion de
rappeler au gouvernement les nombreuses péti-

tions des instituteurs réclamant une amélioration de leur position, si précaire que beaucoup de sujets honorables et capables étaient ainsi détournés de se présenter aux examens. Mais de l'étude à laquelle s'était livré le ministre, il résultait que pour porter à 300 fr. le minimum du traitement de ces fonctionnaires, alors si modestes, il eut fallu un supplément annuel de 1 million qu'il était impossible de demander au Trésor. Néanmoins, M. Chambolle, se faisant l'écho du reproche déjà adressé à cette époque aux établissements universitaires, et depuis lors malheureusement de jour en jour plus fondé, de négliger l'enseignement moral, insista sur la nécessité de donner au maître d'école une situation pouvant lui procurer l'influence indispensable à l'accomplissement de sa tâche.

La Chambre, adoptant les conclusions de sa commission, alloua à l'instruction publique un crédit de 16,904,233 francs.

Au budget de l'intérieur, le chapitre 17 portait une augmentation de 120,000 fr. pour deux subventions nouvelles de 60,000 fr. au Théâtre italien et à l'Odéon, subventions dont la commission proposait le rejet. Personne ne prit la défense des Italiens qui furent ainsi sacrifiés; mais M. de la Valette et M. Fulchiron reprochant

à la Comédie-Française de ne pas ouvrir facilement ses portes aux hommes de lettres, insistant
sur ce que le fait d'avoir vu des pièces comme
les *Burgraves, Lucrèce* et les *Vêpres Siciliennes*
écartées de cette scène, prouvait la nécessité
d'un second théâtre français, obtinrent de la
Chambre la subvention proposée en faveur de
l'Odéon. A l'occasion du chapitre 36 de ce
même ministère (dépenses départementales ordinaires imputables sur ressources spéciales), pour
lequel il était demandé 1,971,328 fr. d'augmentation, la commission avait fait observer que
toutes les dépenses ordinaires et particulièrement
celles qui étaient relatives aux prisons, aux enfants
trouvés, aux aliénés, aux routes départementales
ne permettaient plus à la majeure partie des départements d'y pourvoir sur les ressources ordinaires que les lois de finances leur assignaient
annuellement et qui cependant s'étaient accrues
de 3,500,000 fr. depuis l'application de la loi,
d'attributions des conseils généraux, du 10 mai
1838. Ces assemblées avaient dû par suite user
de la faculté que leur concédait l'article 16 de
cette loi de reporter cet excédent sur la deuxième
section du budget et de transformer ainsi en
règle, ce qui dans la pensée du législateur ne
devait être que l'exception. Il était donc urgent

de restituer aux conseils généraux l'intégralité
de leurs centimes facultatifs et de ne plus demander de centimes extraordinaires pour subvenir aux dépenses ordinaires. Il fallait à l'avenir
inscrire chaque année dans la loi de finances une
somme suffisante pour couvrir les dépenses
ordinaires et pour 1844 augmenter le chapitre 36
de 1,971,328 fr., produit d'un centime.

Mais comment créer cette ressource? La pensée première du ministre des finances avait été
de la demander à l'impôt foncier et d'ajouter le
centime aux 5 centimes du fonds commun. D'un
avis opposé, la commission lui avait fait abandonner ce projet.

Le rapporteur invitait la Chambre à prélever le
centime nécessaire sur les centimes généraux
sans affectation spéciale, ne dissimulant pas que
cette mesure aurait pour effet de faire le vide
dans le Trésor, mais il avait la confiance que
l'équilibre serait rétabli grâce à l'accroissement
des revenus, grâce aussi aux efforts des pouvoirs
publics pour réduire les dépenses. Quant à
l'application du centime il proposait $3/10^{mes}$ en
addition aux 9 centimes $4/10^{mes}$ ordinaires, ce qui
les portait à 9 centimes $7/10^{mes}$, et $7/10^{mes}$ ajoutés
aux 5 centimes du fonds commun, soit 5 cen-
times $7/10^{mes}$.

Sans se faire l'écho des nombreuses plaintes dont la distribution du fonds commun était l'objet, la commission recommandait au ministre le contrôle des allocations, une surveillance active des budgets départementaux, le sévère examen de toute nouvelle demande de classement de route et l'utilité d'un travail statistique destiné à faire connaître les voies départementales, dont l'intérêt général permettait l'élévation au rang de routes royales. Malgré l'opposition de M. Deslongrais qui demandait le rejet de l'augmentation de 1,971,328 fr., ces conclusions furent adoptées et la Chambre ayant voté le budget de l'intérieur au chiffre de 102,427,485 fr., passa à l'examen de celui de l'agriculture auquel, après une intéressante discussion sur l'élevage du cheval de selle et de guerre, à laquelle prirent part le général Oudinot, M. Lherbette, M. Achille Fould et M. Mercier, de l'Orne, elle alloua 14,300,110 fr. de crédits.

Le budget des travaux publics était divisé en deux sections, comprenant : la première, les dépenses du service ordinaire, pour lesquelles le gouvernement demandait 55,900,600 fr.; la seconde, les travaux publics extraordinaires[1] qui

1. La deuxième section se divisait elle-même en deux parties :

figuraient au projet pour la somme de 84,200,000 fr., soit un ensemble de 140,100,600 fr., dépassant de 17,369,700 fr. le total alloué l'année précédente et que la commission proposait de réduire d'environ 6,500,000 francs.

Le chapitre 14 bis de la première section fournissait pour la première fois à une commission du budget l'occasion de donner son avis sur la question de l'exploitation des chemins de fer par l'État et, à l'unanimité, elle en avait résolu le principe par la négative. Précédemment la Chambre, sur la proposition de sa commission des crédits supplémentaires, avait bien voté 380,000 fr. pour l'exploitation des deux chemins de fer de Lille et de Valenciennes se soudant avec les chemins belges, mais il ne fallait pas non plus tirer de ce fait la conséquence d'une adhésion définitive à ce mode d'exploiter. La question maintenant à débattre était de savoir si, jusqu'à ce qu'une compagnie eût été mise en possession de la partie de la ligne de Paris à Lille et à Valenciennes, comprise entre ces deux points et Arras, l'État assurerait l'exploitation de ces deux tronçons, qui avaient le grave inconvénient de ne pénétrer ni dans Lille, ni dans

---

1º travaux autorisés par la loi du 25 juin 1841, 40,700,000 fr. ;
2º travaux autorisés par celle du 11 juin 1842, 43,500,000 francs.

Valenciennes, mais de s'arrêter à la limite de la zone de guerre de ces places. Comme les difficultés élevées à ce sujet semblaient devoir bientôt s'aplanir, et que ces villes, une fois reliées, il deviendrait plus facile de livrer les lignes à l'industrie privée, la commission ne proposait d'allouer que 241,000 fr., moitié du crédit demandé par le ministre et défendu avec un grand bon sens par le commissaire du roi, M. Legrand. Quelle devait être en effet la position du gouvernement qui, cherchant à concéder à un tiers un chemin de fer, se voyait forcé, faute de crédits, d'en cesser l'exploitation à une époque donnée. La réduction n'en fut pas moins votée.

Au chapitre 13 de la deuxième section le projet ministériel affectait aux six lignes dotées par la loi du 11 juin 1842, 38 millions, que la Chambre réduisit à 34 millions, retranchant ainsi 4 millions à la section de Strasbourg à Hommarting (ligne de Paris en Allemagne), dont aucune compagnie ne demandait encore la concession et dont les travaux étaient relativement peu avancés. M. de l'Espée, faisant valoir le grand intérêt national de cette voie, et le ministre des travaux publics, M. Teste, combattirent vainement la réduction. Le budget de ce département fut ensuite voté au chiffre de 133,548,600 fr., soit 55,348,600 fr.

pour la première section, et 78,200,000 fr. pour la deuxième[1].

Les crédits demandés pour le département de la guerre étaient également répartis en deux sections, comprenant : l'une les dépenses des divisions territoriales de l'intérieur et de l'Algérie; l'autre celles qui avaient trait aux travaux extraordinaires ordonnés par la loi du 25 juin 1841.

Le montant de la 1re section, 306,779,996 fr., dépassait de 12 millions les crédits alloués pour 1843. Les divisions territoriales de l'intérieur réclamaient 237,267,555 fr., l'Algérie 69,512,441 francs. Le projet maintenait au chiffre de 60,000 hommes et 13,896 chevaux l'effectif employé en Afrique et cela pour faire droit aux plaintes réitérées des commissions du budget concernant l'insuffisance habituelle des prévisions, particulièrement en ce qui concernait l'armée d'opération. Dans ce même esprit, le crédit relatif aux troupes auxiliaires avait été élevé des 3/5mes comparativement à celui de l'année précédente, mais par suite de diminution sur les divisions de l'inté-

---

1. Première partie : travaux autorisés par la loi
du 25 juin 1841. . .   . .   38.700.000 fr.
   Deuxième partie : travaux autorisés par la loi
du 11 juin 1842. . .   . .   39.500.000
                                                   _____
                                                   78.200.000 fr.

rieur, le total de nos forces ne se trouvait pas augmenté. Toutefois la commission estimant que cet effectif, 344,000 hommes et 84,501 chevaux, n'était pas le dernier terme possible de la réduction, en avait encore retranché 14,000 hommes. Pour effectuer cette opération, deux moyens s'offraient : ou bien renvoyer dans leurs foyers 14,000 hommes, ou supprimer dans un certain nombre de bataillons la 7ᵉ compagnie. Au renvoi pur et simple qui devait diminuer l'effectif déjà si peu élevé des compagnies, 83 hommes, la commission avait préféré la réduction des cadres, mesure vivement critiquée par le marquis de Mornay : supprimer ainsi des créations récentes et coûteuses pouvait être pour le Trésor, disait ce député, une économie momentanée, qui, en présence des événements, dont la prochaine majorité de la jeune reine d'Espagne et par suite la probabilité de son mariage, seraient sans doute cause, la France devant alors peser de tout son poids dans cette grave question, nécessiterait pour réorganiser l'armée, une double dépense. En effet, peu de jours après, le maréchal Espartero, qui avait gouverné l'Espagne pendant trois ans, avec le titre de régent était renversé, et la reine Isabelle, âgée de 12 ans, proclamée majeure par les cortès.

Partisan du projet de la commission, M. Lepelletier d'Aulnay énuméra les forces imposantes que la France pouvait mettre en ligne, grâce aux réserves de l'armée et à la garde nationale et repoussa toutes craintes relatives à l'Espagne, à laquelle, suivant lui, nous devions faire comprendre l'utilité de notre alliance, bien plus par un bon vouloir journalier, que par tout autre moyen. Mais le commandant Allard, se plaçant au point de vue exclusivement militaire, démontra ce qu'aurait de funeste la suppression dans 168 bataillons de ces 7es compagnies, qui, en temps de guerre, constitueraient immédiatement un 4e bataillon, et le maréchal Soult, président du conseil, intervenant au débat pour déclarer qu'il ne se chargerait pas, quant à lui, de « raccourcir l'épée qui défend la France », fit rejeter, par son attitude énergique, la réduction proposée.

La deuxième section figurait au projet de budget pour une somme de 341,579,996 fr. d'où la commission proposait de retrancher 130,000 fr. dont 10,000 fr. sur les 20 millions demandés au chapitre 1er (travaux de fortification de Paris).

Le fort de Vincennes n'avait pas été compris dans le plan général des fortifications, cependant on y exécutait à l'est une double enceinte et des

bâtiments militaires. Le ministre de la guerre
interrogé avait répondu qu'il y était pourvu par
le fonds spécial de fortification de Paris, que tel
était son droit et que d'ailleurs il ne dépasserait
pas le crédit général de 140 millions. Mais la
commission avait considéré cette doctrine comme
erronée ; elle y voyait un fait contraire aux règles
sur la spécialité des crédits et comme expression
de son opinion elle demandait à la Chambre d'opérer ce faible retranchement. Au cours de la discussion, M. Ferdinand de Lasteyrie, sans tenir
compte de ce que les décisions du jury d'expro-
priation ont force de chose jugée, vint soutenir à
la tribune que si le ministre ne dépensait rien au
delà des crédits, c'est qu'il profitait à cet effet de la
vente à bas prix de terrains payés bien au-dessous
de leur valeur et représenter la propriété particulière comme inquiétée et pressurée dans ce but.

Ne se bornant pas à attaquer les travaux en
question, mais reprochant aussi au gouvernement
d'avoir construit à Aubervilliers un fort non prévu
et dans l'enceinte un certain nombre d'établissements militaires, M. Lherbette rappela qu'en
votant la loi sur les fortifications on avait tenu à
ce que la capitale ne fut en aucune façon fortifiée
contre elle-même et qu'elle fut ainsi à jamais
protégée contre les tentatives du despotisme.

Il ne prévoyait pas alors que fort heureusement ces précautions seraient vaines un jour, que grâce au progrès de la science augmentant la portée des canons, la ville de Paris serait aussi fortifiée contre elle-même et que, moins de trente ans plus tard, après lui avoir permis une lutte héroïque et prolongée contre l'étranger, ce système de défense faciliterait à l'armée de la France la tâche d'arracher la capitale aux bandes insurgées.

Le duc de Dalmatie rappelant alors qu'en 1841, lors de la discussion de la loi, il avait été bien spécifié que le gouvernement ne serait limité ni dans l'exécution des travaux, ni dans le nombre des forts à établir, que la seule restriction apportée était qu'aucun ouvrage ne pourrait être plus rapproché de Paris que le fort de Vincennes, déclara s'être ainsi trouvé libre de déterminer les emplacements qu'il jugerait convenable pour assurer la défense. Quant aux ouvrages construits à l'est de ce fort, contrairement à ce qu'il avait antérieurement répondu, le président du conseil soutint qu'ils avaient été élevés non au moyen du crédit de 140 millions sur les fortifications, mais avec les crédits extraordinaires que la Chambre avait votés pour les bâtiments militaires du royaume, une loi spéciale ayant à cet effet ac-

cordé un crédit général de 75 millions. A la suite
de ces explications la réduction néanmoins soutenue par le rapporteur fut rejetée après une première épreuve douteuse et le budget de la guerre
adopté au chiffre de 332,991,200 fr., soit
298,311,200 fr. pour la première section ;
34,680,000 fr. pour la deuxième.

Le budget de la marine avait été présenté par
l'amiral Duperré qui pour raisons de santé avait
dû donner sa démission au mois de février précédent et avait été remplacé au ministère par l'amiral Roussin.

L'article 13 du chapitre 5 était l'objet d'une
proposition de réduction s'élevant au chiffre de
40,000 fr. à opérer sur les frais de passage que
le rapporteur avait qualifiés comme se prêtant à
une grande élasticité. A l'appui de cette allégation
M. Taillandier rapporta qu'en 1841 trois officiers
de marine électeurs dans le collège de Lorient,
électeurs bien pensants, ajoutait ce député,
avaient reçu des frais de route pour aller voter.

La réponse du ministre et celle de M. Galos,
commissaire du roi, furent malheureusement des
plus faibles. Sans reconnaître le fait ni le nier, ils
surent seulement affirmer qu'il ne se renou-
vellerait pas. La réduction fut adoptée ainsi que
l'ensemble du budget de ce ministère fixé au

chiffre de 111,885,014 fr. répartis en deux sections : 107,385,014 fr. pour le service ordinaire ; 4,500,000 fr. pour les travaux extraordinaires.

Le ministre des finances demandait pour l'ensemble des services dépendant de son département 610,632,031 fr., constituant comparativement aux crédits alloués pour 1843, déduction faite d'une diminution de 918,000 fr. sur les dotations[1] une augmentation totale de 11,465,779 francs. Sur cette somme 140,000 fr. étaient destinés à subvenir aux frais qu'occasionneraient, dans les avertissements aux contribuables, l'indication, en vertu d'une innovation récente, de la proportion dans laquelle les sommes qu'ils versent se répartissent entre l'État, les départements et les communes.

D'autre part, le service extraordinaire du budget divisé en deux parties comprenait, ainsi que nous l'avons vu au cours de ce chapitre : 1° les dépenses imputables sur le produit de l'emprunt ; 2° celles qui avaient été jusqu'alors laissées à la charge de la dette flottante.

---

1. Une diminution de 700,000 fr. résultait de la mort du duc d'Orléans. La dotation de ce prince était de 2 millions. La loi du 2 mars 1832 avait fixé celle du comte de Paris, son fils, devenu prince royal à 1 million, la loi du 7 mai 1837 à 300,000 fr. le douaire de Mme la duchesse d'Orléans.

La plupart des réductions proposées par la commission furent votées et le budget des finances adopté au chiffre de 610,328,800 francs.

Les recettes avaient été évaluées par le ministre, dans son exposé des motifs, à 1,247,228,366 fr. pour le service ordinaire. Le service extraordinaire ne figurait au projet que pour la partie des travaux publics à laquelle était affectée le produit de l'emprunt. Un prélèvement de 80,000 fr. sur ce produit était porté comme ressource destinée à couvrir les crédits de même somme demandés pour les ministères des travaux publics, de la guerre et de la marine. Quant aux sommes réclamées pour les chemins de fer, sommes que dans ses prévisions le gouvernement avait fixées à 43,500,000 fr. et que le vote de la Chambre avait réduit à 39,500,000 fr., en attendant la réalisation des ressources destinées à y faire face, il ne pouvait leur être attribué de voies et moyens, leur payement devant constituer, provisoirement, une avance du Trésor.

M. Duprat chargé du rapport des recettes proclama que jamais tâche n'avait été plus pénible. En examinant le budget, en prévision d'un excédent de dépenses, la commission avait dû s'interdire toute proposition qui pût diminuer la charge des impôts et réduire ainsi les revenus. Elle

III.   23

n'avait pu que rechercher l'exactitude des évaluations et avait pensé que, le ministre n'ayant eu
pour base des produits indirects en 1844 que les
recettes du dernier mois de 1841 et des onze premiers mois de 1842, elle pouvait, les recettes de
1842 alors connues dans leur ensemble grâce aux
renseignements fournis par le ministre, porter
l'évaluation des recettes à 1,324,688,336 francs.
Dans la séance du 7 juillet, la Chambre, par
218 voix contre 53, vota ce budget au chiffre
de 1,324,760,336 francs.

Adoptées à la Chambre des pairs sur les
rapports favorables du marquis d'Audiffred,
pour les dépenses et du comte Beugnot, pour
les recettes, les deux lois furent promulguées le
24 juillet.

Le budget de 1843 se trouva arrêté de la façon
suivante :

Dépenses.

Justice et cultes.	58,272,419
Affaires étrangères. . . .	8,550,291
Instruction publique. . . .	16,904,233
Intérieur.	102,427,485
Agriculture et commerce. .	14,300,110
A reporter. .	200,454,538

Report.. .	200,454,538
Travaux publics.	55,348,600
Guerre.	298,311,220
Marine.	107,385,014
Finances.	610,328,800
Total du service ordinaire. .	1,271,828,172
Travaux extraordinaires. . .	77,880,000
Grandes lignes de chemins de fer.	39,500,000
Total général des dépenses. .	1,389,208,172

Recettes.

Voies et moyens ordinaires de l'exercice.	1,246,880,336
Ressources extraordinaires (portion de l'emprunt autorisé par la loi du 25 juin 1841). . .	77,880,000
Total général des recettes. .	1,324,760,336
Dépenses.	1,389,208,172
Recettes.	1,324,760,336
Excédent de dépenses. . .	64,447,836

La Chambre élue en 1842 n'avait signalé cette première session de sa législature par aucun débat important, mais dans l'adresse au roi, adoptée le 3 février, tout en donnant son entière

approbation à la suppression de la traite des
nègres, elle s'était déclarée absolument contraire
au principe du droit de visite, qu'elle considérait
comme humiliant pour notre marine et dont elle
demandait au gouvernement d'entreprendre
l'abolition.

Ce droit résultait des conventions signées
entre la France et l'Angleterre, les 30 novembre
1831 et 23 mars 1833. Une convention nouvelle
du 20 décembre 1841 étendant la zone de surveillance et ne limitant plus le nombre des croi-
seurs, avait été occasionnée par l'adhésion de
presque toutes les puissances européennes et
notamment de la Russie, de l'Autriche et de la
Prusse, qui avaient échangé leurs ratifications et
laissé le protocole ouvert pour la France, protocole dont M. Guizot, devant les préventions du
pays, avait obtenu la clôture en 1842. La revision
des conventions de 1831 et de 1833 était ainsi devenue nécessaire. Malgré ces faits qui auraient
pu sensiblement modifier l'état de nos relations
avec la Grande-Bretagne, la jeune reine Victoria
accompagnée du prince Albert, son mari, et de
lord Aberdeen, était venue dans le courant de
l'été faire au château d'Eu une visite au roi des
Français. Cet événement avait eu en Europe un
immense retentissement.

En Algérie, la colonisation s'était accrue au cours de cette année de 20,000 âmes, 22 villages étaient créés, 19 routes entreprises, la moitié de la jetée du nord du port d'Alger construite, enfin le général Bugeaud, après une expédition couronnée de succès, était promu le 31 juillet à la dignité de maréchal de France.

En effet, dès le mois de janvier, Abd-el-Kader reparaissant soudain avait porté l'insurrection jusqu'aux portes de Cherchell, menaçant de l'étendre dans tout l'Atlas autour de la Mitidja. Mais le gouverneur, pénétrant avec trois colonnes dans le pays soulevé, ramenait les tribus à la soumission.

Le duc d'Aumale enfin s'emparait de la Smala, « grande ville ambulante qu'on pouvait considérer comme la capitale de l'empire arabe [1] » et qui comptait plus de 5,000 combattants.

Exécuté par le fils du roi à la tête de 500 cavaliers, ce brillant fait d'armes qui portait une atteinte profonde à la fortune de l'émir, rendait dès lors populaire entre tous et à jamais illustre le prince qui l'avait accompli. Cet heureux début semblait promettre pour longtemps un chef à notre armée. Mais la Révolution de février allait,

---

1. Le général Bugeaud au ministre de la guerre.

sans tarder, enlever ce soldat à la France et le
séparer pendant de longues années de ses com-
pagnons d'armes. Il ne devait les retrouver que
pour voir bientôt après de basses passions politiques briser une seconde fois sa vaillante épée.

CHAPITRE XVI.

SESSION DE 1844.

Le roi Louis-Philippe ouvrit, le 27 décembre 1843, la session de 1844. Retraçant les principaux événements survenus au cours de l'année qui allait finir, particulièrement en Grèce et en Espagne, il exprimait l'espoir que l'issue en serait favorable à ces deux nations amies de la France et il ajoutait : « La sincère amitié qui m'unit à la reine de la Grande-Bretagne et la cordiale entente qui existe entre mon gouvernement et le sien me confirment dans cette confiance. » Les deux Chambres s'associèrent aux sentiments exprimés par le roi.

Comme témoignage de son désir de pratiquer également cette entente cordiale, la reine Victoria, au mois de novembre, sur la demande du gouvernement français, avait décidé de ne pas recevoir le duc de Bordeaux qui fut accueilli à Londres par l'aristocratie anglaise avec une extrême réserve.

Toutefois, dans la discussion de l'adresse, M. Thiers sut démontrer que l'alliance avec l'Angleterre ne pouvait plus avoir la même efficacité que par le passé, parce que les intérêts des deux pays ne les unissaient plus au même point. Néanmoins, ces réserves et ces dissidences ne pouvaient pas avoir d'influence sur la prospérité du pays qui continuait à être très grande et le gouvernement, dès le début de la session, se préoccupa avant tout de la reprise du projet de loi relatif au règlement définitif du budget de 1841, projet déposé l'année précédente. Le vote avait fait ressortir un excédent présumé de recettes de 24,043,432 fr., mais les dépenses additionnelles votées au cours des sessions suivantes avaient changé ce boni en une insuffisance de 255,640,816 francs. A peine, en effet, le budget était-il voté que le gouvernement avait dû présenter des demandes considérables de crédits pour faire face aux événements de 1840 qui, disait M. Vuitry dans son rapport, avaient pesé de tout leur poids sur l'exercice 1841. Les crédits ouverts avaient été portés de 251,541,281 fr. à 398,515,145 fr. pour le ministère de la guerre, de 74,028,300 fr. à 124,915,542 fr. pour celui de la marine. Les comptes établissaient toutefois que d'une part les dépenses de l'exercice, déjà réduites de 67,867,000 fr., étaient atténuées par des annulations s'élevant à 43,602,530 fr. et que, d'autre part, les produits réalisés avaient dépassé de 47,053,312 fr. les évaluations. L'insuffisance présumée n'était ainsi que de 164,984,974 francs. En outre, 146,289,249 fr. de ressources extraordinaires formées des réserves de l'amortissement et d'excédents de recettes sur les années antérieures ayant été attribuées à l'exercice 1841, le découvert se trouvait ramené à un résultat final de 18,695,000 francs.

M. Rihouet ouvrit la discussion en signalant le désordre qui régnait au département de la marine où les règles budgétaires étaient négligées par l'administration centrale et par celle des ports. Il cita la récente restitution dans les caisses du gouvernement d'une somme de 14,000 fr., opérée

par l'action du confessionnal, et qui, selon toute
probabilité, provenait de prélèvements irréguliers
sur le salaire des ouvriers. L'organisation d'un
contrôle lui semblait indispensable. L'amiral de
Mackau qui avait remplacé à la marine l'amiral
Roussin, dont la santé était sérieusement atteinte,
ne put contester les faits apportés à la tribune
par M. Rihouet. Il se borna à protester contre
l'induction défavorable que l'on pouvait en tirer à
l'égard de l'administration de son département et se
montra d'ailleurs entièrement partisan de la création d'un contrôle, se proposant de présenter
prochainement à ce sujet un projet définitif.

Les mêmes attaques contre le système de
comptabilité de la marine furent reproduites à la
Chambre des pairs par le rapporteur, M. Beugnot.
M. de Boissy occupa longtemps l'attention de
cette assemblée, faisant allusion d'abord au droit
de visite qu'il considérait comme une honte et un
dommage dont il rendait responsable l'alliance
anglaise à laquelle il eût préféré l'alliance russe ;
puis, opposant à notre inactivité maritime l'augmentation de la marine de l'Angleterre, il mettait
en doute la sincérité des sentiments de cette puissance relativement à l'entente cordiale. Enfin, il
reprochait au gouvernement, à l'occasion de l'incident de Taïti, d'avoir faibli et d'avoir désavoué

un de nos plus braves marins parce que nous n'étions pas assez forts pour le soutenir.

Quelques jours avant[1], à la Chambre des députés, cette même question de Taïti avait donné lieu à un débat des plus vifs. Voici quels étaient les faits. Depuis longtemps le gouvernement sentait la nécessité d'avoir dans l'océan Pacifique un point de ravitaillement pour les navires. Au mois d'avril 1842, l'amiral Dupetit-Thouars avait dans ce but pris possession sans violence des îles Marquises où l'on voulait en même temps transporter les bagnes, dont la suppression en France était demandée. Dans ces parages se trouvent les îles de la Société. La principale, Taïti, avait été visitée par l'amiral dans un précédent voyage au cours duquel il avait obtenu de la reine Pomaré, souveraine de l'île, l'engagement de faire cesser les vexations auxquelles les résidents français étaient en butte de la part des résidents anglais. Revenant des îles Marquises, l'amiral Dupetit-Thouars ayant constaté que la reine ne tenait pas ses promesses crut pouvoir imposer à Pomaré le protectorat de la France, situation qui remettait en nos mains la direction des relations de Taïti avec les puissances étrangères. Le gouvernement

---

1. 29 février-1er mars 1844.

français, ratifiant aussitôt ce traité, nomma l'amiral Bruat commissaire du roi auprès de la reine. Après une nouvelle absence, l'amiral Dupetit-Thouars avait trouvé dans l'île les passions surexcitées contre la France par les résidents anglais et Pomaré entièrement livrée à l'influence du consul d'Angleterre Pritchard. Considérant le traité comme violé, l'amiral Dupetit-Thouars, de sa propre autorité, déclara la princesse déchue et les îles qui lui appartenaient réunies à la France. Pomaré s'était alors directement adressée au roi Louis-Philippe en promettant d'adhérer fidèlement au traité de 1842. Sur l'avis du gouvernement qui ne trouvait pas les griefs allégués suffisants pour justifier une mesure d'annexion, le roi avait ordonné l'exécution pure et simple du traité et le rétablissement du protectorat. Le jour même[1] où parut au *Moniteur* la note qui confirmait cette décision, le gouvernement fut interpellé à ce sujet par l'un de ses partisans, M. de Carné. M. Guizot lui répondit que l'amiral Dupetit-Thouars avait outrepassé ses instructions et que d'ailleurs notre établissement dans ces parages lointains ne devait pas être inauguré par des actes de violence. Il n'y avait, suivant le

---

1. 26 février 1844.

ministre, aucun avantage pour la France à changer
le régime du protectorat contre celui d'une possession directe qui risquait de l'entraîner dans
des complications qu'elle avait tout intérêt à prévenir. Puis, protestant contre le reproche que lui
fit M. Billault d'avoir usé de complaisance envers
l'Angleterre, M. Guizot déclara que sans doute,
en délibérant sur ce qu'il avait à faire, le gouvernement avait dû penser à l'état de ses relations
avec cette puissance, mais que l'intérêt de la
France avait seul dicté ses résolutions.

M. Thiers ne chercha pas moins à démontrer,
au point de vue du bon service et du zèle des
agents, les graves inconvénients résultant du dé-
saveu infligé à l'amiral Dupetit-Thouars ; mais un
ordre du jour défavorable au cabinet, présenté
par M. Ducos, avait été rejeté à la majorité de 46
voix[1].

Tels étaient les faits sur lesquels M. de Boissy
crut devoir appeler l'attention de la Chambre des
pairs au cours de la discussion du règlement définitif du budget de 1841, qui fut arrêté ainsi
qu'il suit :

Payements effectués sur l'exercice jusqu'à

---

1. Discours de M. Thiers publiés par M. Calmon ; préambule au
discours du 1er mars 1844.

l'époque de la clôture.	1,425,239,622 fr. 74
Ressources applicables à l'exercice.	1,406,545,217 fr. 32
Excédant de payement.	18,694,405 fr. 42

Cet excédant de payement devait être transporté au compte spécial prescrit par l'article 36 de la loi de finances du 25 juin 1841 et l'extinction en avoir lieu au moyen des ressources extraordinaires que cette même loi avait déterminées.

Quoiqu'elle n'entre pas au même titre que la précédente dans le cadre de ce récit, il nous faut ici parler d'une loi qui peut être considérée comme l'un des monuments importants de notre législation financière : la loi du 25 avril 1844 sur les patentes. La contribution des patentes avait été établie en remplacement des droits de maîtrises et de jurandes, par un décret du 17 mars 1791. Ce décret proclamait la liberté du commerce et de l'industrie tout en leur faisant une part dans les charges publiques. Le prix des patentes annuelles était unique et établi d'après le montant du loyer d'habitation ; mais on s'aperçut bientôt que cette taxe était par suite inexacte et incomplète et que des industries lucratives pouvaient être exercées dans des locaux restreints. La loi du 4 thermidor an III classa alors les diverses industries d'après leur importance et les divisa en patentes générales et en patentes particulières. Les premières s'appliquaient à tous les négoces considérables, les secondes étaient déterminées par un tarif variant d'après la population.

La loi du 6 fructidor an IV inaugura la combinaison du droit fixe et du droit proportionnel. Remaniée, cette loi aboutit à celle du 1er brumaire an VII qui, modifiant la législation antérieure, maintint cependant la combinaison des deux droits. Les patentables furent alors divisés en deux tableaux : le premier ne contenait qu'un petit nombre de professions taxées d'après un tarif exceptionnel, sans égard à la population ; le second comprenait sept classes de professions, divisées chacune en sept degrés de population. Le droit proportionnel était applicable à tous ceux qui étaient renfermés dans les cinq premières classes et n'était pas dû par le patentable des deux dernières, qui n'était assujetti qu'au droit fixe.

Antérieurement à 1844, la loi du 1er brumaire avait subi dans ses détails de nombreuses modifications. Diverses lois[1] réalisèrent de notables

---

1. Lois des 25 mai 1817 — 15 mai 1818 — 17 juillet 1819 — 26 mars 1831.

améliorations dans le sens de la proportionnalité
de l'impôt des patentes et tendirent à établir un
rapport plus direct entre les taxes et l'importance
réelle des industries auxquelles elles s'appliquaient. Elles ajoutèrent enfin au droit fixe un
nouvel élément qui était la taxe variable. Néanmoins, M. Lacave-Laplagne, ministre des finances, avait déposé dans la séance du 4 février
1843, un nouveau projet de loi sur les patentes
pour mettre la législation sur cette matière plus
en harmonie avec l'état présent des choses. Les
modifications qu'il proposait d'y apporter devaient
avoir pour résultats un classement plus méthodique et plus équitable; la suppression des commissions locales et des exceptions abusives. Enfin,
loin de chercher à en augmenter le produit, les
propositions du gouvernement avaient pour effet
d'asseoir plus équitablement l'impôt et de ménager les plus faibles industries.

M. Vitet, rapporteur de la commission, résumait en ces termes le travail auquel ses collègues
et lui s'étaient livrés :

« Conserver les bases de la législation exis-
« tante, n'innover que pour prévenir des abus
« constatés, résister à toute prétention excessive,
« mais ne pas reculer devant quelques sacrifices
« pour faire droit à des réclamations fondées,

« pour établir l'équilibre entre tous les intérêts,
« pour faire disparaître de choquantes inégalités ;
« enfin ne pas dénier plus longtemps de légitimes
« exemptions, accorder de justes ménagements
« aux plus faibles industries et affranchir réelle-
« ment toute la classe ouvrière : tel est le but que
« nous nous sommes proposé. »

Quoique M. Vitet eût déposé son rapport dans
la séance du 26 février 1843 le projet ne vint en
discussion devant la Chambre des députés que
dans le courant de février 1844. Il fut l'objet de
longs débats. Votée à la Chambre des pairs sur le
rapport du marquis d'Audiffret la loi fut promulguée le 25 avril 1844.

Cette loi qui est encore aujourd'hui la loi organique de l'impôt sur les patentes est venue coor-
donner en la modifiant la législation antérieure.
Son caractère est la tendance à l'individualité des
taxes par la multiplication des classes du tableau,
dans lequel sont rangées les professions taxées
d'après un tarif général et par l'augmentation du
nombre de professions inscrites dans les différents
tableaux à la nomenclature légale. Elle établit
l'équilibre entre le droit fixe et le droit proportionnel. D'autres lois sont venues depuis continuer l'œuvre de la loi du 25 avril 1844, en cherchant à spécifier pour chaque profession la taxe

qui lui est le plus justement applicable. Celle du
18 mai 1850 a soumis au droit proportionnel les
professions libérales. Enfin la loi du 15 juillet
1880 renferme quelques dispositions nouvelles,
mais elle n'est en majeure partie que la codifi-
cation des textes de la loi de 1844. La plupart
de ces textes y sont même littéralement repro-
duits.

La Chambre devait encore se voir détournée
de ses travaux par la situation financière de la
Grèce qui réclamait notre concours. Les représentants de la France, de l'Angleterre et de la
Russie, avaient signalé au roi Othon la nécessité de sortir d'une situation si critique et ce souverain s'était enfin décidé à faire subir au budget
de larges réductions. D'autre part les représentants des trois cours avaient communiqué au
cabinet d'Athènes un projet de convention tendant
à affecter au solde des intérêts de l'emprunt les
recettes provenant de la perception des droits de
douane et de timbre et à régler le remboursement
des avances au moyen d'une émission des bons
du Trésor grec.

Cette convention avait été conclue à la veille
du jour où éclatait à Athènes le mouvement qui
amena en Grèce l'établissement des formes constitutionnelles. Entraver le gouvernement du roi

Othon eût été une faute que le gouvernement français devait d'autant moins commettre que 1 million était déjà parvenu à Paris pour le payement du semestre de septembre. Il était sage de se contenter de ce premier acompte et de désintéresser les porteurs d'obligations au moyen d'un crédit de 143,906 fr. à faire régulariser par les Chambres. Le ministre des finances formulait l'espoir que le régime constitutionnel ne tarderait pas à produire un heureux effet sur l'administration financière de la Grèce et il demandait, afin de pourvoir au payement du semestre échu au 1er mars 1844, un crédit de 527,241 fr. que le Parlement accorda sans débat.

Dans la séance du 12 janvier, le même ministre avait déposé un projet de loi relatif aux crédits supplémentaires et extraordinaires des exercices 1843 et 1844. Les demandes relatives à l'exercice 1843 s'élevaient pour les crédits supplémentaires à la somme de 23,637,620 fr. et pour les crédits extraordinaires à celle de 17,189,821 fr., que la commission proposait de réduire, les premiers à 23,087,000 fr., les seconds à 16 millions. Toutefois, par suite de reports d'allocations spéciales non employées et d'annulations définitives, l'augmentation réelle des dépenses se trouvait réduite à 32,973,737 francs.

Sur ces crédits, le ministre de la guerre réclamait 7,278,937 fr. nécessités tant par l'élévation du prix des fourrages que par l'obligation de compléter les effectifs de l'armée d'Afrique dont le chiffre avait dépassé de 3,349 hommes le nombre qui avait servi de base aux dernières allocations.

Les suppléments nécessaires à la marine formaient un total de 7,734,668 fr. portant principalement sur la station spéciale de la Chine ainsi que sur la construction et l'armement des paquebots transatlantiques.

Les finances demandaient pour les divers services de ce département 15,262,321 fr. ; mais les crédits alloués par la loi du 11 juin 1842 et par des lois spéciales étaient réduits de 4,934,000 francs.

Les allocations réclamées au titre de l'exercice 1844 avaient trait à diverses dépenses supplémentaires et extraordinaires, à des crédits spéciaux reportés des exercices précédents et à des crédits pour rappels de créances sur des exercices périmés. Elles s'élevaient à la somme de 3,879,268 fr. sur laquelle la marine seule nécessitait 1,155,000 francs. La commission avait réduit le total à 3,284,100 francs[1].

---

1. La commission en fixait toutefois le chiffre à 5 millions, comprenant dans ce crédit 350,000 fr. portés dans le projet de

Aux termes du projet les crédits accordés par diverses lois sur les exercices 1842 et 1843 aux ministres des travaux publics, de la guerre et de la marine, pour les travaux extraordinaires et les grandes lignes de chemins de fer étaient réduits d'une somme de 14,304,047 fr. restée sans emploi. Des crédits supplémentaires montant à 15,690,365 fr. étaient ouverts pour les mêmes services sur 1843 et sur 1844.

Enfin, en augmentation des restes à payer des exercices 1839, 1840 et 1841 il était demandé, montant de nouvelles créances constatées sur ces exercices, 733,917 fr. de crédits supplémentaires. Le ministre des finances réclamait de plus 193,906 fr. pour le payement du semestre de l'emprunt grec échu le 1er septembre 1843.

Dans son rapport, M. Félix Réal, rappelant que tous les soins de l'administration doivent tendre à maintenir la dépense dans la limite des crédits votés et que si la nécessité de faire appel à des suppléments vient à se produire, il ne faut y avoir recours que dans des cas définis, résumait

loi présenté le 21 avril 1844 par le ministre des affaires étrangères et tendant à ouvrir un crédit supplémentaire au chapitre « Missions étrangères » du budget de 1844 ainsi que celui de 1,225,000 fr. porté dans le projet du 22 mars 1844 par le ministre de la marine et ayant pour objet le report d'un crédit destiné à l'armement de deux bâtiments à vapeur, de l'exercice 1843 à l'exercice 1844.

en ces termes la règle à suivre : « Si en l'ab-
« sence des Chambres il y a urgence à organiser
« un service il faut qu'une ordonnance inter-
« vienne et ouvre un crédit. S'il n'y a pas urgence
« il faut que le vote des Chambres, au lieu de
« suivre l'installation du service, le précède tou-
« jours. »

A l'occasion de divers crédits affectés aux
missions en Chine et en Perse, M. de Carné émit
l'avis que la France n'avait pas à chercher aven-
tureusement des affaires aux extrémités du globe
et que notre diplomatie devait s'attacher d'abord
à conserver les traditions du passé. Il pensait que
nous avions particulièrement en Syrie des intérêts autrement importants que les faits survenus
à Taïti. Cette opinion fut combattue par M. Berryer. « Il faut, disait ce député, chercher à faire
« connaître dans tous les points du monde ce
« qu'est la puissance de la France, comment elle
« fait respecter le pavillon qui couvre ses mar-
« chandises. » Il ne combattait donc pas le caractère général de ces missions, mais prenant à
partie le gouvernement au sujet des incidents
de Taïti, il lui reprocha de chercher à donner
en toutes choses une satisfaction momentanée au
sentiment public et non aux grands intérêts du
pays. Il rouvrait ainsi toute cette question déjà

examinée lors de la discussion du règlement
définitif du budget de 1841[1]. Mais le récit de ce
nouveau débat n'entre pas dans le cadre de ce
travail.

La loi votée par les deux Chambres alloua sur
1843, 23,087,255 fr. de crédits supplémentaires
et 16,542,873 fr. de crédits extraordinaires et
réduisit de 6,159,000 fr. les crédits accordés sur
cet exercice par la loi du 11 juin 1842 et par des
lois spéciales. Elle accorda sur 1844, 736,764 fr.
de crédits supplémentaires ; 4,516,643 fr. de crédits extraordinaires et 175,696 fr. pour le payement des créances des exercices périmés. Les
crédits alloués pour les grands travaux et les
lignes de chemins de fer furent réduits sur les
exercices 1842 et 1843 d'une somme totale de
14,304,047 fr. ; mais il fut ouvert pour les mêmes
services un crédit de 15,690,365 fr. sur les
exercices 1843 et 1844. Il fut en outre accordé
733,917 fr. en augmentation des restes à payer
des exercices 1839,1840 et 1841. Enfin,193,906 fr.
étaient donnés au ministre des finances pour le
payement du semestre de l'emprunt grec échu le
1er septembre.

La loi de finances de 1843 avait ramené de

1. Voir page 363.

75,000 hommes à 60,000 l'effectif de l'armée
d'Afrique en 1844. Mais les circonstances n'a-
vaient pas permis d'opérer cette réduction et
le gouvernement se trouvait dans l'obligation
de demander 6,116,942 fr. pour l'entretien de
ces 15,000 hommes. En outre 1,500,000 fr.
étaient nécessaires à l'achèvement des travaux
de fortifications en Algérie, 31,000 fr. étaient
exigés pour le maintien en régie d'une partie du
service des fourrages et pour le traitement du
personnel composant la direction des affaires
centrales de la colonie, 25,817 fr. enfin devaient
assurer l'exécution des dispositions transitoires
de la nouvelle organisation du ministère de la
guerre ; soit un total de 7,673,859 francs.

Le général de Bellonet, rapporteur de la commission, proposait de réduire de 10,000 fr. le
crédit afférent aux fortifications, qui portait en
partie sur la construction de nouveaux postes,
pour que la Chambre pût exprimer par un vote sa
volonté relativement au maintien des limites de
l'occupation, et de retrancher 1,198,826 fr. des
sommes allouées par la loi de finances à l'entretien des divisions territoriales de l'intérieur. Le
maréchal Soult ne combattit pas cette seconde
réduction, mais il obtint le rejet de la première en
faisant valoir que, au moment où Abd-el-Kader

venait de soulever diverses tribus marocaines, il
ne fallait pas, par une semblable mesure, laisser
croire aux troupes chargées de contenir l'empereur du Maroc que leurs services n'étaient pas
suffisamment appréciés. La Chambre des pairs,
sur le rapport favorable du comte de Baudrand,
adopta le projet sans discussion.

La consolidation de notre établissement en
Algérie ne pouvait que contribuer à appeler l'attention des pouvoirs publics sur les ports de la
métropole qui, longtemps délaissés pendant nos
guerres maritimes, ne se relevaient que lentement
de cet état d'abandon. Ce n'est qu'à dater de 1837
qu'avait été entreprise l'œuvre de régénération
des ports de commerce. De 1837 à 1844 diverses
lois avaient affecté 69,680,000 fr. à l'amélioration
de 42 d'entre eux. Sur ce crédit général, il
avait été alloué 61,206,092 fr. jusqu'à l'exercice
1844. Comme il ne restait à créditer que
8,473,908 fr. à partir de l'exercice suivant, on
pouvait prévoir que la partie restant disponible
du crédit additionnel porté par prévision dans la
loi du 25 juin 1841, loi dans laquelle les ports
figuraient pour 9,500,000 fr., pourvoirait à toutes
les éventualités.

Le gouvernement demanda en 1844 une somme
de 46 millions qui ne devait être appliquée qu'à

trois grands ports de commerce : Le Havre, Marseille, Bordeaux, et à l'éclairage des côtes. Les crédits demandés s'élevaient à 20 millions pour le port du Havre et à 20 millions pour celui de Marseille. Dans les travaux relatifs à Marseille se trouvait compris le canal maritime de Bouc à l'étang de Berre. Enfin 3,500,000 fr. étaient destinés au port de Bordeaux et 2,500,000 fr. aux phares et fanaux.

Sur ces 46 millions, le projet ministériel réclamait 2,300,000 fr. pour 1844 et 5,900,000 fr. pour 1845. Il proposait en outre de pourvoir provisoirement à cette dépense au moyen des ressources de la dette flottante, les avances du Trésor devant être définitivement couvertes par la consolidation des fonds de réserve de l'amortissement qui deviendraient libres après l'extinction des découverts de 1840 à 1844.

La commission, dont le rapporteur fut le comte d'Angeville, réduisant à 18,980,000 fr. le crédit relatif au port de Marseille, à 19,922,000 fr. le crédit affecté à celui du Havre, et maintenant les autres, ramenait ainsi le total à 44,902,000 francs. De plus, par un amendement, elle garantissait la rentrée dans les caisses du Trésor d'une somme de 2 millions qu'elle ne considérait que comme une avance faite aux concessionnaires du bassinentrepôt du Havre qui auraient à rembourser à l'État la valeur du terrain sur lesquels les docks-entrepôts seraient établis.

Le comte d'Angeville faisait observer que la commission s'était surtout préoccupée de la question financière : les réserves de l'amortissement ayant été engagées jusqu'en 1853 par la loi du 11 juin 1842.

La Chambre adopta ces conclusions. Elle dota le Havre d'un crédit de 19,922,000 fr. mais, sur la proposition de M. Lemercier et de M. Cadeau d'Acy, malgré l'opposition du gouvernement, elle retrancha de la somme destinée aux travaux de Marseille 1,800,000 fr. réclamés pour l'ouverture du canal de communication entre le port de Bouc et l'étang de Berre. Enfin elle accorda les crédits demandés pour Bordeaux et pour l'achèvement du système des phares.

Ce projet de loi avait été présenté à la Chambre des députés le 29 février et n'avait été voté que le 11 juin. La Chambre des pairs n'avait pu en être saisie que le 21 du même mois et par suite le rapporteur, le baron Charles Dupin, n'avait pu déposer son travail que le jour même où la Chambre élective achevait la dernière séance de la session. Ce pair s'éleva avec raison contre une telle méconnaissance des justes égards dus à la haute assem-

blée, mais il s'abstint d'apporter aucune modification à la loi afin de ne pas en rejeter le vote à
l'année suivante.

Les divers travaux qui devaient être exécutés
au port du Havre allaient entraîner la destruction
des fronts méridionaux de la place et d'une partie
des ouvrages extérieurs des fronts de l'est. Le
maréchal Soult estimait que, comme ministre de
la guerre, il avait le devoir, non seulement de
remédier immédiatement à ces destructions, mais
encore d'améliorer la défense de la ville. Dans
ce but, il obtint sans difficulté du Parlement
une somme de 5,880,000 fr. pour faire face à
cette dépense à laquelle il fut provisoirement
pourvu au moyen des ressources de la dette
flottante.

La marine se trouva vers le même temps dans
la nécessité de demander l'ouverture d'un crédit
extraordinaire. Le budget de l'exercice 1844 avait
été établi dans la supposition que le nombre des
bâtiments armés serait de 140[1], celui des bâtiments en disponibilité de 16 et celui des bâtiments
en commission de port de 4. On avait alors admis
que les 140 armements composant la force
active suffiraient au service des onze stations

---

1. Bâtiments à voiles, 105. — Bâtiments à vapeur, 35.

navales. Mais, depuis lors, les circonstances
avaient entraîné la marine à des dépenses considérables et par suite le ministre réclamait plusieurs
crédits supplémentaires s'élevant ensemble à
8,087,000 fr., somme à laquelle il proposait de
pourvoir au moyen des ressources créées par la
loi de finances de 1843. La station dans les mers
de Chine qui avait motivé l'année précédente un
crédit extraordinaire de 1,792,100 fr. se repré-
sentait avec un chiffre encore plus élevé ; l'expédition d'Océanie avait été composée d'un nombre de
vaisseaux supérieur aux prévisions ; la station de
Bourbon avait dû être augmentée ; le service de
l'Algérie avait été effectué avec des vapeurs dont
l'entretien était coûteux ; enfin de graves événements étaient survenus en Espagne. Telles étaient
les causes qui avaient fait porter les armements à
190 bâtiments et entraînaient de ce chef un surcroît de dépense de 4,373,850 francs. Toutefois,
comme il y avait lieu de tenir compte du désar-
mement projeté dans le cours de l'année de plusieurs frégates, le total pouvait être ramené à
3,090,300 francs. D'autre part, le ministre avait
dû élever considérablement les demandes de crédit en ce qui concernait le chapitre 9, « Travaux
du matériel naval ». Son département avait été
contraint de se renfermer pour 1843 dans la

limite d'un crédit total de 91,923,026 fr. et le budget de l'exercice avait signalé un découvert considérable à ce chapitre.

La Chambre des députés, sur le rapport du comte d'Angeville, la Chambre des pairs, sur celui du baron Charles Dupin, adoptèrent sans discussion le projet de loi.

En leur présentant le budget de 1844 le gouvernement n'avait pas laissé ignorer aux Chambres que les ressources attribuées à cet exercice étaient insuffisantes et il avait fait pressentir la nécessité de recourir à des crédits supplémentaires. En demandant ces crédits dans la séance du 8 mai, le ministre des travaux publics faisait observer que les uns constituaient simplement des anticipations sur les allocations générales déjà votées, et que les autres étaient applicables à des dépenses qui ne pouvaient être ajournées sans inconvénient. Ils avaient trait aux routes royales, au chemin de fer de Lille et de Valenciennes à la frontière belge, au canal de la Marne au Rhin et au canal latéral à la Garonne.

Le projet affectait une somme de 6 millions à la continuation des travaux sur les routes royales. Du crédit qui leur avait été ouvert par la loi du 14 mai 1837 il ne restait que 6 millions disponibles. C'était donc un supplément de pareille somme que l'on réclamait pour 1844 et il devait y être pourvu au moyen des ressources créées par le budget des recettes de cet exercice. Mais la commission avait pensé qu'il serait préférable d'y faire face provisoirement à l'aide des ressources de la dette flottante, les avances du Trésor devant, dans ce cas, être définitivement couvertes par la consolidation des fonds de réserve de l'amortissement qui deviendraient libres après l'extinction des découverts des exercices 1840 à 1844. Le crédit et l'amendement furent votés.

Lors de la présentation du budget de 1844 l'administration avait réclamé 482,000 fr. pour l'exploitation aux frais de l'État, pendant cette année, des chemins de fer de Lille et de Valenciennes à la frontière de Belgique. La Chambre partant de ce principe que l'État ne doit pas exploiter n'avait accordé que les 241,000 fr. nécessaires pour assurer le service pendant six mois[1]. Les prévisions qui avaient motivé cette décision ne s'étaient pas réalisées. Une somme égale fut par suite accordée sans aucune difficulté pour assurer l'exploitation jusqu'à la fin de l'année. Il fut également alloué pour le même chemin 1,435,000 fr. applicables à la liquidation des en-

1. Voir page 345.

treprises et à divers travaux complémentaires, dépense à laquelle le gouvernement proposa de pourvoir au moyen des ressources créées par le budget des recettes de 1844. Mais la commission crut préférable de la prélever provisoirement sur les ressources de la dette flottante conformément à l'amendement adopté relativement aux routes royales.

Le crédit porté à la deuxième section du budget des travaux publics pour le canal de la Marne au Rhin et pour le canal latéral à la Garonne était depuis plusieurs années réduit à 3 millions pour chacune de ces deux voies de navigation. Des mesures législatives avaient été prises d'année en année pour suppléer à la faiblesse des allocations et assurer la marche des travaux. Sur les propositions du gouvernement la Chambre alloua pour 1844, au moyen des ressources créées par la loi des recettes de 1842, 7 millions au premier de ces canaux et 6 millions au second, soit ensemble 13 millions. Toutefois, malgré l'opposition de M. Legrand, sous-secrétaire d'État des travaux publics, M. de Berthois obtint de ses collègues que les 7 millions du canal de la Marne au Rhin seraient employés uniquement entre Vitry et Nancy. Ce député trouvait imprudent d'entreprendre immédiatement la portion comprise entre cette dernière ville et Strasbourg, portion dont le tracé s'éloignait peu de celui du chemin de fer. L'adoption de cette proposition incita sans doute le colonel de l'Espinasse à en produire une semblable relativement au canal latéral à la Garonne, auquel il ne reconnaissait d'utilité qu'entre Toulouse et Agen. Le sous-secrétaire d'État fit vainement observer que le pont destiné à faire passer le canal, à Agen, de la rive droite sur la rive gauche du fleuve, était déjà exécuté et que depuis cette localité jusqu'à Castets les terrassements de même que les ouvrages d'art étaient fort avancés. La Chambre adopta l'amendement de M. de l'Espinasse puis elle imputa sur les ressources créées par l'article 35 de la loi de finances de 1841 les 7 millions du canal de la Marne au Rhin ainsi que 2,447,639 fr. sur la somme de 6 millions allouée au canal latéral, laissant les 3,552,361 autres francs à la charge de la réserve mentionnée en l'article 1er de la loi du 25 juin 1841 sur les travaux extraordinaires.

M. Camille Perier, rapporteur à la Chambre des pairs, donna un avis favorable au projet, avec l'espoir toutefois que, des documents que le gouvernement se proposait de communiquer au Parlement dans la session suivante, ressortirait avec évidence la nécessité de la continuation des travaux.

Mais combien plus importants devaient être par leurs conséquences les divers projets de loi relatifs à l'établissement ou à l'exploitation de plusieurs chemins de fer, projets que le ministre des travaux publics avait déposés au commencement de 1844 et qui furent tous discutés pendant la session. La plupart des hommes d'État qui illustrèrent la tribune à cette époque prirent part à ce passionnant débat et s'y montrèrent des hommes d'affaires incomparables. Ces projets de loi avaient trait aux lignes de Montpellier à Nîmes, de Paris à la frontière belge, d'Orléans à Vierzon, d'Orléans à Bordeaux, de Paris à Lyon, de Tours à Nantes et de Paris à Strasbourg ; un autre proposait le classement d'une voie ferrée de Paris à Rennes ; deux enfin la concession entre Paris et Sceaux d'une voie de fer destinée à être desservie par des voitures articulées et l'ouverture d'un crédit pour l'essai du système de chemin de fer atmosphérique.

Le projet de loi relatif au chemin de Montpellier à Nîmes portait autorisation pour le ministre des travaux publics de donner à bail l'exploitation de cette ligne pour une durée de jouissance n'excédant pas dix ans. L'adjudication devait en avoir lieu sur un prix minimum qui ne pourrait être inférieur à 5 pour 100 de la dépense de la voie de fer.

Dès le début de la discussion générale M. Cordier mit en parallèle les trois systèmes qui suivant lui pouvaient se présenter ; l'exploitation par l'administration publique aux frais du contribuable ; le fermage à bail par adjudication et à court terme, de dix ans au plus, régime proposé par le gouvernement et par la commission ; la concession en toute propriété, incommutable et avec tarifs élevés, méthode que l'orateur préférait aux deux autres.

Se fondant sur cette opinion de Montesquieu[1] que le souverain ne doit pas faire le commerce, il écartait toute possibilité d'exploitation par l'État et par suite, disait-il, le principe du fermage qui n'était que le système précédent déguisé et retardé. La section de Nîmes à Montpellier coûtait, selon lui, 16 millions. En ne demandant intérêt à l'adjudicataire que sur le capital de 5,900,000 fr. il y avait à faire un sacrifice immédiat de près de 10 millions sans avoir la garantie de retirer, à l'expiration du bail, aucun revenu sur la totalité des 16 millions. Ce système généralisé produirait des résultats fu-

1. Esprit des lois, ch. xix.

nestes. La concession à perpétuité lui paraissait au contraire avoir pour avantage de déterminer la formation d'associations locales et, grâce aux tarifs élevés, de procurer l'intérêt des capitaux dépensés, d'empêcher en outre un excessif déplacement des transports, ruineux pour les régions parcourues par les routes de terre.

Cette opinion, ainsi que la proposition d'exploitation par l'État faite par M. Boissy d'Anglas, fut combattue par le rapporteur M. Lebobe. Défendant le projet du gouvernement il fit valoir que l'exploitation privée avec des baux à court terme donnait à la fois à l'État, à l'industrie et au commerce toutes les garanties nécessaires.

L'article 12 du cahier des charges stipulait que, dans le cas où l'adjudicataire jugerait convenable d'abaisser sur un parcours quelconque les taxes qu'il était autorisé à percevoir, ces taxes ne pourraient être relevées qu'après un délai de trois mois. Cette possibilité d'abaisser et de relever ainsi fréquemment les tarifs avait l'inconvénient de donner à la compagnie la tentation d'y avoir recours pour détruire toute concurrence et arriver à établir un monopole à des conditions exagérées. Avec sa haute compétence en ces matières, M. Muret de Bort exposa que lorsqu'une administration de transport veut abaisser un tarif dans un but sérieux, avantageux au commerce, elle doit faire l'expérience complète et ne pas reculer devant l'espace d'un an pour voir passer la masse des marchandises qui seule peut lui démontrer si l'abaissement est utile. La proposition de M. Muret de Bort fut adoptée ainsi que deux amendements, l'un de M. Berryer ayant pour objet de décider que le prix minimum de ferme ne pourrait être inférieur à une moyenne annuelle de 250,000 fr. pendant la durée du bail, l'autre de M. Viger autorisant le ministre, si l'adjudication ne pouvait avoir lieu aux conditions déterminées, à pourvoir, au compte de l'État, à l'exploitation provisoire du chemin de fer. La loi votée par 199 voix contre 60 le fut ensuite par la Chambre des pairs sur le rapport de M. Louis Cordier à la majorité de 91 voix.

La loi de 1842 avait classé parmi les grandes voies de fer une ligne de Paris en Espagne par Orléans, Tours et Bordeaux et avait alloué 17 millions à la section d'Orléans à Tours, dont l'exécution allait être achevée. Le mouvement des voyageurs et des marchandises entre Orléans et Bordeaux paraissait devoir être assez important pour donner à une compagnie fermière un revenu avantageux. Mais si le fractionnement de la ligne était opéré il devenait difficile de trouver à affermer le tronçon compris entre Tours et Bordeaux sur lequel, suivant les prévisions du ministre, la circulation serait peu active. Il en eût résulté pour l'État l'obligation de faire entièrement à ses frais cette portion de ligne.

Dans l'espoir de trouver une compagnie exploitante qui poserait à ses frais la voie de fer, le gouvernement proposait de réunir en une seule entreprise le chemin d'Orléans à Bordeaux, d'élever la durée du bail à 46 ans et 324 jours et d'affecter 54 millions à l'établissement de la section de Tours à Bordeaux[1]. Aux termes du même projet, si aucune société ne se présentait, le ministre était autorisé à donné à bail pour 30 ans au plus la section d'Orléans à Tours, et dans le cas encore où il ne trouverait pas ainsi preneur pour ce tronçon, à l'affermer pour 12 ans, en y posant la voie aux frais de l'État, travail évalué à la somme de 11 millions.

La commission choisit pour organe M. Dufaure. Rappelant que, aux termes de la loi de 1842, dont il avait été lui-même le rapporteur devant la Chambre avec tant d'éclat, les dépenses des chemins de fer devaient être cou-

---

1. Dont 4 millions sur l'exercice 1844 et 10 millions sur l'exercice 1845.

vertes provisoirement à l'aide des ressources de la dette flottante et définitivement par la consolidation des fonds de réserve de l'amortissement, M. Dufaure, étudiant l'état présent des finances, démontra que la situation à cet égard permettait de poursuivre l'exécution rapide du réseau voté.

« La dette flottante, disait-il, supporte provisoi-
« rement, indépendamment des découverts anté-
« rieurs à 1840 et qui s'élevaient à 256,029,249 fr.,
« les découverts jusqu'à concurrence de
« 198,657,107 fr. sur les exercices 1841-42-43,
« les travaux extraordinaires exécutés au delà de
« la portion réalisée de l'emprunt et les premiers
« travaux entrepris en vertu de la loi du
« 11 juin 1842 pour les chemins de fer. Elle sera
« libérée d'une partie de ces charges provisoires,
« qui ne pourraient être accrues sans péril, par
« la réalisation du reste de l'emprunt et par la
« consolidation des réserves de l'amortissement
« appartenant aux années 1844-45 et 46. Si les
« réserves des années suivantes ne sont entamées
« ni par le besoin de balancer d'autres budgets
« ordinaires, ni pour faire face à d'autres travaux
« extraordinaires, il nous est encore permis
« d'espérer que dix ans suffiront pour l'exécution
« du réseau voté en 1842. »

Ce réseau dont l'étendue était de 3,600 kilomètres devait coûter 540 millions ; mais de cette somme il fallait déduire les 47,880,000 fr. à recouvrer sur les départements et les communes, ce qui réduisait à 500 millions la dépense de l'État. Or les réserves de l'amortissement pour les années s'écoulant entre 1847 et 1852 atteindraient selon l'évaluation de l'administration des finances 534,007,844 francs. Il en résultait que le réseau entier pourrait être livré à l'exploitation à la fin de 1852. D'avis, comme le gouvernement, d'affermer à une même compagnie la ligne d'Orléans à Bordeaux dans son entier, la commission réduisait à 41 ans et 6 jours la durée du bail. Frappée de l'inconvénient qu'il y aurait à ne pas utiliser sans retard la section d'Orléans à Tours, mais ne voulant pas en hâter l'exploitation par un moyen qui pourrait la séparer définitivement de la section de Tours à Bordeaux, elle proposait d'autoriser le ministre à exploiter provisoirement la section achevée et d'ouvrir deux crédits éventuels, l'un de 11 millions affecté à l'établissement de la voie de fer, l'autre de 3,150,000 fr. à l'achat du matériel d'exploitation.

La discussion générale porta principalement sur les avantages et les inconvénients des différents modes de construction et d'exploitation.

M. Houzeau-Muiron attaqua les compagnies financières qui lui semblaient ouvrir une voie trop
facile à l'agiotage. M. Rivet, au contraire, demanda que la plus large part fut faite à l'industrie
privée. M. Muret de Bort voulut confier la construction à l'État et l'exploitation à des compagnies
financières. M. Gouin, enfin, proposa l'ajournement non de la construction mais de la
concession. Sa proposition combattue par le
ministre de l'intérieur fut rejetée par le vote
même des 54 millions réclamés pour l'établissement de la ligne de Tours à Bordeaux.

Le projet de loi réservait au ministre le pouvoir
de dispenser les concessions en faisant porter le
rabais sur la durée de jouissance et la commission
avait adhéré à ce mode de procéder tout en invi-
tant le ministre à dégager autant que possible
sa responsabilité. Toutefois, M. de Preigne
émit à cette occasion l'avis qu'il y aurait lieu
de n'admettre au concours aucune compagnie
qu'autant qu'elle déposerait un cautionnement de
3 millions, cautionnement que M. Luneau proposa
de réduire à 2 millions. Mais M. Dufaure ayant
fait valoir qu'il importait de ne pas enlever au
gouvernement la possibilité de s'éclairer sur
la moralité d'une association, la Chambre à
la demande de M. de Combarel, tout en adoptant

la proposition de M. Luneau décida qu'aucune société ne' pourrait concourir sans l'autorisation du ministre.

La Chambre vota ensuite sans discussion, et pour ainsi dire par surprise, sans même que le gouvernement eût pu faire entendre son avis, un article additionnel présenté par M. Crémieux aux termes duquel il était interdit aux membres des deux Chambres d'être adjudicataires ou administrateurs dans les compagnies auxquelles des concessions seraient accordées.

Ce fut en termes indignés que M. Rossi dans son rapport à la Chambre des pairs flétrit cette proposition dont il demanda le rejet : « Des « hommes recommandables, dit-il, appartenant « à l'élite du pays ne sauraient être frappés « d'exclusion parce qu'ils participent à une asso- « ciation sur les intérêts de laquelle deux assem- « blées fort nombreuses et la couronne sont « appelées à statuer.....On ne peut frapper d'ex- « clusion des hommes qui, ouvertement, sans « mystère, ont apporté leurs lumières, leur « dignité personnelle, leur moralité, à des « entreprises dont le pays attend de si grands « résultats. Voudrait-on les livrer exclusive- « ment à des hommes d'affaires, à des spécu- « lateurs ayant plus de soin de leur bourse que

« de respect pour leur caractère et leur situation
« personnelle. »

La Chambre des pairs adopta les conclusions
de sa commission et la Chambre des députés,
votant une seconde fois la loi, rejeta à son tour
la proposition de M. Crémieux. Nous avons eu
depuis lors et il y a peu d'années le triste spec-
tacle de voir présenter au Parlement semblable
proposition.

Le ministre avait également déposé un projet
tendant à affecter une somme de 50 millions à la
partie du chemin de fer de Paris à la Méditerranée, comprise entre Paris et Dijon par les vallées
de la Seine, de l'Yonne et de l'Armançon, et à autoriser le ministre à donner à bail pour trente
années la section de Paris à Châlon-sur-Saône.

La grande ligne de Paris à Marseille devait être
ainsi prochainement dotée de plusieurs tronçons.
L'un d'eux, commun à la voie directe de Lyon à
Mulhouse, était déjà entrepris entre Dijon et
Châlon. A l'autre extrémité, Avignon allait être
relié à Marseille et par Nîmes à Cette. En em-
pruntant le cours de la Saône et celui du Rhône
entre Châlon et Avignon la durée du parcours
total paraissait devoir être de cette façon notablement abrégée. Toutefois, la commission avait
été frappée de l'inconvénient provenant de la né-

cessité pour les voyageurs, d'utiliser la voie d'eau. La navigation à vapeur sur la Saône était fréquemment interrompue suivant les saisons par les brouillards, les glaces, les inondations ou la sécheresse et présentait la nuit de certains dangers. Il en résulterait pour les voyageurs partant de Paris le matin, l'obligation de coucher à Châlon et de n'arriver à Lyon que le lendemain après midi, alors que déjà le trajet de Paris à Lyon par la malle s'effectuait en un jour et deux nuits. Pour ces motifs, la commission demandait la prolongation immédiate de la ligne jusqu'à Lyon et d'accord avec le ministre des finances elle avait élevé le crédit à 71 millions.

Ses conclusions furent adoptées malgré l'opposition du général de Thiard, qui déplorait la construction d'une ligne de fer destinée à rendre désormais inutile cette voie de communication fluviale dont la navigation pouvait être, pensait-il, facilement améliorée. Ce député considérait d'ailleurs comme nécessaire un temps d'arrêt entre Paris et Marseille. Les paroles prononcées par lui dans cette circonstance, il y a plus d'un demi-siècle, sont intéressantes à reproduire. « Personne aujourd'hui, dit-il, ne peut apprécier « l'effet que produira la vitesse des transports « par la vapeur, non seulement sur les tempéra-

« ments nerveux et les imaginations vives, mais
« encore sur les hommes les plus fortement
« constitués. Nul ne peut affirmer que le trouble
« et l'incertitude de la vue qui ne peut se fixer
« sur aucun objet ne jette pas dans le dévelop-
« ment des idées une perturbation dont les suites
« pourront se prolonger au delà du terme du
« voyage.....»

Quant au tracé, deux directions principales se
trouvaient en présence. L'une par la vallée de la
Seine, de l'Yonne et de l'Armançon, l'autre par
la vallée de la Seine tout entière. Chacune d'elles
présentait plusieurs variantes. La première, proposée par le gouvernement, pouvait, ou bien
suivre l'Armançon et le canal de Bourgogne pour
arriver à Dijon par la vallée de l'Ouche, ou
gagner cette ville par la vallée de l'Oze ou bien
encore se diriger sur Beaune en laissant Dijon à
gauche. La seconde pouvait, ou emprunter la
vallée de la Seine dans son entier par Montereau
et Troyes, ou franchir au départ de Paris le plateau de Brie pour ne retrouver la Seine qu'à Ro-
milly. Ce dernier tracé, le plus coûteux de tous,
fut néanmoins soutenu par M. Bureaux de Puzy,
qui pensait pouvoir donner ainsi entre Paris et
Troyes un tronc commun à la ligne de Lyon et à
celle de Strasbourg dont le parcours n'était pas

encore adopté. Le tronc commun fut l'objet des
vives critiques de M. Vuitry. Dans le cas, en
effet, d'une nouvelle invasion, l'ennemi arrivant
en Champagne intercepterait du même coup la
ligne d'Alsace et la ligne de Bourgogne et prive-
rait ainsi la capitale d'une double ressource et
d'une double force. Le tracé par les vallées de la
Seine, de l'Yonne et de l'Armançon qui traverse-
rait des populations particulièrement actives, fut
sur les instances du ministre des travaux publics,
M. Dumon, définitivement adopté ainsi que le
principe d'un embranchement de Montereau à
Troyes auquel la Chambre affecta un crédit de
15 millions.

L'article 4 autorisait le ministre à donner à bail
pour 30 ans le chemin de Paris à Lyon et l'embranchement vers Troyes à une compagnie qui
se chargerait de la pose de la voie. Mais, dans
la pensée de faire exploiter cette ligne par une
compagnie fermière, M. Gaulthier de Rumilly
déposa un amendement, dont le premier paragraphe affectait 62 millions à l'établissement
des rails. Ce paragraphe qui modifiait toute l'économie du projet fut voté par les députés.

La Chambre des pairs, sur la proposition de sa
commission, rejeta cette allocation de 62 millions. Elle accorda toutefois les 71 millions ré-

clamés par le gouvernement pour la construction entre Paris et Dijon et entre Châlon et Lyon ; puis elle décida que l'embranchement de Montereau à Troyes serait concédé sans subvention pour 99 ans, avec faculté de rachat au bout des 15 premières années, à une compagnie qui en exécuterait les travaux. La question de l'exploitation de la ligne de Paris à Lyon se trouvait ainsi réservée. C'est dans ces conditions que le projet voté par les pairs et renvoyé au nouvel examen de la Chambre des députés, fut définitivement adopté.

Depuis la promulgation de la loi du 11 juin 1842, le chemin de Tours à Nantes avait été l'objet d'études attentives qui permettaient, disait dans son exposé des motifs le ministre des travaux publics, de mettre la main à l'œuvre dès que le Parlement lui en aurait donné l'autorisation, et le gouvernement demandait à cet effet l'ouverture d'un crédit général de 28,800,000 francs. Le seul point qui pouvait encore paraître incertain était de savoir si, laissant Angers à 5 kilomètres au nord, la ligne suivrait sans s'en écarter le val de la Loire d'où elle se relierait à cette ville par un embranchement ou si, s'écartant momentanément du cours du fleuve, elle desservirait directement Angers. Le ministre ne proposait pas d'ailleurs de prendre immédiatement un parti dans la question. Mais la commission pensant qu'il ne devait y avoir à ce sujet aucune hésitation se rallia à l'unanimité au tracé par Angers, tracé qui n'allongeait le parcours que de 3 kilomètres et n'augmentait la dépense que de 400,000 francs. Le projet fut adopté successivement sans débat par les deux Chambres.

L'exploitation des chemins de fer de Paris à la frontière de Belgique avec embranchement sur le littoral de la Manche et d'Orléans à Vierzon faisait l'objet d'un projet unique. Le gouvernement proposait de doter la ligne du Nord, dont l'établissement avait été également ordonné par la loi du 11 juin 1842, de deux embranchements s'en détachant, l'un à Ostricourt sur Calais et Dunkerque, l'autre à Amiens sur Boulogne. La direction à donner aux deux embranchements fut l'occasion d'un long débat qui se termina par l'adoption d'un amendement de M. Mortimer-Ternaux, substituant Lille à Ostricourt comme point de bifurcation vers Calais et Dunkerque.

Sur une somme de 15 millions demandée pour l'établissement des lignes de fer dirigées vers ces deux localités, 2 millions étaient réclamés pour l'exercice 1844 ; 6 millions pour l'exercice 1845. Cette allocation fut votée malgré l'opposition de

M. Baude qui eût préféré la concession à une compagnie, proposition formellement combattue par le rapporteur M. Lanyer. Aux termes du projet le ministre devait être autorisé à donner à bail pour 28 ans, à partir du délai fixé pour la pose de la voie de fer, le chemin de fer de Paris à la frontière belge et au littoral de la Manche, à faire poser la voie aux frais du Trésor au cas où aucune compagnie n'accepterait les clauses du cahier des charges et à donner à bail cette ligne pour une durée de 12 ans au plus. Un crédit éventuel était ouvert à cet effet.

La commission avait été frappée des conséquences devant résulter pour le chemin de fer du Nord des résolutions récemment adoptées pour celui de Paris à Lyon[1] et la majorité de ses membres avait pensé que, les deux lignes qui reliaient Calais à Marseille se faisant suite ainsi l'une à l'autre, il y avait intérêt à ce que le système de la concession de l'une et de l'autre fût commun. De concert avec le gouvernement elle avait été d'avis de réserver jusqu'à la session suivante toute résolution sur le mode d'achèvement et d'exploitation et de mettre la pose des rails, sur toutes les sections terminées, à la

1. Voir page 398.

III.   26

charge de l'État qui aurait à pourvoir, s'il y avait lieu, à leur exploitation provisoire que règlerait une ordonnance royale. Il fut donc ouvert à cet effet un crédit de 10 millions sur l'exercice 1844 et de 6 millions sur l'exercice 1845. Telles étaient les résolutions adoptées par les deux Chambres à l'égard du chemin de fer du Nord et des lignes dirigées sur Calais et Dunkerque. Quant à la voie ferrée d'Amiens à Boulogne elle devait être concédée sans subvention et pour 99 ans à une compagnie qui en exécuterait tous les travaux.

Le projet ministériel proposait de donner à bail le chemin de fer d'Orléans à Vierzon pour 35 ans à une compagnie, tenue, si elle en était requise, de se charger également de la ligne de Vierzon à Bourges, lorsque les travaux en auraient été exécutés conformément à la loi de 1842. Dans le cas où aucune compagnie n'aurait accepté les conditions exigées, le ministre était autorisé à faire poser la voie entre Orléans et Vierzon aux frais du Trésor et à donner à bail cette section pour un délai qui ne pourrait dépasser 12 ans. Un crédit éventuel devait être ouvert à cet effet.

Les propositions du gouvernement avaient été amendées par la commission avant d'être adoptées

par la Chambre et il fut ainsi décidé que le chemin de fer de Paris sur le Centre serait prolongé
d'une part de Vierzon à Limoges et d'autre part
de Vierzon à Bourges et à Clermont ; 7,800,000 fr.
étaient affectés à l'exécution des travaux vers
Limoges sur la section de Vierzon à Châteauroux ;
13 millions à la partie de la ligne comprise entre Vierzon et l'Allier, soit ensemble
20,800,000 francs[1]. Le ministre était autorisé à
comprendre le chemin d'Orléans à Vierzon ainsi
que ces deux sections nouvelles dans un même
bail, dont la durée de jouissance pouvait être
portée à quarante années. Un crédit éventuel de
6,500,000 fr. lui était ouvert pour le cas où,
aucune société n'acceptant les conditions fixées,
l'administration des travaux publics aurait à faire
poser la voie entre Orléans et Vierzon.

La commission chargée par la Chambre des
pairs d'examiner cette loi se montra favorable à la prolongation des travaux à partir de
Bourges vers Clermont, mais, pour éviter d'imposer à l'État une charge que la loi avait entendu
réserver aux grandes lignes, elle émit l'avis par
l'organe de son rapporteur, M. Persil, de

---

1. Exercice 1844, 2 millions, soit 1 million pour chacune des
deux lignes. Exercice 1845, 5 millions pour la ligne de Limoges,
3 millions pour celle de Clermont.

concéder pour 99 ans la ligne de Vierzon à Châteauroux et à Limoges, qui n'avait pas été classée comme chemin du Centre par la loi du 11 juin 1842. Ces propositions furent victorieusement combattues par le sous-secrétaire d'État des travaux publics, M. Legrand, et par M. Duchâtel, ministre de l'intérieur. Les pairs adoptèrent le projet tel qu'il l'avait été par les députés.

Le chemin de fer de Paris à Strasbourg se divisait en deux sections s'étendant, la première de Paris à Nancy, la seconde de Nancy à Strasbourg. Entre Paris et Nancy plusieurs tracés se présentaient : l'un se dirigeait vers Vitry-le-François et Châlons, soit par la vallée de la Marne, soit par les plateaux de la Brie, un autre empruntait jusqu'à Creil la ligne de Belgique et allait ensuite par les vallées de l'Oise, de l'Aisne et de la Vesle gagner à proximité de Metz la vallée de la Moselle, un troisième enfin pouvait être rendu commun entre Paris et Troyes à la ligne de Strasbourg et à celle de Lyon [1].

La loi du 11 juin 1842 avait ouvert un crédit de 11,500,000 fr. à la partie de la seconde section comprise entre Hommarting et Strasbourg, mais entre Nancy et Hommarting le parcours n'avait

1. Voir page 397.

pas été fixé. Trois directions étaient possibles :
par le Sanon, par la Seille, ou par la Vézouse
et Lunéville. Le gouvernement donnait la préférence entre Paris et Nancy au tracé desservant
Châlons, entre Nancy et Hommarting au tracé
par Lunéville. Il proposait en outre l'établissement de deux embranchements, l'un vers Reims,
l'autre vers Metz et demandait l'ouverture d'un
crédit de 88,700,000 fr., ainsi que l'autorisation
de donner ces lignes à bail pour 45 années.

La commission, par l'organe de son rapporteur, M. Philippe Dupin, tout en donnant son
adhésion au projet, réduisit à 41 ans la durée du
bail, stipula que le rabais de l'adjudication porterait sur la durée de la jouissance et que l'adjudicataire, préalablement admis par le ministre
des travaux publics, aurait à verser un cautionnement de 2,500,000 francs.

Le mode de concession n'eut pas d'ailleurs à
être discuté. En effet, nous avons vu plus haut
que la Chambre des députés avait adopté une
proposition de M. Crémieux, tendant à exclure
les pairs et les députés de toute participation à
l'administration des compagnies de chemins de
fer[1]. Déjà le comte Molé, au cours de la discus-

1. Voir page 394.

sion relative à la ligne de Montpellier à Nîmes
devant la Chambre des pairs, avait saisi la première
occasion qui s'offrait à lui pour repousser, avait-
il dit, de toute la hauteur de son mépris les in-
dignes attaques dont, comme tous les administrateurs appartenant au Parlement, il avait été
l'objet et pour déclarer que son parti était fer-
mement pris de ne plus s'occuper de sem-
blables entreprises. De même à la Chambre des
députés, MM. de l'Espée, Benoist, H. Étienne et
Ganneron informèrent le président de la commission qu'ils seraient désormais absolument
étrangers aux opérations de la compagnie de
Paris à Strasbourg. Aucune des convictions,
ajoutaient-ils, qui les avaient décidés à concourir
à cette œuvre utile ne s'était modifiée, mais ils
croyaient devoir se dégager de toute considération personnelle et voulaient réserver leur
liberté entière pour prendre part aux débats.

A la suite de cette déclaration la commission
avait pensé que la retraite de plusieurs administrateurs ne permettrait plus à la compagnie dont
ils faisaient partie de persister dans ses offres et
le ministre des travaux publics vint demander,
afin de maintenir, dans l'intérêt de l'État, une
concurrence entre les deux sociétés qui s'étaient
trouvées en présence, que la partie du projet

ayant trait à la concession fut renvoyée à la session suivante.

Les Chambres se bornèrent ainsi à voter l'établissement du chemin de fer de Paris à la frontière d'Allemagne et des deux embranchements dirigés sur Reims et sur Metz, ainsi que l'allocation de 88,700,000 fr. sur laquelle il était ouvert un crédit de 3 millions pour 1844, de 6 millions pour 1845.

Le système des chemins de fer défini par la loi de 1842 n'avait prévu aucune ligne directe vers la Bretagne, lacune à laquelle le ministre des travaux publics proposait de pourvoir par le classement d'un chemin de fer de Paris à Rennes. Les études n'étaient pas suffisamment avancées entre Chartres et Rennes pour que le gouvernement pût choisir définitivement l'une des deux variantes desservant soit le Mans, soit Alençon ; mais il indiquait comme ferme le tracé de Paris à Chartres, fait sur les projets de l'ingénieur Corréard, projets sur lesquels, dès 1837, avait été basé l'établissement par Chartres d'une voie ferrée de Paris à Tours. Une somme de 15 millions était demandée pour l'exécution des travaux entre Chartres et les points d'embranchement sur les deux chemins de fer de Paris à Versailles.

Lorsqu'en 1832, les Chambres avaient décidé
la confection des deux lignes de Paris à Versailles
il avait été dans leur pensée, dans la pensée aussi
du gouvernement, de rattacher par la suite au
chemin de la rive droite la ligne principale de
l'Ouest, à celui de la rive gauche celle du Midi,
sans toutefois prendre à cet égard aucun engagement. Vers le même temps, la ligne d'Orléans
avait été fixée sur un autre point et la ligne de
Chartres ajournée. Les deux compagnies de
Paris à Versailles souffraient également de cet
état de choses, auquel seule une fusion pouvait
mettre un terme. Il avait donc semblé à la
commission que décider d'ores et déjà par quelle
rive la ligne de Chartres entrerait à Paris serait
préjuger toutes les questions du litige existant
entre les sociétés rivales. Son rapporteur, M. de
Salvandy, émit l'avis de réserver le mode et
les conditions de l'embranchement jusqu'au vote
de la loi concédant la ligne de Chartres et, d'accord avec le gouvernement, réduisit le crédit de
15 millions à 13 millions. Les deux Chambres
adoptèrent successivement le projet ainsi amendé.

Le parallélisme invariable de leurs essieux
prive les roues des locomotives et des wagons de
la mobilité dont elles jouissent dans les voitures
ordinaires et leur interdit par suite la faculté de

circuler sur des courbes à faibles rayons. Un système de voitures articulées, dû aux recherches de M. Arnoux, semblait devoir remédier à cet inconvénient en plaçant toujours et inévitablement les véhicules perpendiculairement à la courbe parcourue. Le ministre demanda aussitôt l'autorisation de concéder à ce constructeur un chemin de fer entre Paris et Sceaux, et M. Arago, chargé du rapport, insista pour que le gouvernement abrégeât toutes les formalités pouvant empêcher M. Arnoux de se mettre immédiatement à l'œuvre. « Si comme tout le fait « prévoir, disait le rapporteur, l'emploi des voi- « tures articulées ne fait surgir aucune difficulté « imprévue, il sera permis d'adopter pour les « futurs chemins de fer des règles larges et « comparativement très économiques car, dès « qu'il sera établi qu'on peut franchir rapidement « et sans danger des courbes à petit rayon, on « aura résolu implicitement le problème des « grandes pentes. » Le Parlement adopta sans discussion le projet de loi.

Vers la même époque et dans le but, non plus de circuler sur des courbes à faible rayon, mais de franchir les fortes pentes, un habile constructeur, M. Hallette, avait importé d'Angleterre et notablement amélioré un mode de

locomotion par la raréfaction de l'air. Dans ce
système, la locomotive était remplacée par une
machine fixe au moyen de laquelle l'air était
raréfié dans un tube placé sur la voie. Dans ce
tube, sous la pression atmosphérique, devait se
mouvoir un piston qui, relié au train, l'entraînait
dans son mouvement. Le ministre des travaux
publics proposait d'affecter une somme de
1,800,000 fr. à l'expérimentation d'un chemin
de fer de ce genre et sans en fixer l'emplacement
d'une manière positive, il pensait que le plateau
de Satory serait heureusement choisi.

M. Arago, rapporteur aussi de ce projet, lui
donna pleine adhésion. Toutefois au plateau de
Satory, il eût préféré la berge droite du canal de
l'Ourcq que l'administration de ce canal mettait
à la disposition du gouvernement, offrant en
outre de reprendre pour un million les travaux
et le matériel que, dans la suite, il lui serait possible d'utiliser. Mais le ministre ayant demandé
qu'entière liberté lui fût laissée pour le choix du
lieu où se ferait l'essai, les deux Chambres se
bornèrent à allouer le crédit de 1,800,000 francs.

Nous avons vu disparaître depuis et les lacets
de la ligne de Sceaux et la machine du chemin
de fer atmosphérique de Saint-Germain. Les in-
génieuses découvertes de M. Arnoux et de

M. Hallette ne devaient pas donner les résultats qu'on en avait attendus. Le mécanisme du mouvement des trains sur les voies ferrées était encore insuffisamment connu. Il est certain que ce n'est pas aux seuls principes élémentaires dont s'inspirèrent ces deux inventeurs que l'on a eu recours depuis lors pour atteindre, tant sur les courbes que dans les rampes, les vitesses devenues aujourd'hui d'un usage courant. Les améliorations introduites dans l'établissement des voies, grâce à des calculs plus précis du dévers et des rayons des courbes, l'augmentation du poids des rails et du matériel roulant, enfin et surtout les perfectionnements considérables apportés dans la construction des locomotives ont été les principaux facteurs des progrès successivement réalisés.

Au cours de la session de 1844 il fut, en outre, alloué par diverses lois, au moyen des ressources accordées par la loi de finances du 24 juillet 1843 pour les besoins de l'exercice 1844, les crédits suivants :

Frais des funérailles du maréchal
Drouet comte d'Erlon[1].. .   .   .   15,000

A *reporter*. .   .   .   15,000

1. Il fut accordé par la même loi à titre de récompense natio-

Report.	15,000
Complément des dépenses se-crètes de l'exercice 1844. . . .	1,000,000
Inscription de pensions mili-taires.	450,000
Régularisation des abords du Panthéon..	460,000
Célébration des fêtes de juillet.	200,000
Transformation de 150,000 armes à silex en armes à per-cussion.	950,000
Travaux projetés sur les terrains des Petits-Pères.	460,000
Construction de trois paquebots à vapeur destinés au service postal de Calais à Douvres.	1,662,000
Soit au total.	5,197,000

Enfin il fut ouvert au ministre de l'intérieur pour la reconstruction du palais de la cour de Montpellier un crédit de 699,829 fr. dont 199,289 fr. furent mis à la charge de l'exercice 1845.

Depuis plusieurs années, les ressources étaient

nale à la fille de ce maréchal une pension annuelle et viagère de 3,000 francs.

restées au-dessous des besoins et le gouvernement s'était trouvé dans la nécessité de s'écarter
des vrais principes financiers, qui eussent voulu
que la dette préexistante ainsi que son amortissement fussent renfermés dans le budget ordinaire et qu'à ce budget on rattachât les intérêts
des sommes absorbées par les grands travaux
extraordinaires. Les pouvoirs publics avaient pour
devoir de hâter l'époque où les dépenses cesse-
raient de dépasser les revenus. Aussi, en présentant, dans la séance du 12 janvier, le projet de
budget de l'exercice 1845, M. Lacave-Laplagne
se félicitait-il d'être parvenu à obtenir un excédent de recettes pour le budget ordinaire. Ce
résultat qui malheureusement ne devait même
pas subsister jusqu'au vote de la loi était dû à
l'accroissement des produits indirects, aux ressources que fournissaient plusieurs lois et ordonnances et aussi à de sérieuses économies réalisées.

Dans son exposé des motifs, le ministre exami-
nait quelle serait la situation financière au moment de l'ouverture de l'exercice 1845.

Le découvert de 1840 avait été définitivement
fixé à 138,004,530 francs. Celui de 1841, évalué
l'année précédente à 24,500,570 fr., avait été
réduit par des rectifications postérieures à

18,695,725 fr., chiffre pour lequel il figurait dans le projet de loi de règlement soumis aux Chambres. Le découvert de l'exercice 1842, évalué par la loi du budget à 115,804,934 fr., avait été porté en 1843 à 157,103,972 fr. et d'après les renseignements recueillis jusqu'au début de l'année 1844, il pouvait être considéré comme réduit à 109,816,655 fr., non compris 4,389,507 fr. de crédits à reporter aux exercices suivants. Il en résultait ainsi une amélioration de 47,287,317 francs. Quant au budget de 1843, il ne semblait pas devoir se régler dans des conditions meilleures que lorsqu'il avait été voté. Fixé dans la loi de finances du 14 juin 1842 à 37,363,817 fr. l'excédent de dépenses de cet exercice semblait devoir s'élever à 69 millions par suite de l'ouverture de nombreux crédits supplémentaires dont la régularisation était demandée aux Chambres.

Quant au découvert de l'exercice 1844, qui s'ouvrait à peine, il avait été fixé à 27 millions et semblait pouvoir être réduit à 25. Par suite, les découverts des cinq exercices 1840 à 1844 ne devaient pas dépasser de beaucoup 360 millions.

En conséquence, M. Lacave-Laplagne avait la conviction que les réserves de l'amortissement seraient, après 1846, entièrement disponibles pour les grands travaux publics. Au 1er janvier

1845, les réserves des années 1842, 1843 et 1844 s'élevant à 209,314,974 fr. auraient été réalisées et les découverts des cinq exercices ne pèseraient que pour 151,301,265 fr. sur la dette flottante.

Les crédits demandés pour les besoins du service ordinaire en 1845 s'élevaient à 1,276,106,797 fr. Les ressources étant évaluées à 1,276,925,231 fr., il en résultait pour ce service un excédent de recettes de 818,434 francs. Mais comme il était réclamé 62,431,344 fr. pour les travaux extraordinaires et 34 millions[1] pour les grandes lignes de chemins de fer et comme les ressources n'atteignaient que la somme de 62,431,344 fr., l'ensemble du budget de 1845 se soldait par un excédent de dépenses de 33,181,566 francs.

M. Bignon, dans son rapport, rendait hommage aux efforts qu'avait fait M. Lacave-Laplagne pour rétablir l'équilibre du budget, mais il exprimait son regret de voir que les autres ministres n'avaient pas suffisamment secondé leur collègue des finances.

La commission réduisant les dépenses à 1,272,515,911 fr. pour le service ordinaire et à 61,041,594 fr. pour les travaux extraordinaires, en fixait ainsi le total à 1,367,557,585 francs.

---

1. A la charge de la dette flottante.

La délibération sur la première partie du budget, « Dette publique », permit à M. de Saint-Priest, à l'occasion du chapitre 1er, « Rentes », de questionner le gouvernement sur ses intentions relativement à la conversion si souvent réclamée. Le ministre des finances, tout en reconnaissant qu'il la considérait comme nécessaire, ne voulut prendre aucun engagement par rapport à l'époque où il croirait opportun de soumettre aux Chambres une proposition à cet égard..

Se fondant sur l'abaissement du taux de l'intérêt de l'argent, sur le droit attribué aux titulaires de vendre leurs offices[1] ce qui en augmentait la valeur, enfin sur l'absence de toute disposition de loi prescrivant l'uniformité de l'intérêt des cautionnements, M. Lacave-Laplagne demandait qu'il fut réduit à 3 pour 100 pour les officiers ministériels, ce qui devait produire une économie de 800,000 francs.

La commission s'était trouvée partagée en deux fractions comptant un nombre égal de voix et la conséquence de ce vote avait été la non-adoption de cette proposition. Devant la Chambre, M. Havin s'éleva contre une mesure qui frappait les seuls officiers ministériels. Il admettait que

1. Loi du 28 avril 1816.

l'État n'était pas tenu de continuer à ses créanciers des intérêts en disproportion avec le taux
présent du revenu, mais il pensait que cette
considération devait aussi s'appliquer aux titulaires de rentes et à tous les propriétaires de
cautionnements dont il proposa de réduire d'une
façon générale les intérêts. Cet amendement qui
fut adopté procurait au Trésor 1,512,500 francs.

La deuxième partie du budget « Dotations »
fut votée sans incident et la Chambre passa à
l'examen de la troisième partie, « Services généraux des ministères. »

Le budget de la guerre pour 1845 était établi
sur une force moyenne de 344,000 hommes
et 83,416[1] chevaux, constituant par rapport à
l'année précédente une différence en moins de
640 hommes et 340 chevaux. Les crédits demandés s'élevaient à 229,255,176 fr. pour les divisions
territoriales de l'intérieur et à 66,928,130 fr.
pour l'Algérie, soit une somme totale de
296,183,846 fr., imputables sur les ressources
ordinaires. Les travaux extraordinaires réclamaient 34,680,000 fr. Ces deux sommes réunies
produisaient en faveur de 1845 une diminution
de dépenses de 2,127,374 francs.

	Hommes.	Chevaux.
1. Divisions territoriales de l'intérieur :	284,000	69,520
Algérie	60,000	13,896

Les réductions proposées par la commission atteignaient le chiffre de 3,300,000 fr. sur le service ordinaire et celui de 1,300,000 fr. sur les travaux.

D'accord avec le ministre, elle abaissait l'effectif de 4,000 hommes et 2,000 chevaux, ce qui réduisait de plus de 1 million le seul chapitre 9, « Solde et entretien des troupes ».

L'examen du chapitre 29, « Services militaires et indigènes en Algérie », fut pour M. Mauguin l'occasion d'appeler l'attention de la Chambre sur les événements d'Afrique. L'empereur du Maroc se voyait d'une part en butte aux sollicitations menaçantes d'Abd-el-Kader, qui cherchait à se ménager dans cet empire un lieu de refuge et un point de concentration. D'autre part, il se sentait surveillé par la France, qui ne pouvait tolérer que l'émir trouvât auprès de lui un appui et un encouragement. Agir avec énergie, faire parler l'une de ces craintes plus haut que l'autre et prouver à l'empereur du Maroc que nous n'hésiterions pas à le menacer jusque sur son trône ; tel était, suivant M. Mauguin, le devoir de notre gouvernement.

Les dépenses de la guerre furent arrêtées au chiffre de 326,095,874 fr. dont 292,805,624 fr. étaient affectés à la première section et

33,290,250 fr. à la seconde. Enfin, un article additionnel à la loi même du budget, article proposé par la commission, consenti par le gouvernement et adopté par la Chambre, décidait que, à partir du 1ᵉʳ janvier 1846, toutes les recettes et toutes les dépenses de l'Algérie, autres que celles ayant un caractère local et municipal, seraient rattachées au budget de l'État.

Le garde des sceaux avait demandé pour les services de la justice 20,744,325 fr., somme inférieure de 22,500 fr. à celle qui avait été allouée l'année précédente ; mais, postérieurement au dépôt du projet, il avait dû solliciter diverses augmentations de crédits, dont la principale portait sur le personnel de l'administration centrale.

Le vote de ce budget au chiffre de 20,802,325 fr. convertit la diminution en un accroissement de dépenses de 35,500 francs.

Quant aux services des cultes, les propositions ministérielles comportaient une augmentation de 136,400 fr., dont 124,000 fr. figuraient au chapitre 5, « Traitements et indemnités des chapitres et du clergé paroissial ». Sur cette somme dont la commission proposait l'adoption, 3,000 fr. devaient assurer la rétribution d'un quatrième vicaire général à Paris, 86,000 fr. trouvaient leur justification dans la création de 300 nouvelles

succursales et 35,000 fr. dans celle de 100 vica-
riats nouveaux. Toutefois, comme la loi organique
du 18 germinal an X n'accordait aux archevêques
que trois vicaires généraux, la commission ins-
crivit dans la loi des dépenses un article additionnel autorisant par exception l'archevêque de Paris
à en nommer quatre.

M. Isambert, trouvant là une occasion de
donner libre cours aux sentiments dont il était
animé, s'indigna à la pensée que la loi du budget
pourrait ainsi modifier la loi de germinal et
s'éleva contre la création d'un vicaire général
dont la nomination n'avait, suivant lui, d'autre but
que d'instituer, comme en Belgique, à Malines, une
sorte de censure chargée d'examiner les livres destinés à l'éducation de la jeunesse. Tous les ouvrages qui n'auraient pas reçu l'approbation de
cette commission, disait ce député, seraient signa-
lés à l'animadversion des pères de famille. Les collèges royaux et communaux ne pourraient en faire
usage que sous peine d'être représentés comme
mettant dans les mains des enfants des livres im-
pies. Il concluait en proposant le retranchement
des 3,000 francs.

Le garde des sceaux, M. Martin du Nord, reconnut qu'il pouvait y avoir des inconvénients à
modifier de cette façon la loi de germinal, qu'il

considérait comme étant avec le concordat la charte du clergé, mais il déclara qu'il se réservait de faire ultérieurement, quant aux 3,000 fr., telle proposition spéciale qu'il jugerait nécessaire.

Les cultes furent dotés de 37,650,794 fr. et par suite le budget du département se trouva fixé à la somme de 58,453,119 francs.

La discussion des dépenses du ministère des affaires étrangères, qui furent votées au chiffre de 8,619,391 fr., fournit prétexte à M. de Lanjuinais pour questionner le gouvernement sur l'état de nos relations avec la Grèce. Trois partis divisaient ce royaume au lendemain de la révolution qui s'y était accomplie en 1843 : le parti russe qui soutenait les doctrines les plus démocratiques et les plus orthodoxes ; le parti anglais, qui avait pour chef M. Mavrocordato, agissant de concert avec le parti national, souvent appelé parti français, dirigé par M. Colettis. Ces deux derniers avaient prévalu et étaient parvenus à donner d'un commun accord une constitution moderne à la Grèce. Cette heureuse entente n'avait pas survécu à l'établissement du nouveau régime. M. Mavrocordato, chargé de former le cabinet, n'avait offert à M. Colettis qu'une situation subordonnée et inacceptable.

M. de Lanjuinais rappela d'abord à la Chambre

que si le roi Othon n'avait pas abdiqué, si le gouvernement de la Grèce avait été maintenu c'était
grâce à l'énergie déployée par notre représentant
à Athènes, puis, mettant en parallèle l'attitude
désintéressée de la France avec les vues person-
nelles de la Russie, qui tendaient à faire de la
Grèce non pas une puissance indépendante, mais
un état soumis à la suzeraineté de la Turquie et
la politique non moins intéressée de l'Angleterre,
qui aspirait à placer la Grèce sous son protectorat, il demanda au gouvernement comment, en
présence d'événements qui auraient dû donner la
prépondérance au parti national et à la politique
française, nous avions laissé se former à Athènes
un cabinet favorable à des intérêts étrangers.

M. Guizot répondit à M. de Lanjuinais. Après
avoir décerné un juste tribut d'éloges à M. Piscatory qui avait été en Grèce l'habile interprète de
notre politique, le ministre des affaires étrangères
déplorant l'insuccès des efforts tentés par lui pour
maintenir l'union du parti national et du parti
anglais, déclara que, s'arrêtant devant les droits
d'un pays libre, il ne reconnaissait pas à la France
la prérogative de s'ingérer dans la composition
des cabinets que le roi de Grèce avait à former.

Le ministère de l'instruction publique, pour
lequel le gouvernement réclamait 17,109,633 fr.,

fut doté de 16,727,533 francs. L'année précédente, lors de la discussion du budget de ce département, les députés avaient rejeté la création de deux postes d'inspecteur général, l'un des écoles de droit, l'autre des écoles de médecine. Antérieurement, la loi du 22 ventôse an XII et le décret du 17 mars 1808 avaient affecté à ces écoles quatre fonctionnaires de ce grade que des motifs d'économie avaient fait supprimer en 1830. Présentant de nouveau cette proposition, à laquelle la commission s'était ralliée, le ministre de l'instruction publique demanda pour le traitement des titulaires la somme de 12,000 fr. qui fut accordée par la Chambre.

La discussion du budget de l'intérieur remplit à peine une séance. Les dépenses qui, dans le projet, étaient évaluées à 102,047,756 fr. furent fixées au chiffre de 101,796,897 francs. Celles du département de l'agriculture le furent à la somme de 13,990,845 francs.

Les demandes du ministre de la marine qui s'élevaient pour le service ordinaire à 107,241,280 fr. avaient été basées sur un effectif de 20,310 hommes de troupes de marine et 29,073 marins dont 23,704 étaient destinés à constituer les équipages d'une escadre d'évolution composée de 11 vaisseaux. En outre, une seconde catégorie de bâti-

ments devait comprendre ceux qui seraient mis
à l'état de commission de rade, position intermédiaire entre les anciennes positions de disponibilité de rade et de commission de port. Ce nouveau système avait pour avantage de réunir en
une seule catégorie les bâtiments qui n'étaient
ni sous voiles, ni entièrement désarmés.

En joignant à cette somme de 107,241,280 fr.
celle de 5,440,000 fr. que réclamaient les travaux
extraordinaires, la totalité des crédits demandés
était de 112,681,280 fr., sur lesquels la commission avait proposé à la première section diverses
réductions, formant un total de 450,000 francs.

Pour assurer le transport des correspondances
entre la France et l'Amérique, une loi du 16 juillet 1840 avait décidé l'établissement de diverses
lignes de paquebots devant partir de Bordeaux,
Marseille et Saint-Nazaire. Elles devaient être
continuées par trois lignes secondaires sur le
Mexique, l'Amérique centrale et Buenos-Ayres.

Un crédit de 28,400,000 fr. avait été ouvert
pour la construction, l'armement et l'installation
de 18 bâtiments de façon qu'ils pussent au besoin
être munis de pièces d'artillerie et facilement
transformés en vaisseaux de guerre.

Au cours de la discussion du budget de la marine, M. de Lagrange, surpris du retard apporté

à l'application de la loi du 16 juillet, et se faisant l'écho de certaines déclarations qui laissaient penser que le gouvernement avait l'intention de tirer parti des paquebots transatlantiques, moins pour le service des dépêches que pour les besoins généraux de la marine, rappela que le vote de cette loi avait eu un double objet ; commercial et politique d'abord, militaire ensuite, mais dans la seule éventualité d'un conflit maritime. M. de Lagrange reprochait ainsi au ministre de la marine de vouloir confisquer les paquebots au profit de la flotte et lui demandait si ces 18 bâtiments qui semblaient avoir été préparés pour la guerre resteraient inutiles dans cette situation.

Le ministre de la marine répondit que, au moment où il allait présenter aux Chambres un projet tendant à modifier quelques dispositions de la loi de 1840, son collègue des finances avait reçu d'un certain nombre de maisons de commerce des propositions ayant pour objet l'établissement, à leurs frais et moyennant de faibles subventions, des divers services créés entre la France et l'Amérique. Par suite le gouvernement avait pensé que, d'une part, le ministre des finances devait examiner à tous points de vue la valeur des garanties offertes par les promoteurs du nouveau projet et que, d'autre part, le ministre de la

marine devait continuer à exécuter les prescriptions relatives à la construction et à l'armement
des paquebots, de telle façon que, dès le commencement de l'année 1845, ils pussent recevoir
la destination qui leur serait alors assignée.

La Chambre ne crut pas devoir entamer une
discussion que cette déclaration rendait sans
issue et elle adopta le budget de la marine et des
colonies au chiffre de 112,214,827 francs.

Le service ordinaire du ministère des travaux
publics réclamait la somme de 59,174,100 fr.,
soit par rapport à l'année précédente une augmentation de 1,425,500 fr. dans laquelle le chapitre 11, « Routes royales et ponts », figurait
pour 1,403,000 fr., par suite de la nécessité d'é-
lever le fonds d'entretien, par suite aussi de l'extension de la longueur des routes et de l'activité
de la circulation sur leurs parcours[1], par suite
enfin de l'épuisement des carrières voisines de
ces voies et de l'élévation du prix des salaires occasionnée par le développement donné aux travaux de toute nature.

La commission admit ce chiffre, mais elle opéra
sur l'ensemble de la première section 476,000 fr.

---

1. La circulation des voitures publiques s'était élevée depuis dix
ans à 80 0/0.

de réductions parmi lesquelles une diminution de 241,000 fr. au chapitre 17, « Exploitation des chemins de fer », ne voulant, comme l'année précédente, autoriser que pour six mois l'exploitation par l'État des deux petits chemins de fer de Lille et de Valenciennes[1].

La Chambre alloua la somme de 58,778,400 fr. au service ordinaire et accorda à la 2e section le crédit demandé, 56,311,344 fr.[2], ce qui fixait le total du budget des travaux publics au chiffre de 115,089,744 francs.

Les prévisions ministérielles portaient à 17,377,312 fr., au moment de la présentation du budget, les dépenses du service général des finances, qui, par suite de nouvelles demandes, allaient s'élever à 17,442,212 francs. Il en résultait comparativement à 1844 une augmentation de 136,798 fr. sur lesquels 70,000 fr. étaient exigés pour accroître au chapitre 32 le fonds à employer en Algérie, par suite du développement du service de la trésorerie et des postes.

La commission, tout en approuvant cette mesure, réduisit ce même chapitre d'une somme de

---

1. Voir page 345.
2. Travaux compris dans la loi du 25 juin 1841.   22,311,344 fr.
   Travaux compris dans la loi du 11 juin 1842.   34,000,000 fr.

   56,311,344 fr.

80,000 fr., pour augmenter de pareille somme, au chapitre 34, d'accord avec le gouvernement, le traitement des payeurs du Trésor. Elle utilisait ainsi au profit de ces fonctionnaires, à titre d'indemnité de frais de service, la réduction d'environ 100,000 fr., dont les commissions allouées aux receveurs généraux venaient d'être l'objet, en vertu d'une décision ministérielle du 22 décembre précédent.

Les dépenses du département des finances furent votées au chiffre de 17,442,212 francs.

La Chambre fixa à 147,492,181 fr. celles de la quatrième partie du budget, « Frais de régie, etc. », pour laquelle le gouvernement demandait 147,692,191 francs. Elle adopta également, sur la proposition du ministre, une innovation qui avait pour but de séparer le rôle des contributions des patentes du rôle général des autres contributions directes, qui était censé dressé le 1er janvier.

Cette disjonction permettait de n'établir la liste des patentables que postérieurement à cette date, et, par suite, de n'y plus comprendre ceux qui auraient cessé leur commerce à la fin de l'année. Il s'ensuivait une plus grande exactitude, qui avait en même temps pour effet d'éviter les opérations de restitutions des taxes perçues à tort et auxquelles une somme de 600,000 fr. était annuellement affectée.

Enfin la cinquième partie du budget, « Remboursements, restitutions, etc. », qui figurait au projet de budget pour 66,355,770 fr. se trouva, par suite des diminutions sur l'impôt des patentes, réduite à 65,306,200 fr., somme dont elle fut dotée.

Porté le 19 juillet à la Chambre des pairs, le budget des dépenses y fut, sur le rapport de M. Hippolyte Passy, adopté en deux séances et voté le 26 du même mois.

Le projet de loi évaluait les recettes de l'exercice 1845 à 1,339,356,575 fr., à savoir : 1,276,925,231 fr. pour le service ordinaire et 62,431,344 fr. pour les travaux extraordinaires. Comparativement à 1844, les recettes ordinaires donnaient une différence en plus de 30,044,895 fr. qui portait sur les seuls impôts et revenus indirects pour 18,180,000 fr., tandis que les moyens extraordinaires se trouvaient être inférieurs de 15,448,656 francs. Au total, il en résultait une augmentation de 14,596,239 francs.

Dans son rapport sur les recettes, M. Vuitry retraça les efforts grâce auxquels la commission, sans avoir cependant réalisé autant d'économies qu'elle l'eût souhaité, avait pu néanmoins, en

réglant le budget des dépenses, se présenter devant la Chambre avec un excédant de recettes de
4,409,240 par rapport au projet du gouvernement. Par suite il déplorait d'autant plus de voir
que le budget allait se régler en déficit. En effet,
la loi sur les patentes, récemment promulguée,
paraissait devoir exercer une action notable sur
les produits de l'un des impôts indirects. La commission, munie de documents fournis par l'administration des finances, avait dû formuler de
nouvelles évaluations et réduire le total des
recettes de 8,434,470 fr., réduction à laquelle
les patentes concouraient pour 7,104,970 francs.
D'autre part, diminuant les ressources extraordinaires d'une somme de 1,389,750 fr., égale à
celle qui était retranchée des travaux de la
guerre, elle évaluait l'ensemble des voies et
moyens à 1,329,532,355 francs. La Chambre le
fixa ainsi qu'il suit :

Recettes ordinaires. . . .	1,266,742,823
Ressources extraordinaires. .	61,041,594
Total.	1,327,784,417

Au cours de la discussion du titre III de la loi,
« Moyens de service », M. Garnier-Pagès déposa
un amendement ayant pour objet de décider que
la portion non émise de l'emprunt de 450 mil-

lions que le ministre des finances était autorisé à négocier[1] avec publicité et concurrence pourrait être également négociée par lui au moyen d'une souscription publique.

Suivant ce député, le commandement de publicité et de concurrence inscrit dans la loi était illusoire, car l'adjudication à un seul soumissionnaire n'était qu'une formalité. En réalité, le ministre se trouvait toujours en présence d'une coalition de banquiers et n'était pas libre de débattre ses prix. Il n'avait pour sa défense que la menace d'un ajournement moyen dont il lui serait même impossible de faire usage s'il y avait nécessité absolue de contracter immédiatement.

Sans repousser l'amendement de M. Garnier-Pagès, M. Lacave-Laplagne n'y voulut point adhérer d'une façon formelle. Suivant le ministre, l'emprunt par souscription ne pouvait réussir que s'il était émis à un taux inférieur au cours du moment, tandis qu'à diverses reprises des emprunts contractés par adjudication l'avaient été à des cours supérieurs à ceux de la Bourse. De plus, les intermédiaires contre lesquels semblait avoir été dirigée cette proposition, rentreraient

1. Loi du 25 juin 1841.

facilement, par une forte souscription, dans la place dont on voulait les faire sortir.

L'amendement de M. Garnier-Pagès fut cependant voté et devint l'article 21 de la loi des recettes, que les députés et les pairs adoptèrent successivement.

Le budget de 1845 se trouva par suite ainsi réglé.

Dépenses:

Justice et cultes.	58,453,119
Affaires étrangères. . . .	8,619,391
Instruction publique. . . .	16,727,533
Intérieur.	101,796,897
Agriculture et commerce. .	13,990,845
Travaux publics.	58,778,400
Guerre.	292,805,624
Marine.	106,774,827
Finances.	610,588,018
Total.	1,268,534,654
Travaux extraordinaires.. .	61,041,594
Grandes lignes de chemins de fer.	34,000,000
Total général des dépenses..	1,363,576,248
Total général des recettes. .	1,327,784,417
Excédant des dépenses. . .	35,791,831

La session de 1844 fut close le 5 août, elle avait
été utilement remplie par les deux assemblées.
Une grande extension avait été donnée à la construction des voies ferrées et diverses lois parmi
lesquelles nous devons signaler la loi sur les bre-
vets d'invention avaient été votées. Enfin, la
Chambre des pairs avait adopté un projet de loi
sur l'instruction secondaire, projet qui ne vint
pas en discussion devant la Chambre des députés.

Nous avons vu [1] les inquiétudes que causait au
gouvernement français la présence d'Abd-el-
Kader au Maroc. Sous l'influence de l'émir certaines tribus marocaines pénétraient sur notre
territoire. Pour se défendre contre ces incursions
le général de Lamoricière qui commandait à
Oran avait cru devoir établir, à l'ouest de Tlem-
cen, un poste fortifié contre la création duquel le
gouvernement marocain avait aussitôt protesté ;
mais, sur ces entrefaites, cet officier général attaqué le 30 mai par un parti de cavaliers l'avait
repoussé au delà de la frontière en lui infligeant
des pertes sérieuses. Comme l'Angleterre maî-
tresse de Gibraltar et déjà émue par les événements
de Taïti affectait de suspecter de notre part toute
intervention dans ces parages, cet incident était de

1. Voir page 418.

III.   28

nature à créer de sérieuses complications. Néanmoins, M. Guizot n'hésita pas à exiger du gouvernement marocain la dispersion des troupes et le
renvoi d'Abd-el-Kader. Aucune réponse satisfaisante n'ayant été donnée à cet ultimatum,
le prince de Joinville fit bombarder Tanger par
son escadre le 1ᵉʳ août. Le 14 du même mois, le
maréchal Bugeaud battait sur les bords de l'Isly
l'armée marocaine, qui laissait en nos mains un
immense butin, tandis que le prince, continuant
ses opérations, allait bombarder également
Mogador et occuper l'île qui ferme le port de
cette ville.

La nouvelle de cette expédition, si rapidement
et si heureusement conduite, produisit en France
une profonde satisfaction. Par contre, en Angleterre, l'émotion fut si vive qu'une rupture entre
les deux pays semblait imminente. Le gouvernement français reconnut et la nécessité de traiter
rapidement avec l'empereur du Maroc, qui demandait la paix, et l'utilité de régler au plus tôt
l'affaire de Taïti, en accordant à M. Pritchard une
indemnité, non pour l'expulsion légitime dont il
avait été l'objet, mais pour les circonstances qui
avaient accompagné cette expulsion.

Aussi le roi put-il, dans le courant d'octobre,
se rendre, avec M. Guizot, auprès de la reine

Victoria à Windsor où il reçut de cette souveraine le plus affectueux accueil.

En récompense de leurs brillants services le maréchal Bugeaud fut créé duc d'Isly et le prince de Joinville fut promu au grade de vice-amiral.

Ainsi, dans le court espace de dix-huit mois, deux princes français, l'un soldat, l'autre marin, trouvèrent l'occasion de manifester en Afrique leurs talents militaires et d'affirmer une fois de plus l'antique valeur de leur race.

Quant à la situation financière au moment de la clôture de la session de 1844 elle était loin d'être satisfaisante au point de vue budgétaire ; mais elle s'expliquait par les dépenses que les graves événements survenus en 1840 avaient rendu nécessaires et par les sacrifices considérables que le pays s'était néanmoins imposés pour entreprendre cette œuvre colossale et nouvelle : la construction de nos grandes voies ferrées.

FIN DU TOME TROISIÈME.

TABLE DES CHAPITRES

CHAPITRE X.

SESSION DE 1838.

CHAPITRE XI.

SESSION DE 1839.

CHAPITRE XII.

SESSION DE 1840.

CHAPITRE XV.

SESSION DE 1843.

CHAPITRE XVI.

SESSION DE 1844.

CHARTRES. — IMPRIMERIE DURAND.

ERRATUM

Page 76, première ligne 44,600,000, *au lieu de* : 44,000,000.

CALMANN LÉVY, ÉDITEUR

DERNIÈRES PUBLICATIONS

— Format in-8º —

DUC D'AUMALE

Histoire des princes de Condé, 7 volumes. 52 50

Un volume *index*. 3 50

C. DE BARANTE

Souvenirs du baron Claude de Barante, 6 volumes. . . . 45 »

JOSEPH BERTRAND

Blaise Pascal, 1 volume. . . . 7 50

FEU LE DUC DE BROGLIE

Souvenirs, 4 volumes. . . . 30 »

DUC DE BROGLIE

Histoire et politique, 1 vol. . . 7 50

JAMES DARMESTETER

Les Prophètes d'Israël, 1 vol. 7 50

MADAME OCTAVE FEUILLET

Quelques années de ma vie, 1 vol. 7 50

VICTOR HUGO

Correspondances, tome I. . . 7 50

PRINCE DE JOINVILLE

Vieux Souvenirs, 1 volume illustré. . . . . 20 »

PIERRE LOTI

OEuvres complètes, t. I. à VII. 52 50

DUC D'ORLÉANS

Lettres, 1825-1842, 1 volume. . 7 50

Récits de campagne, 1833-1841, 1 volume. 7 50

PRINCE HENRI D'ORLÉANS

Autour du Tonkin, 1 volume. . 7 50

COMTE DE PARIS

Histoire de la Guerre civile en Amérique, t. I à VII. 52 50

LUCIEN PEREY

Une princesse romaine au xviiᵉ siècle : Marie Mancini Colonna, 1 vol. 7 50

COMTE CH. POZZO DI BORGO

Correspondance diplomatique, tome Iᵉʳ, 2 volumes. . . . 15 »

ERNEST RENAN

Histoire du peuple d'Israël, tomes I, II, III, IV et V. . 37 50

Lettres intimes de Renan et de Henriette Renan, 1 vol. . . 7 50

PRINCE DE TALLEYRAND

Mémoires, avec une préface du duc de Broglie, tomes I, II, III, IV, V. . . . , . . . 37 50

ALEXIS DE TOCQUEVILLE

Souvenirs, 1 volume. 7 50

GÉNÉRAL THOUMAS

Le Maréchal Lannes, 1 volume. 7 50

L. THOUVENEL

Nicolas Iᵉʳ et Napoléon III, 1 volume. 7 50

CHARTRES. — IMPRIMERIE DURAND, RUE FULBERT.

www.ingramcontent.com/pod-product-compliance
Lightning Source LLC
Chambersburg PA
CBHW060953280326
11025CB00009B/708